024
연구와 고양이

최근 한국에서 길고양이와 관련된 문제는 분명 사회적 화두이다. 고양이에 대한 혐오와 학대 및 살해 행위가 끊임없이 보고되며 도서 지역의 천연기념물로 지정된 새의 포식자로 지목된 고양이를 둘러싼 논쟁은 결국 고양이 방출로 결정됐다. 비슷한 시기에 한 유명 탐조 유튜버는 새를 포식하는 고양이의 개체수 문제를 제기하는 영상을 올렸다.

논쟁 속에서 지난 2월 한 단체의 주최로 한국 도심 고양이와 관련된 워크숍이 열렸다. 막상 워크숍에는 고양이 활동가가 참여하지 않아 반쪽짜리 토론이 되었지만, 한 패널의 이야기가 인상에 남았다. 그는 한국에서 길고양이에 대한 연구가 부족한 이유로 세 가지 이유를 들었다. 첫째, 대부분 연구가 국가용역으로 진행되는 상황에서 야생동물이나 반려동물도 아닌 길고양이를 어디에 위치시켜야 하는지 모호하고, 두 번째로 연구 결과에 대한 갈등이 우려되며, 세 번째로 동물을 주로 연구하는 생태학에서 다루는 산간 지역과 같이 야생동물이 밀집된 곳에서는 고양이가 없어서 연구 대상에서 비켜나기 때문이다.

이처럼 고양이에 대한 말말말이 쏟아지고 있지만 그 문제의 중심이 된 동네고양이에 대한 정의조차 합의가 이루어지지 않는 상황이다. 고양이에 관한 학술연구의 부족으로 환경과 사회 배경이 전혀 다른 해외 논문이 그들의 처분을 지지하는 근거로 제시되기도 한다. 그럼에도 긍정적인 것이 있다면, 길고양이에 대한 높은 관심만큼 고양이를 대상으로 하는 연구가 하나둘씩 생겨난다는 점이다.

매거진 탁! 4호에서는 동네고양이를 연구하고 있는 연구자들과 그들의 연구를 들여다보고자 한다. 전남대학교 법학전문대학원 동물법학회는 학회 활동 내용에 동네고양이 돌봄도 있다. 동물 관련 법을 연구하면서 돌봄 활동을 이어가는 마음에 대해 들어보았다. 최근 논란의 중심이 된 마라도 사례를 연구하는 이세림은 그동안의 길고양이 연구와 정책을 톺아보며 동물을 둘러싼 의사결정에 있어 다양한 이해관계자의 관점을 최대한 객관적으로 담아내고자 한다. 그의 글은 동물 관련 문제에 다가가는 자세에 대해 생각해 보게 한다. 서울시 길고양이 TNR 사업에 참여하여 TNR과 개체수를 조사 연구한 조윤주의 글을 통해 공존을 위해 TNR이 과연 개체수 조절에 효과가 있는지 전문가의 의견을 들어본다.

일상생활과 미디어에서 고양이와 관계 맺기에 대해 고찰한 백승한의 글은 고양이 마음을 온전히 알 수 없을 때 우리가 할 수 있는 태도에 대해 생각하게 한다. 이진은 최근 온오프라인 상에서 일어나는 길고양이 혐오와 학대의 메커니즘을 분석하면서, 미디어의 연결성이 혐오문화와 결합하여 놀이-범죄 문화의 대중화로 이어지는 맥락을 보여준다. 노성환은 오랫동안 한·중·일을 다니며 동아시아 고양이 연구를 한 민속학자이다. 각국에서 고양이를 부른 이름의 과정을 따라가다 보면 역사적으로 고양이와 어떤 관계를 맺어왔는지 살펴볼 수 있다.

2017년 동네고양이를 둘러싼 행정기관과 고양이 활동가의 갈등을 다룬 전의령의 논문은 생명을 관리하는 행정기관과 고유한 개체를 돌보는 고양이 활동가의 생명에 대한 관점 차이를 보여준다. 최명애는 동물도 인간과 같다고 주장하는 동물권 정치가 아니라 인간과 다른 동물 개체의 요청에 주의를 기울이고 응답하는 새로운 동물정치를 제시한다. 마지막으로 권무순은 행위자-연결망 이론을 통해 TNR이라는 '과학'이 어떻게 구성되는지를 분석한다.

글을 받아보면서 행위자로서 고양이의 주체적 위치를, 고양이 활동가의 활동을 새로운 전문성이나 정치적 태도로 해석하고자 하는 경향이 느껴졌다. 한편으론 같은 사건이나 단어라도 시차와 관점에 따라 다른 것이 보일 수 있는 걸 알게 됐다. 고양이 매체로서 연구 속 다양한 목소리를 그 자체로 왜곡하지 않고 조율해서 전달할 수 있을지 고민이 많았다. 그럼에도 이 다양한 목소리에 공통점이 있다면 연구 대상인 고양이를 정의하고 각 학문에 따른 방법론을 선택하는 과정을 거친다는 것이겠다. 고양이란 도대체 누구인가? 그들에게 어떻게 다가가야 하는가? 이는 연구자의 고민이기도 하겠지만 매거진탁!과 고양이 활동가의 오랜 고민이기도 했다. 긴 호흡으로 진행되는 연구는 하루하루 고양이의 요청에 응답해야 하는 고양이 돌봄 활동에 새로운 생각과 방향을 불어넣어 줄 것이다. 반대로 돌봄 활동 또한 연구의 계기가 되길 기대한다. 길고양이를 위해 직접 발로 뛰며 돌보고 보호하는 활동도 필요하지만, 구체적인 기록, 조사를 통한 객관적인 근거 그리고 인문학적 지평을 넓히는 연구도 필요하다. 연구 활동과 돌봄 활동의 이어달리기는 학술 분야뿐만 아니라 고양이 활동과 인간 사회에도 새로운 전망을 모색하게 할 것이다.

논문을 싣도록 허락해 주신 연구자분들과 저널에 깊은 감사를 드린다. 지면 관계상 원문이 다 실리지 않은 논문은 원문을 찾아 읽을 수 있도록 큐알코드로 안내하였으니 매거진 탁! 4호에 모인 생각들이 원문과 레퍼런스로 확장되며 새로운 고양이 활동과 연구로 이어지길 바라본다.

매거진 탁! 4호 편집을 마무리하며 포도와 무무

*일러두기

매거진 탁!은 길고양이는 동네고양이로, 캣맘은 고양이 활동가로 부르지만 이번 호에서는 각 연구자들이 정의한 단어로 혼용 기재합니다.

tac!
interview

인터뷰 포도
사진 홀리

공부하면서
고양이를
돌봅니다.

전남대학교
법학전문대학원 동물법학회

요즘 학교에서 동네고양이를 돌보는 동아리를 쉽게 만날 수 있다. 어느 날 SNS 계정에서 재미있는 동아리를 발견했다. 분명 동물법학회인데 고양이가 로고이다. 여러 기록도 영락없는 동네고양이 동아리다. 그곳은 광주광역시에 위치한 전남대학교 법학전문대학원 동물법학회이다. 학회활동에 고양이 돌봄이 포함되어 있는 걸까? 궁금해진 매거진 탁!은 그들을 만나러 광주로 갔다.

동물법학회 로고

안녕하세요. 소개 부탁드려요.

안녕하세요. 저는 전남대학교 법학전문대학원 재학 중인 임호준입니다. 동물법학회 회원이고 현재 홍보부장으로 실무를 담당하고 있어요.

우선 동물법학회 소개를 부탁드려요. 동물법학회 로고가 되게 재밌었어요. 원래 법을 상징하는 정의의 여신을 유스티치아라고 하죠?

학교에는 총 14개의 법학회가 있는데요. 저희는 2017년부터 동물법을 연구하는 법학회를 시작했어요. 원래 정의의 여신상은 눈이 가려져 있지만 저희 로고는 일부러 고양이 눈을 가리지 않았어요. 인간은 판단할 때는 보면서 주관이 들어갈 수 있지만 동물은 공정하게 판단할 수 있지 않겠냐는 의미에서 고양이한테는 안대를 씌우지 않았어요.

고양이를 돌봅니다

다른 대학에도 동네고양이 동아리는 참 많아요. 그런데 이곳은 동물법학회라는 엄연한 학회이고 그곳에서 학회 활동을 하면서 고양이 활동을 같이하는 게 흥미로웠어요.

네, 저희 학회에서는 길고양이 배식으로 동물권 활동도 함께 하고 있어요. 물론 동물권이 아직 권리로서 제정되지 않았기 때문에 동물권이라는 말은 조금 쓰기가 조심스럽지만요. 동물들이 사람과 함께 사는 데 있어서 조금이라도 편하게 해줄 방법이 뭘까에 대해서 고민했고 학내 길고양이를 위한 배식 봉사를 하고 있어요.

인스타를 보면 바쁜 와중에도 고양이를 굉장히 꼼꼼하게 챙기는 것 같아요.

저희는 공부가 가장 큰 비중이긴 하지만 여가 시간을 대부분 고양이한테 꽤 많은 시간을
써요. 저희가 고양이를 너무 좋아해서… .

현재는 몇 마리 정도가 있나요?

고정적으로 12마리 정도 있어요.

그밖에 어떤 고양이 활동을 하시나요?

배식은 기본이고 아플 때 병원 데려가고[터줏대감 봉봉이가 호흡기 문제가 있어서 약을 먹고 있다]
TNR도 하고 있어요. TNR을 할 때마다 고민이 있는데 수술 날짜에 맞춰서 준비하는 거예요.
진짜 쉽지 않아요. 포획한 다음에도 수술 전 금식을 해야 하니 잠깐 임시 보호를 해야
하는데 학생들 자취방에서 하는 게 조금은 한계가 있어요. 다행히 지도 교수님이신 안진
교수님께서도 애묘인이셔서 교수님 댁에서 임보할 때도 있고요. 교수님은 구조했던 아기 중
한 마리와 지금 같이 생활하고 계세요.

입양하신 건가요?

네, 저희가 구조한 고양이를 임시보호 해주시다가 입양하셨어요.

교수님이 너무 멋지시네요.

고양이들에게 관심도 많으시고 저희가 동물법에 관심을 가지고 활동할 수 있도록 많이
도와주고 계세요.

급식소를 설치하고 모니터링을 통해 가끔 위치를 옮겨요. 1동 건물이 곧 철거할 예정이라 인근 배식소는 정리를 했고요. 아마 6월부터 공사가 들어간다고 들어서 조금 바빠질 것 같긴 해요. 이제 배식소를 재조정해야 하니깐요.

설치를 하면 메모를 붙여서 사람들에게 여기에 고양이 배식소가 있다고 알려요. 그 배식소에 메모를 붙여놔요. 이것은 저희 사유 재산이고 혹시 철거나 이동이 필요하면 연락을 달라고요. 인스타나 전화번호를 남겨두거든요. 연락이 올 때가 있어요. 한번은 잡초라고 생각하고 설치했는데 거기가 농대에서 실험하는 곳이었던 거죠. 그런 부분은 충분히 조정이 가능했고요.

동물법도 공부합니다

저는 법에 대해서 잘 모르지만 고양이 활동을 하면서 법에 관심을 갖게 됐어요. 결국 법이 해결의 마지막이더라고요. 그런데 동물 학대나 동물 관련 사건, 사고에서 법에 기대했던 마지막이 항상 무너졌어요. 동물 학대 사건이나 이런 동물법에 대해서는 양형 기준이 없다고 들었는데 관련해서 동물법학회에서도 어떤 이야기를 나누시는지 궁금합니다.

일단, 법이 최후의 마지노선이라는 말씀을 해 주셨는데 조금 다른 의미로 법은 가장 느려요. 동물법뿐만 아니라 모든 분야에서 정치, 사회를 막론하고 가해자에 대한 양형 기준이 너무 약한 거 아니냐, 어떻게 판사가 저런 판결을 하냐는 의견도 많고 저도 그렇게 생각할 때가 있긴 한데 결국 법을 공부하는 입장에서 가장 중요한 건 입법이에요. 법이 없다면 벌을 내릴 수 없으니까요. 가장 중요한 건 법이 있어야 하는데 법이 있으려면 또 인식이 필요해요, 사람들의 인식.

법을 공부하는 저희 입장에서 할 수 있는 건 인식을 바꾸는 거라고 생각해요. 최소한 같이 있는 사람들한테 고양이는 학대의 대상이 아니다, 그리고 고양이도 우리와 함께 할 수 있는 생명이라는 것부터 시작해야죠. 법전원 학생 전체를 대상으로 대자보를 부착하기도 했어요. 저희가 하고자 하는 일 그리고 특히 배식 뿐만 아니라 TNR의 필요성에 대해서 알리기도 했어요.

동물보호법의 중요 이슈는 민법 98조 〈동물은 물건이 아니다〉를 개정한다는 이야기입니다.

그 개정안이 처음 나온 게 2021년이에요. 그래서 저희도 당시 세미나 제목을 〈동물은 물건이 아니다〉로 정했어요.

세미나 홍보 포스터에서 재미있는 걸 봤어요. 세미나에 오셨던 김현재 변호사님 이력을 보니까 "학교 길고양이 배식 최초 설치자"라고 쓰여있어요.

정독실이라고 학생들이 공부하는 공간이 있어요. 그쪽으로 고양이가 많이 와서 고양이 울음소리가 엄청 많이 났어요. 싫어하는 사람들 입장에서는 고양이 울음소리가 방해될 수도 있잖아요. 선배님께서 고양이들이 왜 울까 고민하다가 혹시 배고픈 게 아닐까 싶어 배식소를 설치해 봤는데 조금 울음소리가 잦아들었다고 해요. 그런데 또 혼자 배식하는 데 되게 한계가 있잖아요. 그러면 고양이 활동을 하면서 동물법에 대해서 연구를 해보면 어떨까 하는 논의까지 이어져서 동물법학회가 처음에 생기게 됐습니다.

최초 배식소를 설치하셨던 분이 변호사가 되셔서 동물법에 대한 세미나 강사로 오셨던 게 재밌어요. 세미나는 어떤 내용이었나요?

당시 법무부 민법 개정안에 동물의 법적 지위를 인정했다는 소식으로 마련된 자리였어요. 민법상 동물의 비물건화를 위한 입법론과 전망에 대한 강의를 진행해 주셨어요. 현행 민법에서는 사람은 권리 주체에, 동물은 물건에 해당합니다. 물건으로서 동물일 경우를 다루는 여러 판결문을 같이 보기도 했어요. 아직 입법되지 않았지만 만일 입법이 될 경우 이후 전망에 대해서도 예측해 봤습니다.

얼마 전 여야가 개정을 위해 합의를 했다는 기사를 봤어요. 동물에 관심 있으신 분이 많으니 이제 조금 움직인 것 같다는 생각이 들었어요. 2년 전에 관련 세미나를 했고 이제 2년 만에 이 이야기가 다시 본격적으로 나오고 있네요.

동물은 물건이라는 민법 규정이 바뀌어야 해요. 동물은 물건이 아니라는 게 규정되어야 벌을 가하든 정확한 양형 기준을 들이밀든 시작할 수 있어요. 법정에서 진술할 수 있는 사람한테 벌을 내리려면 피해자가 권리 능력이 있는 자여야 가해자를 처벌할 수 있어요. 현재 우리나라 동물한테 그 권리 능력이 없어요. 그러니 양형 기준이라는 게 마련될 수가 없어요. 동물권이 먼저 제정이 되고 그거에 대한 논의가 충분히 되어야 정확한 기준이 나올 수 있어요. 민법 98조라는 게 동물권의 기초가 될 수 있는 거죠. 중요한 법 개정인데 저는 그게 왜 2년이나 밀렸는지 잘 이해하지 못하겠어요. 그리고 이 이야기가 일회적인 것에 그치지 않았으면 좋겠어요.

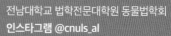
전남대학교 법학전문대학원 동물법학회
인스타그램 @cnuls_al

계획을 좀 여쭤보고 싶어요. 먼저 동물법학회는 앞으로 어떤 계획을 하고 있나요?

올해 상반기에는 선배 변호사님들이 집필하신 동물권 관련 책으로 독서토론회를 계획하고 있어요. 그리고 하반기에 세미나를 진행하려고 합니다. 동물권에 관심 있는 변호사님들을 만나 뵙고 싶어요.

학교에는 동물법학회 외에도 여러 법학회가 있어요. 저는 형사법학회도 하고 있는데 거기서는 형사법 변호사나 관련 종사자와 만나기도 해요. 그런데 동물법학회는 그럴 기회가 굉장히 적어요. 동물한테 직접 물어볼 수는 없단 말이죠. 동물권이 제정된 후엔 두 부류와 협력하게 될 거예요. 법조인 그리고 사육사나 동물행동 전문가와 같이 실무에서 활동하시면서 동물의 행동이나 심리를 잘 알고 대변해 줄 수 있는 분들이요. 동물 관련 업계에 종사하시는 분들이나 동물권 활동을 하시는 분들과 이야기를 한번 해보고 싶어요. 그런 분들을 동물법학회 초청 연사로 모시고 싶은데 광주가 너무 머네요. (웃음)

개인적으론 어떤 계획이 있나요?

최소한 동물권에 대한 생각을 가진 한 명의 변호사로서 동물권 관련된 일이나 공익 소송에서 필요한 역할을 할 수 있는 걸로 제가 공부하고 있는 이 변호사 자격증을 쓸 수 있으면 정말 좋을 것 같아요.

정말 마지막 질문인데요. 왠지 재미있는 답을 주실 것 같아서 여쭤봅니다. 공부하는 게 쉬운가요, 동물권 활동이 쉬운가요?

음, 어려운 질문이네요. 저는 눈에 보이는 성과를 되게 좋아해요. 공부하면 성적으로 성과가 나오잖아요. 공부는 쉬워요. 앉아 있는 게 힘들고 하고 싶은 걸 못 하는 게 힘든 거지 성과가 나오니까요. 그런데 돌보는 고양이에게 밥을 줘서 오늘 하루 배불리 하는 게 (동물권에서) 당장 어떤 큰 성과가 나오지는 않잖아요. 동물권에서 성과가 나올 수 있도록 제가 뭘 할 수 있는지 가끔 의문이 들 때가 있어요. 주변 고양이를 잘 돌보는 것 이상의 뭔가가 있었으면 좋겠어요. 아마 동물권 활동을 하시는 분들이 더 많이 느낄 것 같아요. 동물권 활동은 (아직까진) 막연하고 가시적으로 잘 드러나지 않으니 저에겐 조금 더 어려워요.

엄숙하고 조용한 교정에 고등어 무늬 고양이가 길 가운데 딱 버티고 앉아 있다. 학생들은 그 옆을 그냥 지나지 못한다. 다정한 눈인사를 하거나 사진을 찍거나 아니면 더 적극적으로 고양이 머리를 쓰다듬고 간다. 무거운 법전을 들고 바쁘게 걸어가다가 잠깐 멈춰서 고양이를 알은체 하는 모습이 행복해 보였다. 고양이 활동은 분명 행복한 활동이기도 하다. 하지만 마지막 답변에서처럼 당장에 성과를 보기 어렵고 그래서 막연한 활동이다. 그래서 더더욱 고양이 연구를 통해 고양이 활동을 바라보고 싶어진다.

학문 분야	수의인문사회학
연구 주제	인간과 동물이 함께하는 공간, 그 안에서 형성되어 온 관계들
연구 방법론	질적연구
키워드	*캣퍼슨편집국 작성

인수공통 감염병	사람과 동물 사이에서 상호 전파되는 병원체에 의한 전염성 질병으로, 특히 동물이 사람에 옮기는 감염병을 지칭한다.
커뮤니티 캣 community cat	길고양이의 다른 말이다. 한국에서는 동네고양이, 지역고양이 등으로 번역된다. 동네 일원으로서 고양이의 의미가 있다.
개체수 관리(조절)	개체수는 같은 구역내에 생존하는 동일종 또는 동일계통의 개체군에 속하는 개체의 수를 이야기 한다. 고양이 개체수 관리(조절)은 TNR 등이 있다.
생물다양성 biodiversity	1989년 세계자연보호재단은 '수백만 여 종의 동식물, 미생물, 그들이 가진 유전자, 그리고 그들의 환경을 만드는 생태계 등을 모두 포함하는 이 지구상에 살아 있는 모든 생명의 풍요로움' 으로 규정한다. 모두 생명 현상의 다양함에 대한 개념이며 보통 유전자, 종, 생태계 수준을 포함한다.
살처분	개체수 조절을 위한 비인도적인 방식이다. 가축의 경우 인수공통감염병이 발생시 감염 동물 외 동일 축사 동물을 죽여 땅에 묻는 행위이다.
토착종	특정 지역에만 분포하는 생물의 종으로, 이 종은 주로 지리적 격리가 원인이 되어 나타나는데, 섬에서만 발견되는 특산종이 그 예가 될 수 있다.
침입종	해당 서식처에 고유 출현종이 아닌 외부에서 들어와 다른 생물의 서식지를 점유하는 종이다.
생태 ecology 生態	생물이 자연계에서 생활하고 있는 모습이나 생물이 각각 처해 있는 환경조건에 따라 알맞게 적응해 있는 상태이다. 동식물 집단의 생활상태를 생태라고 한다.

마라도에서 고양이를 떠나보내며

이세림

우리나라 최남단에 있는 섬 마라도는, 인간뿐 아니라 개와 고양이, 새, 그리고 기타 다양한 동물들이 함께 살아가고 있는 거처이기도 하다. 이곳에서 3~5월 봄철 서식하는 뿔쇠오리는 천연기념물이다. 마라도는 이 철새가 머무르는 세계 유일의 유인도라는 점에서 보호 가치가 있다고 여겨진다. 그런데 새나 쥐 등 작은 동물을 사냥하는 습성을 지닌 고양이가 수년 전부터 뿔쇠오리에 대한 위해 요소로 부각되면서, 뿔쇠오리 보호를 위해 마라도 길고양이에 대한 조치가 필요하다는 의견들이 제기되었고, 일련의 과정을 거쳐 지난 2월 마라도 길고양이들이 섬 밖으로 반출되기 시작하였다.

비단 마라도의 사례에서뿐만 아니라, 길고양이는 인간에 의해 개체수가 조절 및 관리되어야 하는 대상으로 여겨지고 있다. 길고양이에 관해 이루어지는 연구들을 살펴보며 그 근거와 방법에 이르는 과정을 따라가 보고, 이를 바탕으로 이번 마라도 사례를 어떻게 바라보아야 할 것인지 고민해 보려 한다.

1. 길고양이, 무엇이 문제인가에 대한 논의

길고양이에 관한 연구는 길고양이가 생태 환경이나 인간 사회에 미치는 영향에 초점을 맞추고 있다. 대표적으로, 상위 포식자로서 길고양이가 취약한 야생동물에게 가하는 위해에 관한 연구가 꾸준히 진행되었다. 세계 각국에서 보고된 길고양이의 야생동물 사냥에 관한 연구들에 따르면 캐나다에서는 매년 1억~3억 5천만 마리의 새가 희생되며[1], 호주에서는 매년 3억 7천여 마리의 새[2]와 더불어 258종의 파충류 6억 4,900만 마리[3], 미국에서는 13억~40억 마리의 새, 63억~223억 마리의 포유류, 2억 5,800만~8억 2,200만 마리의 파충류, 9,500만~2억 9,900만 마리의 양서류가 길고양이에 의해 죽임을 당한다.[4] 네덜란드의 연구 보고서에 따르면 매년 평균 1억 4,100만 마리의 동물이 고양이에게 포식된다고 한다.[5] 특히 섬에서는 지리적 특성상 길고양이가 생물다양성을 훼손할 가능성이 심화되어, 지금까지의 조류, 포유류 및 파충류 멸종에 14% 이상에, 그리고 멸종위기에 8% 이상 영향을 미친 것으로 나타났다.[6] 아울러 공중보건의 측면에서, 톡소플라스마증과 광견병을 비롯한 각종 인수공통감염병

1. Blancher, P. P., "Estimated number of birds killed by house cats (Felis catus) in Canada," Avian Conservation Ecology, 8(2): 3, 2013.
2. Woinarski, J., Murphy, B. P., Legge, S. M., Garnett, S. T., Lawes, M. J., Comer, S., ⋯ Woolley, L. A., "How many birds are killed by cats in Australia?," Biological Conservation, vol. 214: 76-87, 2017.
3. Woinarski, J. C. Z., Murphy, B. P., Palmer, R., Legge, S. M., Dickman, C. R., Doherty, T. S., ⋯ Stokeld, D., "How many reptiles are killed by cats in Australia?," Wildlife Research, 45: 247-266, 2018.
4. Loss, S. R., Will, T., & Marra, P. P., "The impact of free-ranging domestic cats on wildlife of the United States," Nature Communications, 4(1396), 2013.
5. Knol, W., "Verwilderde huiskatten: Effecten op de natuur in Nederland," The Netherlands: Koninklijke Nederlandse Jagersvereniging, KNJV report nr. 15~1, 2015.
6. Félix M. Medina, Elsa Bonnaud and Eric Vidal et al., "A global review of the impacts of invasive cats on island endangered vertebrates," Global Change Biology, 17(11), 3503~3510, 2011.

을 전파하는 원인으로 지목되기도 한다.[7] 생태적인 측면에서 길고양이에 관한 연구는 그 악영향에 초점이 맞춰진 바, 자연스럽게 이들의 개체수 관리에 대한 고민으로 귀결된다.

한편 인간과 길고양이의 관계에 관한 연구들은 보다 다층적인 시각을 드러낸다. 길고양이는 집고양이처럼 실내에서 완전히 인간의 돌봄에 기대어 살아가지도, 그렇다고 철저히 인간 곁을 떠나 살아가지도 않는 야생과 가축의 경계 어딘가에 위치하고 있다.[8] 복수의 정체성이 교차하는 존재인 만큼, 이들을 바라보는 관점 역시 다양하게 나타난다. 예컨대 2020년 국내에서 진행된 길고양이에 관한 한 인식 조사에서 47.7%가 긍정적이라는 응답을, 42.0%가 부정적이라는 응답을 표했으며 10.3%는 판단을 유보하였다.[9]

길고양이와의 관계에 대한 구체적인 연구들은 그중에서도 특징적인 사례들, 이를테면 돌봄 혹은 학대 등에 대하여 주로 이루어지고 있다. 길고양이를 돌보는 이들을 다룬 한 연구에서는, 길고양이들의 안녕을 진심으로 바라는 일종의 도덕적 사명감과 돌봄을 통해 얻는 보람을 그들 행위의 배경으로 분석하고 있다. 그러나 이러한 돌봄은 제도적으로 보호되기보다는 오히려 주변 사람들로부터의 반대나 낙인, 때로는 위험한 상황에까지 이르며 흔히 길고양이 돌봄가들을 감정적 소진 상태에 놓이게 한다.[10]

실제로 고양이에 대한 학대를 다루는 연구들에서는 혐오의 정서가 특히 고양이에게 쉽게 표출되는 배경에 대해, 개에 비해 순종적이지 않은 고양이의 특성에 대해 가해자들이 반발심을 갖거나, 고양이의 생태적 영향이 부정적으로 다루어 짐에 따라 이들에 대한 학대를 스스로 정당화한다는 점 등을 들고 있다.[11] 동물 가해 행위는 이에 따른 실질적인 책임이나 처벌 또한 비교적 가볍기 때문에 더욱 쉽게 행해질 수 있다. 이러한 점에서 고양이 돌봄가들은, 길고양이의 삶과 길고양이 돌봄이라는 자신들의 일상이 차라리 비가시화되기를 바라기도 한다.[12] (가령, 수년 전 효율적인 길고양이 돌봄을 목적으로 길고양이의 위치정보를 확인할 수 있도록 고안된 한 애플리케이션은, 길고양이의 삶을 드러냄으로써 오히려 그들을 위험에 빠뜨릴 가능성이 제기되어 결국 폐지에 이른 바 있다.)

그러나 우리 사회에서 길고양이를 비가시화하는 형태는, 이들이 눈에 띄지 않고 자신들의 삶을 나름으로 영위해 나가도록 인정하는 것보다는, 오히려 있어서는 안 될 곳에 있는 존재로서 이들을 잊거나 보이지 않게 제거하는 것에 가까울지도 모른다. 도시, 인간과 자연, 야생의 이분법적 구조 속에서 길고양이는 어느 쪽에도 명확히 속하지 않은 경계 동물로서 살아간다. 위치적으로 인간의 영역인 도시 공간에 머물고 있는 자연적인 존재인 길고양이의 살아감에 대해 인간은 마치 침입종을 대하듯 불편함을 느끼고 치워버리고 싶어 하며, 실제로 어렵지 않게 이를 실행할 수 있다.[13]

7. Gerhold, R. W., & Jessup, D. A., "Zoonotic diseases associated with free-roaming cats," Zoonoses and public health, 60(3), 189~195, 2013.

8. Urbanik, Julie., Placing Animals: An Introduction to the Geography of Human-Animal Relations, Rowman & Littlefield, 2012.

9. 티브릿지, 『2020 주요 사회 현안 여론조사』.

10. Young, R. L., & Thompson, C. Y., "Exploring Empathy, Compassion Fatigue, and Burnout among Feral Cat Caregivers," Society & Animals, 28(2), 151~170, 2019.

11. Lockwood, R., "Cruelty toward cats: Changing perspectives," in The state of the animals III: 2005, ed. In D.J. Salem & A.N. Rowan, Washington, DC: Humane Society Press, 15~26, 2005.

12. Sungyong Ahn, "'Take Care of Stray Cats': biopolitical life ethics and its cosmopolitical countermethod," Journal of Cultural Economy,16(1), 1~16, 2023.

13. Donaldson, S., Kymlicka, W., Zoopolis: A Political Theory of Animal Rights, Oxford University Press, 2011.

따라서 일례로 길에 살아가는 고양이들을 가리키는 명칭에 대한 변화의 시도들은, 이러한 인식을 전환하려는 노력의 하나라 이해할 수 있다. 과거 사용되던 '도둑고양이'라는 단어가 몰래 음식을 훔쳐먹는 존재로서 부정적 어감을 내포하고 있었다면, 재작년 표준국어대사전에 등재된 '길고양이'라는 단어는 길, 즉 인간의 영역에 독립적으로 살아가는 존재임을 인정하려는 노력이라 해석할 수 있다. 영미권에서도 '커뮤니티 캣community cat' 이라는 용어를 도입함으로써, 이들에 대한 지역 커뮤니티로의 수용과 존재에 대한 책임감을 표현해내고 있다.[14] 그리고 뒤에서 살펴볼 길고양이의 개체수 관리에 관한 전략에서도 이러한 시도를 엿볼 수 있다.

2. 길고양이 수 조절의 방식에 대한 논의

외래종인 길고양이의 확산을 자국 토착동물 멸종 사례의 대표적인 원인으로 꼽아온 호주에서는, 결국 국가적으로 '고양이와의 전쟁war on cats'을 선포하고 실제로 2015년부터 2020년까지 200만 마리를 살처분하는 계획을 수립, 실행한 바 있다.[15] 호주 정부가 길고양이 살처분을 공식적인 보전 전략으로 채택한 것은, 자국 내에 독특하고 다양한 생물종이 서식하는 만큼 이들에 대한 보호가 중요한 가치로 여겨졌기 때문이었다. 더욱이 섬나라라는 생물지리적 특성상, 종에 대한 살처분 전략이 특히 효과적으로 작동할 것으로 기대되었을 것이다. 그럼에도 이 시행 과정에서 많은 논란이 촉발되었는데, 전략이 가져올 잠재적 영향력과 더불어 전략의 극단성, 즉 반드시 살처분해야 하는가에 대한 의문이 꾸준히 제기되었기 때문이다.[16]

반면 오늘날 그 외 국내외에서 길고양이 개체수 조절을 위해 보편적으로 활용되고 있는 방법은, 가장 인도적이고 효과적인 방식으로 알려진 포획-중성화-재방사TNR, Trap-Neuter-Return이다.[17] 사실 TNR은 고양이의 수명, 새롭게 유입되는 고양이의 수, 고양이의 밀도, 기후, 영양 공급의 정도 등 다양한 조건에 대한 고려를 병행하면서, 개체군의 약 75% 이상이 중성화되어야 가시적인 성과를 얻을 수 있다고 한다.[18] 성공적인 TNR에 대한 기준 또한 연구마다 다르기 때문에 일각에서는 그 효과 자체에 대한 의문을 제기하면서, 살처분과 같은 좀 더 빠르고 직접적인 개체수 조절 방식의 필요성을 논하기도 한다.[19] 그럼에도 대부분의 국가에서 살처분과 같은 극단적인 방식 대신 TNR과 같은 보다 인도적인 방식을 추구하는 이유는 무엇일까?

14. Lepczyk, C.A., Calver, M.C., "Cat got your tongue? The misnomer of 'community cats' and its relevance to conservation," Biological Invasions 24, 2313-2321, 2022.
15. Julia Hollingsworth, "The case against cats: Why Australia has declared war on feral felines," CNN, April 29, 2019, https://www.cnn.com/2019/04/26/asia/feral-cats-australia-intl.
16. William S. Lynn. (2015. 10. 07). Australia's war on feral cats: shaky science, missing ethics. The Conversation. https://theconversation.com/australias-war-on-feral-cats-shaky-science-missing-ethics-47444
17. 농림축산식품부, 「농식품부, 길고양이 중성화 효과성·전문성 강화」 농림축산식품부 보도자료, 2013년 3월 12일자.
18. Schmidt, Paige M. et al., "Evaluation of Euthanasia and Trap-Neuter-Return (TNR) Programs in Managing Free-Roaming Cat Populations," Wildlife Research, 36, 117-125, 2009.
19. 물론 개체를 아예 제거하는 이러한 방식 역시 해당 개체가 사라진 자리에 새로운 개체가 들어서는 진공효과가 나타난다는 점에서, 섬과 같은 특수한 지리적 조건이 아니고서는 그 실효성에 대한 의견이 분분하다. Wolf, P. J., Rand, J., Swarbrick, H., Spehar, D. D., & Norris, J, "Reply to Crawford et al.: Why Trap-Neuter-Return (TNR) Is an Ethical Solution for Stray Cat Management," Animals : an open access journal from MDPI, 9(9), 689, 2019.

일본의 섬 아마미오시마에서는 토착종인 아마미 토끼가 몽구스와 길고양이 등 유입종에 의해 위협받으며 유네스코 등재에 난항을 겪으면서, 이를 해결하기 위해 주민 및 관광객 등을 대상으로 다양한 연구를 진행하였다. 주민들은 몽구스에 대해서는 박멸을, 길고양이에 대해서는 공존을 선호했으며, 이러한 결과를 바탕으로 길고양이에 대해서는 10개년 간의 개체수 조절 방안이 마련되었다. 구체적으로는 인간과의 친화도에 따라 개체를 분류하여 TNR 후 재방사 하며 필요시 반출하는 전략을 병행한 것으로 알려져 있다.[20] 즉, 주민들과 길고양이가 맺어 온 관계를 인정하여, 장기간의 검토를 걸쳐 길고양이에게 최대한 인도적으로 대응하기 위한 시도였다.

뉴질랜드의 '국가고양이관리전략New Zealand National Cat Management Strategy Group Report 2020'에서는 고양이에 의한 생물다양성 훼손에 대응하기 위한 전략을 수립하며, 고양이들의 특성에 따라 이들을 분류하는 과정을 거쳤다. 주로 인간과 분리되어 야생에 살며 인간에 의존하지 않고 자급자족하며 살아가는 고양이를 'feral cat야생 고양이', 소유자는 없더라도 인간의 거주지 근처에서 살며 인간이 직간접적으로 제공하는 자원에 의존하며 살아가는 고양이를 'stray cat길 잃은 고양이'으로 구분했으며, stray cat의 경우에도 사회화 여부에 따라 또다시 분류해 서로 다른 전략을 적용한 것이다. Feral cat과 사회화되지 않은 stray cat 등 생태계에 미치는 위협이 크다고 판단되는 개체에 한해서만 살처분을 시행하고, 그 외 개체들은 분류 체계에 따라 TNR 후 마이크로칩 삽입 및 방사 혹은 입양 등의 방법으로 관리하였다. 비슷한 맥락에서, 인간을 통해 제공되는 먹이에 대한 접근성이 떨어지는 한정적인 개체들만이 사냥 비중이 높고 소형 동물들에게 위협이 되므로, 살처분 등 극단적인 규제는 이들 고양이에 한해서만 필요하다는 연구도 진행된 바 있다.[21]

길고양이와 인간의 관계를 다루는 일부 연구에서는, TNR 정책이 그 출발에서부터 길고양이가 죽게 두지 않고 함께 살아가려는 인간의 의지의 표현이라 해석한다. 길고양이들은 이제 TNR을 거치며, 길 위에서 거주를 지속하며 인간과 공존할 수 있는 자격을 인정받게 되었다는 것이다. 우리나라에 TNR이 도입된 배경 역시 그동안 제도권 내에서 유기 동물로 분류되어 보호소 인계 후 살처분 절차로 관리되었던 길고양이들을, TNR을 통해 인간의 영역에서 함께 살아가는 대상으로 만들고자 하는 움직임이었다.[22] 목적에 따라 개체수 조절이 시급한 상황이라면 살처분을 고려할 수도 있겠지만, 실제로 최근에는 TNR이나 이주, 보호, 입양 등 길고양이를 인위적으로 관리해야만 하는 과정에서 길고양이의 안위 및 인간과 맺어온 관계까지 통합적으로 고려한 방안을 택함으로써 생태적, 사회적 충격을 완화하려 노력하는 것이 보편적인 추세이다.

20. Glen Alistair S., Hoshino Kazuaki., "Social and logistical challenges in managing invasive predators: insights from islands in Japan and New Zealand," Pacific Conservation Biology, vol. 26, 344~352, 2020.
21. Jaroš F., "The Cohabitation of Humans and Urban Cats in the Anthropocene: The Clash of Welfare Concepts," Animals : an open access journal from MDPI, 11(3), 705, 2021.
22. 이종찬, 「행위자-연결망 이론을 통해 본 길고양이 중성화 사업(TNR)과 공존의 정치」 서울대학교 석사학위 논문, 2016.

결국, 합의와 선택의 문제

그렇다고 해서 이러한 방향성이 아직 사회적으로 합의되었다고 단정할 수는 없는 것이, 당장 TNR만 해도 국내에서 확산 및 정착에 상당히 긴 시간이 소요되고 있는 데다 각 시행 전략의 타당성에 대한 의문도 꾸준히 제기되고 있기 때문이다. 가령, 국내 TNR 정책은 시행 목적이나 평가 기준조차 아직 뚜렷하게 규정되지 않은 만큼 실효성의 측정 자체가 어려운 한계를 지닌다는 견해도 있다. 이러한 불안정성의 기저에는, 우리 사회가 길고양이를 바라보는 다양한 관점이 교차하고 있다. 어떤 사람에게 길고양이는 매일 일상 속에서 마주치고 개별적인 관계를 맺는 존재일 수 있다. 반면 어떤 사람에게는 길고양이를 길거리에서 마주치는 것 자체가 불편하고 성가시게 느껴질지도 모른다. 또 누군가는 감정적 교류의 대상이 아닌 그저 정책상 효과적으로 관리되어야 할 하나의 집단으로 길고양이를 인식할 수도 있다.[23]

길고양이에 대한 이처럼 다층적인 관점은 개인이 놓인 서로 다른 맥락에서 도출된 결과이며, 길고양이를 둘러싼 조치에 대해서도 마찬가지일 것이다. 이러한 점에서, 길고양이 개체수 조절 방법과 관련된 장기적인 논쟁이나 불안정함, 합의되지 않음은 그 자체로 자연스러워 보이기도 한다. 대신 우리에게 필요한 것은 다양한 가능성과 많은 시각차를 최대한 고려하여 결론을 모색하려는 자세이다.

2018년 8월에서 2020년 11월까지 3년간, 미국 워싱턴 DC에서 지역 내 고양이 개체수 전수조사가 이루어졌다.[24] 조사 목적은 고양이에 대한 향후 개체수 조절 정책 및 전략을 효과적으로 수립하고 실행하기 위함이었다. 따라서 집고양이 및 보호소에 계류된 고양이뿐만 아니라 도시 전역에 퍼져 있는 길고양이까지 모두 조사 대상에 포함되었다. 미국의 수도 역할을 하는 이 대도시 전역의 길고양이 개체수를 파악하기 위해 40명 이상의 연구원 및 자원봉사자들이 수년을 발로 뛰고, 또 곳곳에 설치해 둔 카메라에 기록된 600만여 장의 야생동물 사진을 구분해 내야 했다.

당시 연구에는 길고양이 지원 단체인 'Human Rescue Alliance'와 토착 야생동물 보호 활동을 하는 'Smithsonian Conservation Biology Institute'가 함께 참여하였다.[25] 일견 대립적인 성격의 두 단체가 본 프로젝트를 통해 협력할 수 있었던 것은 양측의 서로 다른 관점이 도출될 가능성을 인정하고, 이를 두루 고려한 결론에 이르기 위한 신중한 노력 그 자체에 합의했기 때문일 것이다.

23. 전의령, 「"길냥이를 부탁해": 포스트휴먼 공동체의 생정치」『한국문화인류학』 50권 3호, 3~40, 2017.
24. hub.dccatcount.org
25. Jacob Fenston. (2021. 09. 24). There Are Roughly 200,000 Cats In D.C. Yes, Someone Counted. Dcist. https://dcist.com/story/21/09/24/so-many-cats-dc-cat-count/

마라도에서 고양이를 떠나보내며

다시, 최근 길고양이의 반출 전략이 시행된 마라도 사례로 돌아가 보자. 마라도에 고양이가 처음 유입된 계기는, 섬 주민들에게 불편을 초래한 쥐떼를 퇴치하기 위한 것으로 알려져 있다. 주민들과 함께 섬에 들어온 이래로 고양이들은 언제나 그랬듯 사람들의 근처에 머물며 쥐를 쫓아주는 이로운 존재로, 잡아 올린 해산물을 훔쳐 달아나는 성가신 존재로, 옆에서 밥을 얻어먹고 배가 부르면 애교를 부리는 귀여운 존재로 살아왔을 것이다. 이들을 바라보는 주민들은 고양이에게 때때로 밥을 챙겨주거나, 가끔 인사를 건네거나, 적어도 그들을 내쫓으려 애써 노력하지 않으며 함께 살아왔다.

반면 누군가는 길고양이와의 공존에 선행하는 다른 요소가 있다는 판단을 내렸을 것이다. 가령 뿔쇠오리를 비롯하여 길고양이가 사냥하는 새들의 생태적 가치를 인정하고 보호하는 것, 혹은 고양이와 뿔쇠오리를 둘러싼 사회적 논란에 대해 신속하게 대처하는 것 등의 조건을 떠올려 볼 수 있다. 특히 특정 종을 제거하는 전략은 섬의 지리적 조건에서 더욱 유효하게 작동하기 때문에, 관리 차원에서 이것을 더욱 적극적으로 채택하려 했는지도 모른다. 또 그 밖에도 저마다의 이유로 길고양이를 마라도에 머물게 해야 한다는, 반출해야 한다는, 혹은 그 사이 어딘가의 의견들이 있었을 것이다. 그리고 이 다양한 관점들은 일련의 과정을 거쳐 마라도 길고양이의 외부 반출이라는 결론에 이르게 되었다.

마라도 길고양이에 대한 사람들의 서로 다른 관점들과 이것이 형성되어 온 맥락이 하나의 결론으로 모인 과정을 총체적으로 파악하는 연구는, 우리와 함께 살아가는 동물들을 둘러싼 의사결정이 완성되는 그 흐름을 이해하는 밑거름이 될 것이라 기대한다. 한편 반출 이후, 본질적 배경이었던 뿔쇠오리에 대한 보호나 거처를 옮겨 간 후 고양이들의 삶, 그리고 과정을 겪고 난 사람들 등에게 일어난 변화 등을 꾸준히 추적함으로써 당시의 의사결정이 충분히 옳았는지, 이를 위한 고민은 충분했는지 끊임없이 질문해 볼 필요가 있다. 이와 같은 지속적인 성찰 과정을 통해, 우리는 더 많은 관점을 수용하고 더 나은 결론에 닿기 위한 방법을 함께 모색해 나갈 수 있을 것이다.

안녕하세요. 자기소개 부탁드려요.

> 서울대학교 수의과대학 수의인문사회학실
> 이세림입니다.

어떤 연구를 하고 계신가요?

> 전반적으로 인간과 동물이 관계 맺는 공간에 대해
> 관심을 가지고 있고요. 이번 마라도 사안 이후 마라도의 사람들과 동물들이 지금껏
> 어떻게 함께 살아왔는지 연구해 보려고 해요.

이 연구를 하게 된 계기가 있나요?

> 연구실 다른 선생님의 주재로 '마라도 천연보호구역 내 생물 피해 저감을 위한 대처방안
> 마련 협의체'에 참여하면서 마라도 사안을 처음 알게 되었어요. 섬이라는 지형과 그
> 안에서 살아가는 사람들, 동물들, 섬 밖의 사람들까지 매우 많은 것들이 얽혀 있는 이번
> 일이, 상당히 흥미로운 주제라는 생각이 들어 연구를 시작하게 되었어요.

연구에서 기대하는 바 혹은 우려되는 바가 있을까요?

> 아직 초기 단계라 말씀드리기 어렵지만, 우선 연구자로서 각 이해 당사자들 입장을 두루
> 청취하고 객관적으로 담아내는 데에 가장 신경을 쓰려고 해요.
> 연구 장소가 멀어서 자주, 오래 방문할 수 있는 여건이 되지 않다 보니 섬의 이야기를
> 온전히 담아내기 어려울 것 같다는 걱정이 큽니다. 그러나 한편으로 이번 일을 연구로
> 기록해서 앞으로 비슷한 사건들이 발생할 때 참고할 만한 선례로 남을 수 있기를
> 기대하고 있습니다.

학문 분야	수의학
연구 주제	구조·보호동물, 길고양이의 삶의 질을 향상하기 위한 수의학적 연구(shelter medicine)
연구 대상	구조·보호동물, 길고양이
연구 방법론	동물보호 활동에 대한 추상화된 개념을 과학적 방법을 통해 경험적 증거를 넓히고자 양적연구를 진행함

키워드	
TNR	고양이를 포획(Trap)하여 중성화수술(Neuter)을 한 후, 제자리에 방사(Return)하는 개체수 조절 방식이다.
중성화 수술	수컷은 고환을 제거하고, 암컷은 난소와 자궁을 제거하여 번식과 관련한 기능을 제어하기 위한 수술이다.
구조·보호 동물	유실, 유기, 학대 등의 이유로 보호시설에 구조되어 머물고 있는 동물로, 언제든지 보호자가 있는 반려동물이 될 수 있는 동물이다.
애니멀 호딩 animal hoarding	비정상적으로 많은 동물을 수집하면서 최소한의 영양, 위생, 수의학적 처치는 제공하지 않고, 동물의 상태(예: 질병, 굶주림(기아), 죽음)와 환경(예;과도한 밀집사육, 극도로 비위생적인 환경)을 악화시키는 행동을 하나 이에 대한 문제를 인식하지 못한다. 일종의 정신질환으로 규정하고 있다.

도심 길고양이 TNR 연구

조윤주

길고양이 생태와 TNR의 필요성

고양잇과 동물Felidae은 사자를 제외하고 대부분 단독생활에 익숙하지만, 길고양이의 사회적 행동은 주로 고양이 개체의 밀도와 먹이 공급원의 가용성에 따라 다양한 형태를 보인다. 집고양이felis catus, domestic cat로 구분할 수 있는 길고양이는 적응력이 뛰어난 종이며, 단독생활로 진화되었으나 서식 환경에 따라 집단생활도 가능하다.

도심지에서 개체군을 이루는 경우 주로 암컷이 크고 작은 군집의 중심에 있으며, 개체군의 크기는 먹이 공급원이 풍부할수록 커진다. 고양이는 r-선택을 하는 종에 가깝기 때문에r-selected species 높은 성장률과 몸집이 작고 많은 수의 자손을 생산하며 세대가 짧은 특징을 가지고 있다. 또한, 계절발정 동물이기 때문에 특정 시기에 개체수가 집중적으로 증가하는 특징이 있다.[1] 반면, K-선택을 하는 종 K-selected species은 수명이 길고 몸집이 크며, 성장 기간이 긴 동물에 해당하며, 성 성숙이 늦고, 자손 수가 적은 특징을 보인다. 대표적인 종으로는 인간, 코끼리, 고래 등이 이에 해당한다. 동일하고 한정된 자원에서 같은 종의 개체끼리 경쟁하는 종 내 경쟁intraspecific competition을 통해 개체군 성장률이 둔화하는 로지스틱 모델(S자형 생장곡선)을 보인다. 밀도에 의존적density dependent factor이므로 먹이 공급이 제한되거나 영토 경쟁이 심화할 경우 개체군 성장률은 더욱 둔화한다. 반대로, 고양이, 설치류 등과 같이 r-선택을 하는 종은 밀도에 비의존적인 경향을 보이며, 이상적인 환경조건에서 개체군의 크기가 증가하며 J자형 곡선을 나타낸다.[2]

K-선택종과 r-선택종의 특징

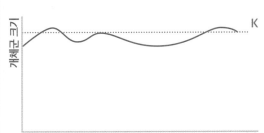

K-선택종

개체군의 크기
환경수용력(K)에 의해 제한
밀도 의존적
비교적 안정적

동물의 특징
몸집이 크고 긴 수명
자손 수가 적음
자손을 더 잘 돌본다.

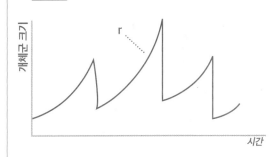

r-선택종

개체군의 크기
번식률(r)에 의해 제한
밀도 독립적
상대적으로 불안정함

동물의 특징
몸집이 작고 짧은 수명
자손 수가 많음
자손을 잘 돌보지 않는 편이다.

---

1. r-선택종에서 r은 최대번식능력 (r, the maximal intrinsic rate of natural increase)을 의미하며, K-선택종에서 K는 환경수용력(carrying capacity)을 의미한다. 이 개념은 1967년 MacArthur와 Wilson에 의해 대중화되었다.
2. J-곡선: 지수 개체군 성장. 최적의 환경이 되었을 때, 기하급수적인 개체의 생장이 가능하다.

따라서 도심지에서 균형 잡힌 식단(고양이 사료)과 쉼터를 제공하는 것은 길고양이의 생존율을 증가시키고 개체군의 밀도를 증가시키는 환경인자로 작용할 수 있다.[3,4] 그러나, 길고양이의 서식 환경이 개선되어 삶의 질이 나아질 것이라는 기대와는 별개로 무분별한 개체수 증가는 길고양이와 관련된 민원 증가, 인수공통전염병의 확산 등의 공중보건 문제, 지역 내 야생동물의 개체수 변화와 같은 문제를 발생시킨다. 그뿐만 아니라, 밀집도가 높아질수록 고양이는 전염성 질환에 취약하며, 교통사고로 인한 폐사, 피학대 동물로 노출되는 등 길고양이의 삶의 질에도 악영향을 미치게 된다. 이를 억제하기 위해서는 개체수 조절 프로그램이 필요하며, 중성화 수술을 통한 적극적인 개입이 필요하다.

길고양이는 개체마다 사회화 수준과 인간과의 상호작용의 정도가 다양하다. 따라서 길고양이는 소유자와 거주지가 명확하게 확인된 반려 고양이가 아니더라도, 지역 사회가 '소유'하고 그 동네가 '집'이라는 개념을 갖게 되었다.[5]

길고양이의 개체수 조절을 위한 개입

길고양이는 반려 고양이를 포함하여 전체 고양이 개체수의 구성요소로 인식되며, 미국의 국립동물관리협회NACA, National Animal Care and Control Association는 반려 고양이와 길고양이 모두를 포괄하는 개체수 관리 정책을 장려한다.[6] 다시 말해서, 미국 국립동물관리협회는 반려 고양이의 번식을 관리하는 것을 동물보호센터로 입소하는 고양이의 수를 줄이기 위한 기본 전략으로 인식하고 길고양이 역시 중성화 수술을 통해 개체수를 관리하려고 시도하고 있는 것이다.

길고양이의 개체수를 조절하는 것은, 동물 수를 관리하려는 입장과 동물의 권리와 복지를 생각하는 입장에서 서로 논쟁의 여지를 가지고 있다.

문헌에 따르면 미국에서 길고양이와 관련한 여러 가지 문제를 해소하고 보호시설 안에서 동물 개체수 통제를 목적으로 인도적인 처리(안락사)를 시행했다고 알려져 있다. 그러나 이러한 대량의 살처분에 대해 동물보호 활동가와 일반 시민들의 반발이 있었으며, 대안을 마련하기 위해 보호 중인 동물의 수명이 다할 때까지 돌본다는 의미로 보호구역 sanctuary을 만드는 단체가 생겼다. 그러나 보호를 이유로 2008년에서 2011년에 걸쳐 약 600-800마리의 고양이를 가두어 키우는 보호구역을 애니멀 호딩 animal hoarding*으로 간주하고 회수하는 사건이 발생하기도 했다. 또 다른 예로, 멕시코, 뉴질랜드, 호주 등의 섬 지역에서 희귀종을 멸종시키는 원인으로 지목된 고양이를 섬 내에서 독살, 사냥, 포획, 전염성 질병(고양이 백혈병 바이러스) 전파 등을 이용하여 살처분하였다.[7] 그러나 일부 섬 지역에서 한정적으로 실시한 이유는 시민들의 반대를 피할 수 있는 오지였기에 가능했다. 이에 반해, 고양이를 죽여서 없애는 방식은 도심지에서는 적용하는 것이 불가능하다. 도심지의 길고양이 개체수를 조절하기 위한 조건으로는 인도적인 방법을 우선으로 선택해야 하고, 동물을 포함하여 인간에게도 안전한 방식이어야 한다. 또한, 공공의 예산을 효율적으로 사용해야 하며, 일시적인 방법이 아니라 지속해서 번식을 멈출 방법이 필요하다. 마지막으로 일반 대중들이 쉽게 수긍하고 인정할 수 있는 수준의 개체수 조절 방식을 선택해야 한다.

3. Thomas, R. L., Baker, P. J., & Fellowes, M. D, "Ranging characteristics of the domestic cat (Felis catus) in an urban environment," Urban Ecosystems, 17(4), 911~921, 2014.
4. Schmidt, P. M., Lopez, R. R., & Collier, B. A, "Survival, fecundity, and movements of free-roaming cats," The Journal of Wildlife Management, 71(3), 915~919, 2007.
5. Chu, K., Anderson, W. M., & Rieser, M. Y, "Population characteristics and neuter status of cats living in households in the United States," Journal of the American Veterinary Medical Association, 234(8), 1023~1030, 2009.
6. National Animal Care and Control Association, "Extended Animal Care & Control Concerns - Community Cat Management In: NACA Board of Directors", NACA guidelines, 2018 , https://www.nacanet.org/wp-content/uploads/2019/03/NACA_Guidelines.pdf.
7. Nogales, M., Martín, A., Tershy, B. R., Donlan, C. J., Veitch, D., Puerta, N., & Alonso, J. "A review of feral cat eradication on islands", Conservation Biology, 18(2), 310~319, 2004

서울시 길고양이 TNR 사업

서울시는 2008년부터 길고양이 중성화 사업을 시작하여 지속해서 사업 규모를 늘리며 2016년 이후 매년 평균 1만 마리 이상을 중성화하고 있다. 저자는 2013년 「동물보호정책 개발 및 동물보호센터 계획을 위한 연구」를 시작으로 2년 주기로 길고양이 수의 변화와 중성화된 고양이의 비율, 어린 고양이(아성묘[8], subadult cat, 5개월령 미만 추정)의 비율을 확인하는 연구를 맡고 있다. 조사지역이 한정적이기 때문에 전체의 서울시 길고양이 수를 산출하기에는 여러 가지 한계가 있으나, 동일지역의 반복 조사를 통해 개체수의 감소 경향을 확인하고 있다. 조사지역 내에서 중성화 비율이 높은 곳의 어린 고양이 비율은 20.8%, 중성화 비율이 낮은 곳의 어린 고양이 비율은 36.8%로 중성화된 고양이가 많을수록 어린 고양이의 수가 적다는 것을 실질적으로 확인하고 있다. 이러한 조사는 길고양이 TNR의 사업량 수준과 사업의 방향성에 대한 중장기적인 계획수립에 중요한 기초자료가 된다.

처음에는 길고양이의 개체수를 조사하여 서울시의 전체 길고양이의 수를 추정해 보고자 연구를 시작하였고, 해를 거듭하면서 개체의 감소 경향과 중성화된 고양이의 비율 증가를 확인할 수 있었다. 이후 길고양이의 급식 형태와 이웃 간의 갈등에 대한 해법을 찾기 위한 자료 수집으로 점점 조사 영역이 넓어지고 있다. 조사 내용으로는 현장을 다섯 차례 방문하여 관찰되는 길고양이를 조사하고, 발견된 위치를 통해 생활반경을 확인하고, 귀 끝 절개 여부를 관찰하여 중성화 개체를 구분하는 것이 있다. 또한 어린 고양이를 성묘와 구분하여 기록하고 지역 내 번식 현황을 확인한다. 조사지역 내에서 관찰되는 밥자리의 위치와 개수를 파악하고 관리 상태를 확인한다. 최근 진행된 조사에서는 자치구 담당자의 자문을 받아 길고양이 관리의 모범지역과 갈등지역을 각 5개소로 선정하여 거주민과 길고양이를 돌보는 시민이 갖는 길고양이에 대한 인식의 차이와 갈등의 요인을 파악하였다.

길고양이는 군집을 이루고 사는 특성상 서울 전체를 대표할 수 있는 조사지역을 표본으로 추출하는 데에는 어려움이 있다. 그러므로 각 조사지역의 개체수가 전체 서울시의 개체수를 대표하기에는 한계가 있다. 그러나, 특정 지역을 다년간 조사하여 길고양이 서식 현황의 추이를 지속해서 관찰하는 것은 매우 의미가 있다. 길고양이 중성화 비율(2021년 평균 49.0%)과 어린 고양이 비율(2021년 평균 13.7%)과의 상관관계를 분석한 결과, 길고양이 중성화 비율이 높을수록 어린 고양이 비율은 낮게 나타나며 이것이 개체수 감소로 이어질 수 있음을 확인하였다.

서울시 25개 자치구는 2016년 이후 평균 1만 마리 이상의 고양이를 중성화하고 있으며, 2015년 조사지역에서 중성화된 길고양이가 전체의 10%가 발견된 데 반해, 2021년 중성화 개체는 전체의 49%로 지속해서 증가하고 있다.

서울시의 길고양이 개체수 감소에는 자치구에서 진행하는 TNR 사업뿐만 아니라 다양한 요인이 있다. 사비로 동물병원에서 길고양이를 중성화시키며 돌봄 활동을 하는 시민과 동물보호단체에서 진행하는 TNR 사업, 어린 길고양이나 사람을 잘 따르는 고양이를 입양하여 가정에서 양육하는 사례가 증가하면서 길에 사는 고양이의 수가 점차 줄어들고 있는 양상이다.

---

8. 5개월령 미만의 아성묘(subadult cat)는 같은 해 봄에 태어난 개체이기 때문에 중성화와 지역 내 번식의 관계를 확인하기 위해 자료에 포함했다. 아성묘는 성묘보다 덩치가 작고 마른 편이며, 얼굴이 작은 특징을 가지고 있다. Marcin Stacharski, K. Pezinska, M. Wróblewska, Joanna Wojtas, P. Baranowski, "The biometric characteristics of domestic cat skull in three stages of its growth: juvenile, subadult and adult," Acta Sci. Pol. Zootechnica, 9(3), 65–78, 2010.

길고양이 서식 현황을 확인하기 위한 표본 지역 중에 포함되었던 둔촌주공 1단지 아파트는 재개발이 진행되면서 2015년, 2017년의 지역 내 길고양이 개체수 변화가 눈에 띄게 변화한 곳이다. 조사 면적 100,000㎡에서 2015년에 약 88마리가 관찰되었고 당시에는 중성화된 고양이가 5.7%, 어린 고양이가 44.3%의 비율을 차지하고 있었다. 그러나 2017년에는 51마리의 고양이가 관찰되었고 중성화된 고양이가 84%이고, 어린 고양이는 4%만 발견되었다. 이 한정된 공간에서 집중적인 중성화 수술이 주는 효과를 눈으로 확인한 것은 지금도 TNR의 효과를 신뢰하고 연구를 계속하게 되는 계기가 되었다. 상가와 아파트 입구 주변에서 길고양이가 사람을 피하지 않고 머물러 있으면서 지역 주민과 친화적인 모습을 보였던 것이 기억에 남는다. 남아있는 고양이를 이주시키기 위해 많은 분의 노력이 있었던 것으로 안다. 조금만 더 일찍 중성화 수술을 진행했더라면 이주시켜야 할 고양이의 수가 더 줄었을 것이라는 아쉬움도 있다. 이를 계기로 재개발지역은 길고양이의 집중관리지역이 되어야 한다는 제안을 지속하고 있다. 재개발지역은 '사업 시행계획' 당시부터 지역 내 길고양이의 서식 현황을 확인하고 이에 대한 대책과 예산을 계획한다면, 실제로 이주가 필요한 시기에 고양이의 수는 현저히 줄어 있을 것이고 고양이가 스스로 서식 지역을 옮길 수 있도록 유도하는 시도가 가능할 것이다.

시민 활동가의 역할

고양이는 빠른 성 성숙과 높은 번식력으로 생존하는 전략을 가지고 있어서 현재로서는 길고양이의 개체수 조절을 위해서는 지속적인 번식관리가 불가피하다. 서울시의 길고양이 개체수는 점차 감소하고 있는 것으로 추정되나, 길고양이와 관련한 문제는 더욱 다양해지고 공공의 적극적 개입과 관리지원에 대한 요구가 증가하고 있다. 재개발지역의 길고양이를 안전하게 이주시켜야 하는 문제, 길고양이 급식소 설치에 대한 찬반 갈등, 길고양이 학대 문제, 동물 보호시설에 입소하는 어린 고양이의 폐사 등 길고양이와 관련한 문제는 매우 다양하다.

2000년대 중반부터 우리나라는 길고양이의 개체수를 조절하고 민원을 해결하기 위해 TNR을 도입하였고, 민원 신청에 따라 수동적으로 포획을 진행하는 산발적인 TNR이 주로 진행되었다. 이제는 이에 더하여 지역 단위로 계획적이고 집중적인 중성화사업을 시작하는 시점이다. 그러기 위해서는 TNR 사업의 주체는 사전에 길고양이의 서식 현황을 파악하고 지정지역의 길고양이 전체를 중성화하는 것을 목표로 하는 사업을 시도해 봄으로써, 결과 예측을 위해 능동적으로 관여하는 것이 필요하다. 이를 위해 지역 단위에서 길고양이를 돌보는 시민과 협업을 위해 사전에 정보와 지식을 공유하고, TNR의 과정뿐만 아니라 밥자리 관리에 대한 갈등 완화를 위한 대안 마련이 필요하다.

서울시에서 지역주민의 설문을 통해 길고양이와 시민의 공존에 있어서 모범지역과 갈등지역을 구분하여 길고양이의 서식 현황과 길고양이에 대한 시민의 수용도를 조사하였다. 그 결과, 길고양이 개체수가 많은 것이 갈등을 유발한다기보다,

급식소의 설치 논쟁, 개인 간의 갈등이 주요 요인이었음을 확인하였다. 길고양이에게 밥을 주는 것을 동물보호 활동으로 인식하는 시민이 과반수를 차지했지만, 비위생적으로 밥자리를 관리하거나 지역 내에 과도하게 많은 밥자리가 있음에도 중성화되지 않은 길고양이가 늘어나는 상황이 갈등의 요인으로 작용하였다.

2013년 조사 초기에 길고양이를 돌보는 시민을 현장에서 만나게 되면 길고양이 중성화 수술을 요청하는 경우가 많았으나, 최근에는 길고양이 급식소 설치를 요구하는 시민을 더 많이 만나게 된다. 지자체에서 급식소 설치를 긍정적으로 검토하고 있고 급식소가 길고양이를 돌보는 행위의 정당성을 상징하는 도구로 인식되는 것은 매우 반가운 일이다. 그러나 도심지 내에 급식소가 무분별하게 증가해서 좋은 의도가 다시 이웃 간의 갈등을 일으키는 요인이 되어서는 안 된다. 따라서 적절한 밥자리 관리에 대한 합의가 필요하다.

밥그릇을 항상 거리에 두는 것, 밥그릇에 사료가 장시간 방치되는 것, 밥자리가 외부에 노출되는 것은 길고양이와 공존의 노력을 위해서는 지양하는 것이 바람직하다. 밥그릇이 항상 거리에 있는 것이 누군가에게는 생활폐기물 무단투기로 받아들여질 수 있다. 밥그릇에 사료가 장시간 방치되는 것은 사료가 부패하여 고양이의 건강을 해칠 뿐만 아니라, 비둘기와 설치류, 파리 등에게 먹이를 제공하여 이로 인한 이웃 간의 갈등도 빈번하다. 또한, 큰 그릇에 많은 양의 사료를 부어주는 것은, 이것을 여러 길고양이가 이용하면서 구강 전파 경로를 갖는 전염성 질환의 원인이 될 수 있다. 밥자리가 사람들이 지나다니는 길에 노출되는 것은 고양이 입장에서는 매우 불안한 밥자리이고, 노출된 밥자리는 독약 살포 등 길고양이를 향한 동물 학대 범죄에 악용될 수 있다.

마치며

길고양이는 별도의 품종이 아니다. 예전부터 우리와 함께 살며 쥐로부터 곳간을 지켜주던 집고양이이다. 곳간이 사라지면서 집 안으로 들어와서 살게 된 고양이는 많지 않다. 대부분 길거리를 배회하며 음식물 쓰레기를 뒤지면서 살아남았다. 우리 주변에 고양이를 키우는 사람이 늘어나고, 더 이상 고양이가 불길하게 여겨지지 않는다. 아마도 길고양이를 측은하게 여기는 사람은 점점 더 늘어날 것이다.

중성화사업을 통해 국가와 지자체는 길고양이의 개체수를 조절하고 있고, 이에 많은 시민단체와 개인이 동참하여 중성화수술에 대한 인식이 긍정적으로 변화하고 있다. 인간이 동물 종의 수를 조절하려는 시도와 방식은 완벽할 수 없다. 그러나 TNR을 통해 길고양이가 더 이상의 번식 없이 도심에서 공존하고, 사람을 잘 따르거나 어린 고양이는 좋은 가족을 만나 집안에서 사랑받고 편안하게 살아가면서 도심 내 길고양이에 대한 갈등이 점점 해소되기를 바란다.

안녕하세요. 자기소개 부탁드려요.

> 보호동물의학(shelter medicine)의 국내 정착을 위해 연구하는 조윤주입니다.
> 현재 VIP동물의료센터 부설연구소에서 근무하고 있어요.

어떤 연구를 하고 계시나요?

> 구조·보호동물과 길고양이의 삶의 질을 높이기 위한 동물보호시설의 설계,
> 운영에 대한 연구, 길고양이 중성화 수술의 안전과 효과를 향상하기 위한 연구,
> 동물보호시설의 보호동물 생존율 향상을 위한 연구를 하고 있어요.

이 연구를 하게 된 계기가 있나요?

> 2013년에 서울시에서 진행하는 동물보호정책 연구에 참여하게 되었는데요.
> 이를 계기로 미국의 보호동물의학(shelter medicine)을 접하고
> 동물보호활동에서 수의학의 역할에 대해 관심을 갖게 되었어요.

연구 중에 어려운 점은 없었나요?

> 보호동물의학은 앞으로의 발전을 위해 지원이 필요함에도 불구하고 현재는 보호시설
> 동물의 관리와 민원 해결을 위한 후처리에 많은 자원이 투입되고 있어서 이를 알리는
> 것이 가장 큰 과제예요.

연구에서 기대하는 바 혹은 우려되는 바가 있을까요?

> 여러 분야에서 보호동물 관리에 있어서 수의학적 접근이 중요하다는 것을 공감하고
> 있어서 앞으로 발전이 예상보다 빠르게 진행될 수도 있다고 생각해요. 이것이 기존의
> 동물보호활동과 이해관계가 상충하여 본연의 취지가 흐려지지 않도록 속도 조절도
> 필요하다고 생각해요.

연구자로서 동네고양이(혹은 고양이)는 어떤 존재로 정의하고 있고 고양이라는 연구 대상에 어떤 태
도로 접근하고자 하시나요? 그리고 그게 개인으로서의 고양이와의 관계에 어떤 영향을 주었나요?

> 길 위의 동물 중에서 고양이는 인간과 매우 밀접하게 교감하고 있고, 언제든지 반려
> 고양이가 될 수 있는 존재라고 인식하고 있어요. 제가 길고양이를 연구하면서 모든
> 고양이에게 연민의 정을 줄 수 있는 그릇은 못돼요. 그렇지만 길고양이 생명의 소중함,
> 길고양이와 이를 돌보는 사람의 관계에 대한 공감을 통해 수의사로서 고양이로 인한
> 갈등을 줄일 방법을 계속 찾고 있어요.

앞으로 어떤 연구를 준비 중이신가요?

> 고양이와 관련해서는 길고양이 TNR의 안전성과 효과성을 높일 수 있는 시설 구축과
> 인적 자원 향상을 모색하는 연구사업을 진행해 보고자 해요. 더불어 보호시설에
> 입소하는 어린 고양이를 시민과 함께 잘 보살필 수 있는 보호시설의 시스템을 만들어
> 나가려 하고 있고요.

서울시 길고양이 중성화 사업은 어떤 배경에서 시작되었고 현재 사업의 상황과 방향성은 어떠한가요?

서울시는 2016년부터 길고양이로 인한 갈등 해결을 위해 길고양이를 돌보는 시민과 수의사가 자원봉사로 참여하여 시민참여형 TNR을 진행해보고자 길고양이 중성화 사업을 시작했어요. 현재는 25개 자치구에서 연간 약 1만 3천 마리의 길고양이가 중성화되고 있으며, 서울시는 길고양이 TNR의 효과를 높이기 위해 수의사를 교육하고, 민관이 협력하기 위한 다양한 전략을 모색하고 있어요.

어떻게 서울시 길고양이 중성화 사업에 참여하게 되셨고, 조사를 진행하시면서 무엇을 느끼셨는지 궁금해요.

2014년 미국 플로리다 대학에서 보호동물의학을 공부하면서 길고양이 수를 감소시키기 위한 동네고양이 프로그램에 참여하게 되었고 지역 내 많은 수의 길고양이를 안전하게 중성화하는 방식을 국내에도 적용하면 좋겠다는 생각을 하게 됐어요. 서울에서도 길고양이는 여러 시민의 도움과 서울시 자치구의 노력으로 중성화 수술이 진행되고 있어요. 다만, 재개발지역이나 길고양이로 인한 민원이 많이 발생하는 지역은 자치구의 TNR만으로는 해결하기 어려운 점이 있는데요. 이러한 관리의 사각지대에 집중중성화 수술을 기획하고 실행해 가면서 지역사회의 문제를 조금씩 해결해 나가고 있습니다.

글에서 언급해 주신 서울시 길고양이 중성화 사업결과를 보면 개체수 조절에 있어서 긍정적인 효과가 있었다는 걸 알 수 있었어요. 하지만 여전히 중성화 사업의 효과나 윤리성에 대해서 의문을 가진 시각 또한 존재하는 걸로 알아요. 선생님께서는 이 사업의 한계와 의의에 대해서 어떻게 생각하고 계시나요?

인간이 생태계의 개체수를 조절하는 것이 결코 쉬운 일이 아니고, 그 끝이 어떻게 될지 모른다는 두려움도 있어요. 우리가 어떤 동물종의 수를 줄여야 한다고 판단하는 자체가 어리석을 수도 있어요. 다만, 현재 길고양이의 수를 조절하는 것은 시민사회의 갈등을 줄이고 길고양이의 삶을 더 나아지게 만들기 위한 노력이라고 생각해요. 한편에서는 살처분을 통해 갈등의 원인을 해결하자는 의견이 있지만, 이것은 우리가 예측하지 못하는 또 다른 생태계 교란을 일으킬 수 있고, 비인도적인 방식으로 동물을 대하는 자세이기 때문에 지양해야 한다고 생각하고요.

이번 호에 실린 다른 글에서 길고양이를 관리하는 주체로서 서울시가 언급됩니다. 그 글에서는 행정기관이 어떻게 고양이라는 생명을 관리하고자 하는지를 분석하는데요. 국가사업에 참여하는 연구자로서 고양이를 연구하는 것은 그렇지 않은 연구자로서 고양이를 연구하는 것과 다를 것 같은데 어떻게 느끼셨나요?

제가 이 연구를 시작하게 된 것은 국가와 지자체가 길고양이를 관리하는 데 있어서 보다 안전하고 효율적인 방식을 적용하기 위해서였어요. 국가 사업에서 고양이 연구는 비단 고양이의 개체수를 줄이기 위한 전략을 수립하는 것뿐만 아니라, 길고양이를 보호하려는 시민의 정서, 이에 반하는 혐오 감정, 위생관념, 도심 생태계와의 조화까지 매우 다양한 영역을 고려해야 한다는 점에서 국가사업에 소속되지 않은 연구와 다른 것 같아요.

글에서 2013년 조사 초기에 현장에서 길고양이 돌보는 시민을 만나면 중성화 수술을 요청하는 경우가 많았으나 최근에는 급식소 설치를 요구하는 시민을 더 많이 만났다고 하셨습니다. 그러한 경향은 언제부터 생겼으며, 원인은 무엇이라고 보시나요?

2019년 이후부터 길고양이 TNR에 대한 요청보다 급식소 설치에 대한 요구가 현장에서 많이 들리고 있어요. 시민들에게 TNR에 대한 인식이 뚜렷해지고, 그와 더불어 서울의 자치구에서 TNR 사업량을 꾸준히 늘려온 결과가 아닐까 싶어요. 급식소에 대한 요구는 아무래도 설치에 대한 요구는 많지만, 아직 진행이 더디기 때문이죠. 시범사업으로 급식소를 설치하여 관리방식이나 설치의 장단점을 확인하고 있으나, 아직 급식소 확대에 대한 확신이 없기 때문에 자치구에서는 설치에 제한을 두고 있는 상황이에요.

수의학자로서, 그리고 서울시 길고양이 중성화 사업을 조사한 연구원으로서, 길고양이를 위해 무언가를 하고 싶어 하는 시민이 있다면, 어떤 일을 추천하고 싶은신가요?

우리나라는 고양이와 함께 하는 가정이 늘고 있고, 그렇기 때문에 길에서 사는 고양이에 대한 연민을 가지고 있는 시민들은 점점 늘고 있지요. 먹을 것을 제공하는 것은 가장 기본적인 배려의 수단이지만, 그들에게 더 나은 삶을 제공하기 위해서는 길고양이가 중성화 수술을 받을 수 있도록 TNR에 적극 동참해 주실 것을 당부드려요. 그리고 고양이와 가족이 되고 싶으신 분들은 동물보호센터에서 입양을 문의해 주셨으면 좋겠어요.

학문 분야	미학, 철학
연구 주제	일상 생활과 매체를 통하여 고양이와 관계 맺기
연구 대상	스탠리 카벨, 자크 데리다, 도나 해러웨이, 그레이엄 하먼, 에일린 크리스트의 고양이, 동물, 객체, 타자와의 관계에 대한 이론
연구 방법론	문헌 분석

키워드

타자의 마음	스탠리 카벨에 따르면 타자의 마음은 상반된 특징이 있다. 하나는 온전히 알 수 없는 내부적인 종류로 온전히 이해하고 공감하기 어렵지만 또 반면에 느슨하게 열린 공적 영역으로, 타자의 표정과 몸짓 등을 통해 이를 감지할 수 있다. 인간과 동물 전반의 소통을 성찰할 수 있게 하는 개념이다.
객체	일반적으로 객체/사물은 살아 있지 않거나 수동적인 종류로, 주체(subject)에 대응하지만 그에 종속적인 종류로 간주된다. 그러나 그레이엄 하먼은 주변에서 접할 수 있는 테이블과 의자, 연필과 핸드폰, 비행기와 다이아몬드, 돌멩이, 그리고 건축물 등 서로 상이한 것들을 모두 객체로 바라본다. 하먼은 객체의 대상과 조합 방식은 무한하고 모든 객체는 대상이면서 동시에 주체가 될 수 있다. 이처럼 객체가 지닌 복합적인 차원 때문에, 그 누구도 객체를 온전히 파악하기란 어렵다.
표상	에일린 크리스트의 표상은 찰스 다윈이 동물 행태를 기술한 방식을 설명하는 단어이다. 찰스 다윈은 당시 동물과 거리를 두고 객관적으로 기술하려했던 당대의 동물행동학의 경향과 달리, 관찰 대상과 관찰자 자신을 분리하지 않고 그 속에 투사시켜 주관적으로 기술한다. 이런 다윈의 인간중심적 기술 방식은 동물의 내부 마음을 온전히 알 수 없을 때 취할 수 있는 최선의 연구방법이고 이것을 표상이라고 한다.
현전	지금 여기에 존재하는 것(presence)이다. 현전은 서양 철학에서 재현(represent)과 반대되는 실체, 진리, 근원으로 여겨지는 중심 개념이다. 데리다는 서양철학이 현전을 중심으로 그 외의 것을 배제하고 억압하는 방식으로 전개되어왔음을 비판하고 이를 해체하고자 했다.
주요 용어	타인의 마음, 객체, 표상, 현전

타자의 마음, 객체, 그리고 표상
: 고양이를 둘러싼 세 가지 키워드

백승한

좌 메오, 우 피치

건축이론과 미술사를 공부하는 나의 학문적 정체성에 있어서 고양이가 들어설 자리는 딱히 없었다. 그러던 중 서울 성북구 한성대학교 근처에 위치한, 이미 폐허가 되어 재개발 운명에 처한 '법화사'라는 이름의 절터에서 고양이 한 마리를 만나게 되었다. 2018년의 추운 12월 경 처음 만나게 되었고, 먹이와 자리를 살펴주면서 몇 달간 친분을 유지하였다. 그리고 공사 가림막이 둘러진 절터가 흔적도 없이 사라지기 하루 전인 2019년 3월 23일 늦은 밤, 공사용 철근과 부서진 나무 데크 그리고 유리 파편들로 가득한 터를 절대 떠나지 않았던 이 고양이를 극적으로 구조하였다. 이후 2020년 9월에 다른 한 마리를 입양하게 되었다. 이들의 이름은 각각 '메오'와 '피치'이다.

현장 대면이 있었기에 메오와의 관계가 형성되었고 이는 다행히 구조로 이어졌다. 하지만 이미지와의 대면 또한 사소하지 않았다. 당시 여자친구와 주고받은 귀여운 고양이 사진들은, 고양이에 대한 친밀감 형성과 더불어 정서적 관계 맺기를 가능하게 해주었다. 이름 모를 화면 속 고양이들과 마주하는 행위는 그간 고양이에 대해 무심했던 나의 태도를 점차적으로 변화시켜 주었고, 이는 결국 나의 생활 반경에서 마주하게 되는 '실물' 고양이에게 관심을 가지고 그와 관계 맺는 데 있어 큰 역할을 했다고 생각한다. 실물과 이미지 그리고 현장과 온라인 공간 사이의 경계는 느슨해졌고, 나는 둘 사이를 매개하면서 고양이에 대한 생각을 점차 키워나가기 시작했다. 2022년 학회 발표의 제목 '동물의 이미지'는 이러한 개인적 경험과 그에 대한 성찰에 기인한다.[1]

이 글에서 나는 다음의 질문들을 제기하고자 한다. 이제는 일상생활의 중요한 일부가 된 반려동물로서 고양이의 마음을 우리는 어느 정도까지 알 수 있는가? 고양이를 안다는 것의 의미는 무엇인가? 그리고 다양한 온오프라인 매체들에서 순환되는 고양이 사진과 영상 등은, 살아 있는 생명체로서의 고양이와는 다르게 납작해진 이미지에 불과한 것일까? 전자(생명체)는 실재하는 것이고 후자(이미지)는 그렇지 않은 시각문화의 일부일까? 만약 후자를 통해 전자를 더 알게 되고 또한 그와 긴밀히 관계 맺을 수 있다면, 이미지를 단지 2차원적으로 투영된 종류가 아닌 생명력 있는 무언가로 바라볼 수 있을까? 이러한 질문들은 다양한 위험과 위협 상황에 처해 있는 고양이들에게 실질적인 도움을 주지 못할 수 있다. 그럼에도 고양이와 함께 산 지 이제는 수년이 되어가는 지금 시점에서, 그들과 일상생활 가운데 함께한다는 의미, 그리고 수많은 고양이 이미지들이 표류하는 온오프라인 플랫폼의 의미를 생각해 보고 싶다. 고양이 연구를 고민하던 나는 철학과 동물행동학 서적에서 이와 같은 질문들을 숙고할 수 있는 몇 가지 단서들을 찾았다. 그리고 이를 '타자의 마음other minds,' '객체object' 그리고 '표상representation'이라는 세 가지 단어들을 통해 풀어내고자 하였다.

1. '타자'로서의 고양이의 마음에 대해

첫째, '타자의 마음'이란 개념을 통해 고양이와 나 사이의 관계를 생각해 보려 했다. 이는 분석철학으로 잘 알려진 루드비히 비트겐슈타인(Ludwig Wittgenstein, 1889-1951)을 평생 연구한 스탠리 카벨(Stanley Cavell, 1926-2018)의 회의주의skepticism와 일상생활everyday life에 대한 철학과 관련이 있다. 카벨에 따르면 타자의 — 즉 내가 아닌 다른 누군가의 — 마음이란 온전히 알 수 없는 내부적인 종류이다.[2] 그리고 느슨하게 열린 공적 영역이다. 타인이 나의 고통pain을 온전히 이해하고 공감하기란 어렵다. 하지만 고통을 경험하는 나의 표정과 몸짓 등을 통해 이를 감지할 수 있다. 내부 세계로서의 감각 경험과 그것을 아우르는 외부 세계는 서로 다른 종류이다. 그럼에도 언어적이고 비언어적인 표현 방식들을 통해 둘 사이의 경계는 느슨해진다. 나와 타자 사이에는 명확한 존재론적 선후 관계가 없다. 선후 관계의 부재는 단지 순서의 문제는 아니다. 그보다는 나와 타자, 또는 많은 나들로 구성된 세계가 작동하는 방식에 관한 질문이다. 나는 항상 누군가에게 자신이 아닌, 즉 타자로 여겨지며 그 반대 또한 마찬가지이다. 자신의 존재에 대한 인식 즉 존재론적 성찰은 항상 무의 상태, 즉 '영도degree zero'에서 출발하며, 이는 당연한 것으로 여겨지지 않는다. 각각의 존재는 특이하며 반복하지 않는다. 따라서 어느 존재가 더 우월하거나 시간상으로 선행하는지 등에 대해 판단하는 시도는 한편으로 무의미하며, 근본적으로 불가능하다. 선후관계를 둘러싼 이러한 성찰은 시간과 역사, 정서와 감각, 그리고 이미 수립된 윤리의 층위의 권위에 의문을 제기하며, 표상되는 세계의 불완전성과 불안정성에 주목한다. 이를 통해 재구성되는 세계를 새로운 앎의 지평으로 바라본다.

만약 고양이를 타자라고 생각할 수 있다면, 그의 마음을 이해하는 시도는 늘 불완전할 수밖에 없다. 사람들의 경우 언어를 통해 서로 소통할 수 있지만 이 역시 경험의 층위를 온전히 말이나 글로 끄집어낼 수 없다는 측면에서, 타자는 — 심지어 스스로에게 조차도 — 낯선 세계로 남겨진다. 사람과는 다른 언어를 사용하는 고양이의 경우 소통이 더욱 어렵다. 하지만 이를 단지 다른 언어를 사용하기 때문이라고만 보기는 어렵다. 사람이나 고양이 그리고 여타 동물들 사이의 소통은 항상 표현되지 않는 나머지들, 또는 그 의미가 온전히 전달되지 않거나 왜곡되고 또한 즉흥적이거나 우발적인 방식으로 새로운 의미가 되기도 하기 때문이다. 그리고 내부 마음과 외부 표현과 같은 이분법적 도식 또한 한계를 지닌다. 마음이 그 외부와 완전히 단절된 채 순전히 내부적인 종류가 될 수 없는 것처럼, 내부와 외부는 항상 서로 교차하고 영향을 주고받는 느슨한 관계적 상황에 놓인다.

'타자의 마음'이 인간과 동물 전반의 소통을 성찰할 수 있는 한 지점이라면, 타자로서의 고양이에 대한 철학적 질문을 던진 대표적인 인물은 자크 데리다(Jacques Derrida, 1930-2004)이다. 「동물, 그러니까 나인 동물」은 관련하는 대표적인 글이다.[3] 데리다는 그가 집에서 함께한 고양이 로고스(Logos)에 대한 사변적인 생각으로 글을 시작한다. 옷을 벗고 욕실에서 목욕을 하던 데리다는, 그를 물끄러미 바라보는 로고스의 존재를 인식하고 수치심shame을 느낀다. 마치 사과를 깨물어 먹고 자신의 나체 상태를 자각한 성경 속 아담처럼, 데리다는 수치심의 원인이 무엇인지에 대해 질문하며 이를 "지극히 인간적인" 종류로 파악한다. 고양이의 시선은 '나'라는 존재에 대한 자각으로 이어지며, 누가 누구를 바라보는지와 같은 선후 관계로부터 벗어나려 한다. 인간 세계에 얽혀 있는 고양이는 말과 글의 세계를 경유하여 보기의 대상이 된다. 데리다는 그러한 세계의 측면을 해체하면서, 일반화, 대상화 그리고 관습적 보기에 한정하지 않는 방식들로 고양이라는 비인간nonhuman과 보다 수평적으로 관계 맺고자 하였다.

하지만 데리다의 이러한 철학적 물음은 '사이보그 선언' 그리고 '반려종 선언'으로 잘 알려진 도나 해러웨이(Donna Haraway, 1944-)가 보기에 문제적이다. 해러웨이가 보기에, 데리다는 "남성 예외주의masculine exceptionalism"와 더불어 수치심이라는, 다분히 인간적인 감정을 벗어나지 못하고 있다. 따라서 반려종companion species으로서의 고양이와 관계 맺는 데 실패함을 지적한다.[4] 해러웨이의 비판은 대칭적symmetrical 구도 속에서 인간과 비인간의 공존과 얽힘entanglement에 주목하는 그의 철학에 기인한다. '대칭'에 대한 해러웨이의 관점은 고양이 등의 비인간과 수평적 관계를 추구하는 데리디의 그것과 일견 다를 바 없어 보인다. 하지만, 해러웨이가 추구하는 인간-비인간 네트워크 또는 다양한 종들 간의 관계는 관념적인 차원에서 철저히 비위계적인 반면, 데리다의 경우 여전히 인간중심주의를 온전히 벗어나지 못한다.[5] 따라서 둘 사이에는 엄연한 차이가 있다. 그럼에도 해러웨이의 비판이, 과연 데리다가 제기하는 타자로서의 동물에 대한 사변에 대한 충실한 이론적 반격인지 아닌지에 대해서는 여전히 의문으로 남는다. 반려종으로서의 동물이 사람과 함께 생활한다고 할지라도 서로 교감하고 소통하는 방식이 다른 까닭에, 그가 말하는 대칭적인 삶의 방식은 소통의 어긋남 그리고 소통 불가능성 또한 수반하기 때문이다. 물론 이는 카벨의 논의에서 살펴본 것처럼 동물에 한정하지 않으며, 인간 및 비인간을 포괄하는 문제이다.

2. 객체로서의 고양이

다음, 고양이에 대한 데리다와 해러웨이의 논의를 확장하는 맥락에서 나는 그레이엄 하먼(Graham Harman, 1968-)의 '객체object' 개념에 주목한다.[6] 이를 통해 대칭적이고 또한 비대칭적인 구도 속에서 펼쳐지는 인간 대 인간, 그리고 인간 대 동물의 관계성에 주목하려 한다. 하먼은 만물을 객체로 바라본다. 그리고 일상생활 세계에 있으면서 또 온전히 붙을 수 없는 객체의 모호한 속성에 주목한다. 이와 같은 하먼의 발언을 이해하기 위해서는, 그의 객체 개념을 이해할 필요가 있다. 하먼은 주변에서 접할 수 있는 테이블과 의자, 연필과 핸드폰, 비행기와 다이아몬드, 돌멩이, 그리고 건축물 등 서로 상이한 것들을 모두 객체로 바라본다. 이는 영단어 'object'를 둘러싼 개념 정의를 새롭게 하기 위함이기도 하다. 객체/사물은 살아 있지 않거나 수동적인 종류로, 그리고 주체subject에 대응하지만 그에 종속적인 종류로 간주되곤 한다. 여기에서 객체 또는 사물은 적극적으로 관찰하고 해석하는 나와는 분리된 무엇이며, 측정 가능한 대상으로 파악된다. 이때, 나는 그러한(즉 객체와 사물의) 범주에 속하지 않는다. 하먼은 이와 같은 통상적인 객체 개념에 의문을 제기하며, 주변에서 접할 수 있는 수많은 것들과 함께, 적극적인 주체로서의 나 자신도 객체가 될 수 있다고 말한다. 객체의 대상과 조합 방식은 무한하다. 그리고 모든 객체는 대상이면서 동시에 주체가 될 수 있다. 생각하고 판단하는 주체를 인간에 한정하지 않는다면 말이다. 이처럼 객체가 지닌 복합적인 차원 때문에, 그 누구도 객체를 온전히 파악하기란 어렵다. 하먼은 이를 '감각 객체sensual object'와 '실재 객체real object', 그리고 '감각 속성sensual qualities' 및 '실재 속성real qualities' 네 가지 요소들이 만들어 내는 매트릭스를 통해 설명한다.

한정된 지면 때문에 이 글에서 하먼의 이론을 길게 설명하기는 어렵다. 다만 앞서 진술한 객체 개념을 통해, 고양이에 대하여 살아 있고 만질 수 있는 생명체이면서 동시에 한정된 소통과 관계 맺기, 그리고 끊임없이 이미지로 표상되는 일련의 과정들을 통해 그 실체를 온전히 파악할 수 없는 나머지의 세계를 생각해 볼 수 있다. 고양이에 대한 해부학적 분석은 그 대상을 객관적으로 파악할 수 있는 한 가지 방법이다. 하지만 이를 통해 여러 공간을 배회하는 고양이의 삶을 알 수는 없다. 대상화를 넘어서, 고양이와 함께 밀착해서 지내는 등의 누적된 경험을 통해 그 실체를 좀 더 알 수 있다. 하지만 후자의 경우 또한 주관적이며 앎의 차원에 있어서 한정적이다. 특정 고양이(들)에 대한 나의 경험은 한정적이기 때문이다. 이는 단순히 주관과 객관 사이의 양자택일 문제는 아니다. 경험 세계에 얽혀 있는, 살아 있거나 그렇지 않은 모든 것들에 적용되는 문제이다. 평생 고양이와 함께한다고 해서 그에 대한 면면을 온전히 알 수 없으며, 심지어 죽음의 순간 이후에도 이 사실은 변하지 않을 것이기 때문이다. 데리다의 질문을 빌어, 고양이에 대한 앎의 과정에 있어 선후관계가 없다면, 나는 주변을 배회하는 살아 있는 고양이와 관계 맺고 그를 알아갈 수 있는 동시에, 온라인 플랫폼이나 잡지 또는 티브이 등의 다양한 매체들을 통해(그리고 표류하는 이미지들을 통해) 고양이를 알아갈 수도 있다. 살아 있음 자체와의 대면이 늘 보다 심도 있는 앎을 보장해 주지는 않는다. 반대로, 고양이 이미지와의 마주함이 때로는 예측할 수 없는 새로운 관계 맺기를 가능케 하고 이해의 지평을 넓혀줄 수 있다. 이러한 측면에서 이미지는 생명력 있는 행위자agent이다.

고양이는 나와 가까우면서 먼 객체로 존재하며, 그 반대 또한 마찬가지이다. 살아 있는 고양이는 나를 긴밀하거나 무심한 대상으로, 그리고 다양한 매체 속 고양이의 시선은 나를 이미지 사회를 표류하는 객체로 포섭한다. 하먼의 객체 개념에 따르면 앎은 한정적이다. 그리고 특정 대상(객체)을 온전히 알 수 있다는 믿음은 일종의 허상이다. 앎은 파편들의 집합이며, 이러한 집합은 심지어 고정되어 있지 않을뿐더러 그것이 인식되고 경험되는 방식은 늘 다르다. 하먼의 관점에서 볼 때, 객체들로 가득한 세계에서 충만하게 소통하기란 근본적으로 불가능하다. 그리고 이러한 관점은 동물-인간 네트워크에 대한 최근의 관심을 둘러싼 다른 성찰과 실천에 있어서 생각할 점들을 제공한다.

3. 표상으로서의 고양이 이미지들에 대해

마지막 세 번째 개념으로서, 마주하는 대상에 대한 불완전한 앎(카벨과 비트겐슈타인의 회의주의) 그리고 소통 가능하지 않은 '나머지'에 대한 하먼의 객체 개념을 경유하며, 생태학과 동물행동학 그리고 철학을 연구하는 에일린 크리스트(Eileen Crist, 1961-)의 '표상' 개념을 소개하고자 한다.[7] 크리스트의 개념은 카벨과 하먼의 이론과 미묘하고 또 흥미로운 방식으로 관계한다. 그리고 인간생활에 깊숙이 자리 잡고 있는 고양이와 어떻게 관계 맺을지에 대한 또 다른 관점을 제시한다. 크리스트는 19세기 말 당시 다윈(Charles Robert Darwin, 1809-1882)이 동물행동학ethology이 지향한 객관적인 동물 연구 방식에 거리를 두면서, 동물 행태를 주관적으로 기술describe한 사례들을 문헌을 통해 분석한다. 일례로 다윈은 '러브콜love call'과 같은 '비과학적인' 용어 사용을 통해 새들의 구애 행위를 묘사한다. 크리스트는 이와 같은 다윈의 방법론을 의인화anthropomorphism라고 부른다. 새와 고양이, 그리고 심지어 개미와 더불어 달팽이와 같은 무척추동물 또한 감정emotion이 있다고 간주하고, 이를 일상 언어 ordinary language로 기술하였다는 점에서 그러하다.

비과학적인 분석 방법과 일상 언어의 사용을 통해 동물 행태를 연구한 다윈의 태도는 그의 1872년 저서 『인간과 동물의 감정 표현』에서 확인할 수 있다. 다윈의 책은 당시의 동물행동학자들에게 많은 비판을 받았다. 동물 행태를 '자극과 반응'과 같이 감정을 거세한 분석 모델과 더불어, 객관적인 글쓰기가 보다 보편적이었기 때문이다. 동물에게 감정이 존재하는지 아닌지에 대한 의심과 더불어, 설령 감정이 존재한다 할지라도 이를 과학적으로 입증할 수 없기에 논할 수 없다는 관점과는 상이하게, 다윈의 동물 기술 방식은 철저하게 인간중심주의에 기반한다. 하지만, 크리스트가 주목하는 다윈의 인간중심주의는 '다종 정의multi-species justice'에 대한 요즘의 논의와는 다소 다른 맥락에서 파악된다.[8] 다윈은 완전한 앎이 불가능하다고 해서 논할 수 없다기보다는, 오히려 불가능을 전제로 알 수 있는(그리고 알려고 하는) 관점과 태도에 가치를 두었다. 그리고 그 논의의 방식은 일상생활로부터 분리된 엄밀한 과학적 용어들이 아니라 오히려 일상생활의 연장선상에서, 관찰하는 자신을 그 대상으로부터 분리시키지 않고 오히려 그 속에 투사project시켜서 이야기를 풀어가는 것이다. 그렇게 기술된 결과로서의 동물 행태에 대한 텍스트가 '표상'인 셈이다.

카벨이 말하는 '타자의 마음' 논의처럼, 크리스트가 보기에 다윈의 동물 행태에 대한 관찰과 기술 방식은 그 내부를 온전히 알 수 없는 상황 가운데 취할 수 있는 최선의 연구 방법이다. 내부를 알 수 없기 때문에 침묵하는 대신, 불완전한 표현을 보다 유의미하고 또한 불가피한 종류로 바라보는 태도이다. 내 옆에 있는 누군가(사람 혹은 고양이)의 고통을 언어적이거나 신체적인 표현을 통해 온전히 파악할 수는 없다. 객관성을 지니는 데이터셋에 따라 동물 행태를 분석하는 동물행동학 또한 동물을 대상으로 간주함에 따라 그 존재론적 차원을 숙고하기 어렵다. 어느 방식이 되었든 연구를 통해 도출되는 종류의 지식은 불완전하다. 이를 하면 식으로 풀이하자면, 객체로서의 사람과 동물에는, 항상 온전히 포착될 수 없는 나머지 영역들이 있다. 현재 평안한 상태에 있는 것처럼 보이는 고양이가 있다 할지라도, 그/그녀가 어떠한 내적 심리 상태에 있는지를 파악하기란 근본적으로 어렵다. 단지 표정과 몸짓, 그리고 각종 신체 반응 양상들을 통해 그 표면적 상태를 감지하고 그 내적 상태를 인과적으로 또는 경험적으로 추측할 수 있을 뿐이다. 여기서 말하는 표면적 상태는 크리스트의 '표상'과 연동된다. 표상이란 '현전을 대신하는re-present' 종류로서, 근원으로서의 '현전presence'보다 아래에 위치하는 것처럼 보인다. 하지만 그 현전이 영원히 접근 불가능한 영역이라고 할 때 사태는 달라진다. 비트겐슈타인과 카벨, 그리고 하먼과 크리스트에게 있어서 표상은 '일종의' 현전이다. 다르게 말해 눈에 보이는 것은 전부는 아닐지라도, 마주하는 대상이나 현상을 알기 위한 중요한 접점이다.[9]

크리스트의 다윈 연구는 최근의 고양이 문화에 대한 나의 고민과 생각을 한 걸음 진전시키는 데 있어서 큰 역할을 하였다. 동물 연구의 차원에서 카벨의 타자의 마음, 하먼의 객체, 그리고 그가 말하는 표상 개념을 서로 연결해 주기 때문이다. 한편으로 수많은 매체들에서 접하게 되는 고양이에 대한 캐릭터화와 이미지, 그리고 그에 대한 언어 표현들은 때로는 지나치게 주관적으로 느껴진다. 관찰과 묘사의 대상이 되는 특정 고양이가 자기가 사진을 찍히거나 그려지고, 또한 묘사되는 사실을 모른다면, 과연 무엇을 두고 집사와 고양이가 서로 친밀한 감정을 느끼고 소통한다고 말할 수 있을까? 보다 엄밀한 과학적 이해와 사실에 바탕을 둘 필요가 있는 것은 아닐까? 반대로, 고양이의 마음이나 기분을 엄밀히 알 수 없기 때문에 나는 판단을 보류하고 단지 침묵해야 할까? 위험에 처한 길고양이는 정말 구조를 원할까? 만약 그렇다면 어느 시점과 상황에서 구조 받기를 원할까? 고양이가 집사를 향해 울 때, 그는 먹이와 놀이 또는 화장실 청소와 쓰다듬기 중에서 무엇을 원하는 것일까? 나는 혹시 인간적인 관념에 따라 고양이의 마음을 짐작하고 있는 것은 아닐까? 고양이 연구를 이제 갓 시작하는 까닭에 생각이 충분히 정리되지는 않았다. 그럼에도 위의 학술적 논의들과 그에 수반하는 질문들은 고양이와 함께 하기의 의미를 다각도로 생각해 보는 계기가 되었다. 스스로를 '고양이 연구자'라고 부르기에는 아직은 많이 이르다. 그럼에도, 이 글이 고양이를 둘러싼 나의 생각들이 전국의 집사들과 반려묘들 그리고 활동가들을 위한 작은 성찰의 계기가 되었으면 한다.

1. 필자는 「동물의 이미지: 타자의 마음, 객체, 그리고 표상으로서의 고양이 읽기」라는 제목으로 현대미술사학회 추계학술대회(2022년 9월 24일, 온라인)에서 발표한 바 있다. 해당 학회 웹페이지에 게시된 나의 발표 자료를 접한 『매거진 탁』은 나에게 관련 글을 작성할 의사가 있는지 문의를 주었다. 이에 따라, 나는 위 발표 내용을 간추리고 풀어서 지금의 이 글을 작성하기로 했다.

2. 이 글에서는 카벨의 다음 책을 주로 참조한다: Stanley Cavell, The Claim of Reason: Wittgenstein, Skepticism, Morality, and Tragedy, Cambridge: Harvard University Press, 1979. 이는 하버드대학교 철학과에 1961년 제출한 다음의 박사학위 논문을 바탕으로 한다: The Claim to Rationality: Knowledge and the Basis of Morality. 위 책에서 카벨은 비트겐슈타인의 후기 철학을 대표하는 1953년 저서 『철학적 탐구』를 주로 다룬다: Ludwig Wittgenstein, Philosophical Investigations, trans. G. E. M. Anscombe , Malden: Blackwell Publishing, 2001.

3. 데리다의 위 글은 1997년 7월에 강연의 형식으로 처음 발표되었으며, 1999년에 프랑스어판 앤솔로지로 출간되었다. 이후 데이비드 윌스(David Wills)에 의해 영어로 번역되어 Critical Inquiry에 수록되었다. Jacque Derrida, "The Animal That Therefore I Am (More to Follow)," Critical Inquiry, 28(2), trans. David Wills, Winter, 369~418, 2002

4. 4. Nicholas Gane, "When We Have Never Been Human, What Is to Be Done? Interview with Donna J. Haraway" , Theory, Culture & Society, 23(7-8), 2006, 143. 아울러 해러웨이의 데리다 비판은 2008년 책 『종과 종이 만날 때: 복수종들의 정치』(최유미 옮김, 갈무리, 2022)의 서론과 더불어 책 전반을 통해 확인할 수 있다: Donna J. Haraway, When Species Meet, Minneapolis: University of Minnesota Press, 2008.

5. 대칭성에 대한 설명과 관련하여 브루노 라투르(Bruno Latour)의 저서 『우리는 결코 근대인이었던 적이 없다』 중 4.1절(How to End the Asymmetry)과 4.2절(The Principle of Symmetry Generalized)을 참조할 수 있다. Bruno Latour, We Have Never Been Modern, trans. Catherine Porter, Cambridge, Mass.: Harvard University Press, 91~96, 1993.

6. 하먼의 객체 개념과 관련해서는, 지난 10여 년에 걸쳐 출간된 영어 원문뿐만 아니라 다수의 한글 번역서가 존재한다. 다음은 그중 영어 원문 일부이다: The Quadruple Object, Winchester: Zero Books, 2011; Immaterialism: Objects and Social Theory, Cambridge, UK: Polity, 2016; Object~oriented Ontology: A New Theory of Everything, New York: Penguin Random House, 2017; "What is an Object?" Artful Objects: Graham Harman on Art and the Business of Speculative Realism, eds, Isak Nilson & Erik Wikberg, Berlin: Sternberg Press, 2020, 12~41.

7. Eileen Crist, Images of Animals: Anthropomorphism and Animal Mind, Philadelphia: Temple University Press, 1999.

8. 다종 정의에 대한 연구는 계속적으로 증가하고 있다. Chao, Bolender & Kirskey에 따르면, '다종 정의' 개념은 이 글에서 필자가 인용하고 있는 해러웨이의 2008년 저서(When Species Meet)에서 처음 제시되었다. Chao 등 저자들이 말하는 다종이란 나비, 버섯, 박테리아, 설치류, 그리고 딱정벌레 등 서로 긴밀한 연관관계가 없어 보이는 다양한 생물체들을 포함한다. Sophie Chao, Karin Bolender, & Eben Kirskey (eds), The Promise of Multispecies Justice, Durham: Duke University Press, 2022, 2. 또한 환경 철학 논문집 Environmental Politics에서 다종 정의를 다루는 여러 논문을 찾아볼 수 있다.

9. 크리스트가 말하는 표상 개념을 비트겐슈타인의 후기 철학을 경유하는 '언어 게임(language game)'의 맥락에서 이해할 수 있다. 언어 게임은, 제아무리 이상적이고 말끔한 생각일지라도 그것을 글로써 또는 말로써 표현하는 순간 현실의 다양한 층위들과 뒤얽힌 채, 때로는 주관적이고 예측 불가능한 방식으로 전개될 수밖에 없는 일상 세계의 본질을 지칭하는 용어이다. 하품하는 사람 또는 고양이의 기분이 어떤 상태인지를 정확히 파악하기란 어렵다. 그렇다고 생리 현상으로서의 하품과 그 내부 상태 사이의 관계를 완전히 분리할 수도 없다. 외부와 내부 세계는 서로 간극을 지니면서 느슨하게 연결된다. 지루함이 하품으로 이어질 수 있지만, 이는 마치 규칙인 양 도식화 될 수 없다. 그리고 '어떻게' 하품하는지에 대한 섬세한 관찰은, 내부 세계로서의 마음의 미묘한 상태를 감지할 수 있는 단서가 된다. 여기서 말하는 표상은, 개념과 그것의 반영이라는 이분법을 지양하며 그 간극과 느슨한 연계에 주목한다.

안녕하세요. 자기소개 부탁드려요.

저는 부산대학교 건축학과에서 건축이론을 가르치고 연구하고 있어요. 학부와 석사 과정에서 건축을, 박사 과정에서 미술사학을, 그리고 박사후 과정에서 동아시아학을 공부했어요. 대문자 A가 아닌, 소문자 a로서의 건축들(architectures)이 작동하는 방식들에 대해 연구하고 있어요.

이번 연구를 하게 된 계기가 있나요?

고양이 연구는 저의 주요 분야는 아니에요. 이 글 서두에서 언급한 저의 두 반려묘인 메오와 피치는 일상생활을 통해 저에게 함께하기에 대한 영감을 주었어요. 이 고양이들과 서로 소통하고 교감한다고 믿지만, 그와 동시에 형언할 수 없는 간극 또한 있다고 생각해요. 일상생활 가운데 생겨난 소박한 질문이 학회 발표로 이어졌으며, '인류세'와 '다종'에 대한 연구와 맞물리며 발전 중에 있어요.

연구 중에 어려운 점은 없었나요?

아직 시작 단계라서 어려움을 논하기에는 다소 이른 감이 있는데요. 모든 연구가 그렇듯, 이를 스스로 설정하고 규명하는 과정을 거치는 것이 아무래도 늘 어려운 점인 것 같아요. 저의 경우 구조나 중성화 등의 현장 경험이나 데이터에 기반하기보다는, 학술 서적들을 교차 검토하면서 현상을 이론적으로 규명하는 방식을 취합니다. 이를 엄밀한 방식으로 수행하기 위해서는, 관련 주요 논의를 깊이 있게 파악하고 저의 논의로 확장하는 지난한 과정을 필요로 합니다.

연구자로서 길고양이(동네고양이)는 어떤 존재이고 현재 한국 활동의 상황에 대해서 어떻게 보고 계신가요?

적어도 저에게, 어딘가에서 늘 마주치는 길고양이(동네고양이)는 삶(life) 그리고 세계(world)를 새롭게 생각하기를 요청합니다. 귀여움이라는 정서를 불러일으키기도 하며, 삶과 죽음의 경계에 서 있는 그들의 모습을 바라보면서 나 자신의 유한함(finitude)을 생각하기도 합니다. 대상화가 아닌, 나와 공존하지만 다른 삶의 방식을 가지고 있는 개체로서 고양이를 바라봅니다. 아직은 고양이를 둘러싼 한국 활동의 상황을 말할 위치가 되지는 못한 것 같습니다. 보이지 않는 곳에서 고양이들과 비공식적으로 관계 맺고 또한 공식적으로 활동하는 많은 분이 있는 것으로 짐작하고 있습니다. 다른 한편으로 고양이에 대한 혐오나 무관심은 여전히 지속한다고 생각합니다. 고양이의 삶과 죽음이 교차하는 재건축 현장은, 무관심이 드러나는 곳이라고 생각합니다.

연구 대상으로서의 고양이(혹은 고양이라는 주제)는 어떤 존재로 정의하고 계시는지, 고양이라는 연구 대상에 어떤 태도(방법)로 접근하고자 하는지, 고양이 연구가 개인으로서의 선생님과 고양이 및 동물과의 관계에 어떤 영향을 주고 있는지 궁금합니다.

저는 고양이를 관계와 소통의 대상으로 바라봅니다. 단지 그 방식이 사람의 그것과 조금 다를 뿐이라고 생각해요. 여러 차이들에도 불구하고, 나와 고양이를 모두 삶과 죽음을 주어진 것으로 받아들이며 이를 각자의 방식으로 풀어내는 유한한 존재로 바라봐요. 고양이 연구는 '관계'와 '소통'이라는 넓은 의미에서의 화두를 생각하게끔 해 주며, 이는 고양이를 포함한 동물과 일상 속에서 관계 맺고 서로 교감하기 위한 토대로 작용해요. 소박한 관계 맺기로 시작하여, 보다 넓은 차원의 담론이나 실천으로 이어질 수 있다고 생각해요.

앞으로 어떤 연구를 준비 중이신가요?

현재 고양이 연구에 대한 후속 연구는 구체적으로 계획되어 있지 않아요. 하지만 건축과 도시계획의 차원에서 고양이와 함께할 수 있는 관점과 방법론을 모색하는 것이 어렴풋한 한 가지 관심사예요. 하지만 함께한다는 것이 반드시 인간적인 윤리에 한정하지는 않을 수 있다고 생각하며, 이러한 측면에서 지구의 '섭리(providence)'의 맥락에서, '돌봄(care)'과 '무심함(indifference)'이 공존하는 함께 하기의 윤리에 대한 관심을 발전시키려 합니다. 나아가 '동물 연구(animal studies)' 그리고 '다종(multispecies)'의 관점에서, 건축설계와 '조류충돌(bird strike)' 간의 관계에 대한 후속 연구를 준비 중에 있어요.

「연구와 고양이」를 기획하면서 연구 대상으로서 고양이에 접근하는 다양한 방식을 보리라 기대했어요. 이 글에서 타자의 마음, 객체, 표상이라는 세 키워드로 고양이에 대해 새로 바라볼 수 있어서 반가웠어요. 활동가나 반려인으로 고양이와 살다 보면 그 생명이나 삶이 주는 절박함 때문에 거리를 두기가 쉽지 않은 것 같아요. 세 키워드를 반려인 혹은 활동가의 입장에서 고양이와 관계 맺기, 고양이를 바라보기에 어떻게 적용할 수 있을까요?

제가 글에서 다룬 세 가지 개념은, 반려인으로서 두 마리의 고양이들과 함께 하는 과정에서 도출됐어요. 집에 있는 내내 함께 시간을 보내게 되고, 그 과정에서 '고양이의 마음을 안다는 것은 무엇을 의미하는가'와 같은 질문이 자연스럽게 생겼어요. 어디까지나 '사변적인(speculative)' 연구의 일환이며, 이는 삶의 절박함에 직면해 있는 고양이들에게 그리고 활동가들에게 도움이 되지 않을 수도 있어요. 그럼에도, 무비판적으로 고양이의 마음을 속단하지 않고 때로는 즉각적인 도움이 필요로 하는 경우들이 있을 지라도, 그들을 타자화시키지 않은 채 나와 동등한 개체로 바라보는 관점과 태도를 수립할 수 있는 계기로 작용할 수 있다고 생각해요.

카벨과 데리다를 거쳐 거론된 앎에 대한 이야기 중에, 앎에서 선후 관계가 없다는 말이 신선하게 들렸어요. 조금 더 '앎의 선후관계가 없다'는 말이 어떤 의미인지 설명해 주실 수 있을까요?

선후 관계에 대한 저의 논의는 정확하게 데리다의 글 제목 「동물, 그러니까 나인 동물(계속) "The Animal That Therefore I Am (More to Follow)"」에서 기인하고 있어요. 괄호 안에 표기된 단어 '계속'은 영어 제목에서 'more to follow'로 표현되어 있는데요. 데리다 글의 문맥에서 'follow'는 단순한 따름 대신, 자신과 그의 고양이 로고스 사이의 관계로 비롯한, 인간과 고양이 사이의 (선후) 관계에 대한 성찰이라고 생각해요. 로고스가 데리다를 바라봄에 따라 수치심이 생긴 상황이 한 가지 관계성을 형성하는데 기여했다면, 이후 그가 고양이를 바라보면서 존재자로서의 고양이를 성찰한 시도는 또 다른 종류의 관계로 작용해요. 그 출발이 무엇이었던 간에, 대면(encounter) 또는 정보의 습득 등은 모두 동등하게 의미를 지닌다고 생각해요. 절박한 재건축 현장에서 구조를 행하는 것만큼이나, 욕조에서 목욕을 하면서 고양이의 시선의 의미에 주목한 데리다의 성찰 역시 중요할 수 있다고 봐요. 이러한 맥락에서 앎의 선후관계를 명확히 규명하기란 어려운 일이며, 그런 만큼 그 방식이나 시점 등이 무엇이 되었든 간에, 항상 중요한 결과로 이어질 수 있는 유의미한 단서와 동기가 된다고 생각해요.

크리스트가 주목한 다윈의 인간 중심적인 동물 기술 방식은 "알 수 없기 때문에 침묵하는 대신 불완전한 표현을 보다 유의미하고 불가피한 종류로 바라보는 태도"로 고양이의 마음을 알고 싶지만 온전히 알 수 없기 때문에 고민하고 좌절감을 느끼던 마음에 큰 위안이 되기도 해요. 한편으로 주관적인, 인간 중심적인 '표상'의 태도로 얻은 앎은 어떻게 축적되고 보편화될 수 있을지 궁금합니다. 현재 고양이에 대한 '표상'적 태도로 접근하여 쌓이고 있는 앎들을 연결하고 새로운 앎으로 진전하게 하려면 어떻게 해야 할까요?

매우 중요하고 저 또한 깊이 고민하는 종류의 질문이에요. 일상생활 가운데 관찰하고 수집한 고양이에 대한 글과 사진이 '새로운 앎'으로 나아가기 위해서는, 저 또한 단순히 양적으로 축적시키는 이상의 무엇이 필요할 수 있다는 생각이 들었어요. 아직 충분히

생각이 정리되지는 않았지만, 제가 보기에 크리스트의 표상 논의가 가치를 지닐 수 있는
이유는 그가 동물행동학에 대한 비판적 검토를 거치면서 동물에 대한 기존 지식 체계를
탐험하기 때문이라고 생각해요. 크리스트는 무의 상태에서 표상적 가치만을 논하기보다는,
표면적으로(따라서 피상적으로) 보일 수 있는 일상 언어 기반의 표상 체계가 동물행동학
기반의 과학적 접근을 극복할 수 있다는 주장을 펼쳐요. 즉 그의 주장이, 그리고 고양이에
대한 누군가의 주장이 보다 넓은 타당성과 공감대를 얻기 위해서는, 다양한 층위의 논의들과
실천들이 보다 폭넓고 깊이 있게 서로 연루될 때 가능하지 않는가라는 생각이 들었어요.
가령 고양이에 대한 수의사의 의료 행위를 둘러싼 원칙이나 윤리, 그리고 동물행동학자 또는
생물학자 등이 바라보는 고양이에 대한 관점과 지식 체계 등이 혹여라도 제가 논의한 표상과
반대 가치에 위치한다고 할지라도 외면해야 하는 무엇은 아닐 거예요. 만약 그러할지라도,
특정 진영/그룹에 속하지 않는 다양한 각도의 견해들과 실천 사례들이 축적될 때, 보다 넓은
그리고 새로운 해석이 가능할 수도 있다고 생각해요.

**이번 4호에 "이미지는 행위자(agent)이다"라는 표현처럼, 4호에서 실리는 글에서 '행위성'이라는
개념이 자주 나옵니다. 학과와 연구주제에 따라 이 개념이 쓰이는 맥락도 살짝 다른 것 같은데요.
미학에서, 선생님의 연구에서 행위성 개념은 어떻게 쓰이고 있으며, 비인간 동물과 인간 동물의
삶에서는 어떤 변화를 가져다 줄 수 있을 거라 기대하고 계시나요?**

행위성(agency) 그리고 행위자(agent) 논의와 관련해서는 구체적인 레퍼런스가 있습니다.
바로 브루노 라투르(Bruno Latour)의 연구인데요. 라투르에게 있어 행위성 개념은 인간과
비인간 모두에게 적용돼요. 사람과 나무, 그리고 온라인 전시나 종이, 책 등 다양한 매체로
구성되는 것들은 동등한 의미를 부여받습니다. 사람과 나무가 모두 행위자로 취급된다는
것의 의미는, 둘 사이의 위계를 두지 않으려는 라투르의 관점이 반영된 결과라 볼 수 있어요.
비록 각각이 펼칠 수 있는 행위의 종류와 그 역량 또는 파급 효과가 다를지라도, 둘 사이를
아우르는 '행위'는 서로 긴밀하거나 거리를 두고 연계되어 잠재적 의미의 망을 수립할 수
있어요. 그에게 행위성은 인간과 비인간이 자연스럽게 얽히게 되는 과정이기도 해요. 망치를
사용해서 하나의 못을 벽에 박는 행위는 적극적 행위자로서의 사람과 더불어, 망치와 못
그리고 벽이라는 비인간 사물/환경을 포함해요. 물론 행위를 유발하는 사람이 이러한
상황에서 가장 핵심이라 할 수 있지만, 역으로 비인간 사물/환경과의 관계 맺는 시도 없이
그는 어떠한 행위를 할 수 없을 거예요. 라투르는 이러한 사물과 환경을 인간적 행위에
부수하는 것이 아니라, 그와 나란한 즉 대칭적인 종류로 바라봐요. 우리가 사는 도시 환경
주변에서 크게 주목을 하지 않는, 수많은 비인간 행위자가 있다면, 이는 무생물 환경뿐만
아니라 길고양이와 들꽃 같은 생명체도 포함할 거예요. 이러한 생명체 역시 각자의 생명
메커니즘에 따라 행위를 하고 있어요. 다만 인간의 그것과 비교할 때 드러남의 정도가
미미하거나, 위계화된 생각의 방식에 따라 인간 행위의 아래에 위치시키는 사회적 관습이
그 행위성에 주목하지 않게 하는 것일 뿐이에요. 제가 사용하는 행위성/행위자 개념은
이처럼 인간중심주의를 벗어나서 비인간 사물과 환경에 주목하고 그것이 의존적으로 또는
자율적으로 작동하는 방식들에 좀 더 주목하려는 의지와 관계되어 있어요.

학문 분야	미디어 커뮤니케이션
연구 주제	여성 혐오와 온라인 밈 문화
연구 대상	온라인 커뮤니티 내 고양이 학대 및 캣맘 혐오 콘텐츠
연구 방법론	디지털 민속지학 방법론(digital ethnography)

키워드

밈 Meme	문화, 행동, 개념 등을 전달하고 확산시키는데 사용되는 시각적, 문화적인 요소이다. 인터넷 상에서 가장 널리 사용되는 밈은 이미지 매크로(Meme generator)이나 GIF, 비디오 등의 형태로 나타나며, 유머, 문화, 정치, 사회, 종교 등 다양한 분야에서 사용되고 있다.
페미사이드	페미니즘(feminism)을 비하하거나 비난하는 용어이다. 이 용어는 "genocide(대량학살)"와 유사한 말인 "feminicide(대량여성학살)"를 모방한 것으로, 여성들이 남성들에게 대대적인 학살을 저지르는 것처럼 페미니즘이 남성들을 대상으로 대대적인 차별과 폭력을 가하는 것이라는 의미에서 사용되고 있다.
주요 키워드	동물 학대, 온라인 여성혐오, 인터넷 놀이 문화, 길고양이, 인터넷 범죄

출처 한국여성커뮤니케이션학회(Korean Women's Communication Association), 『미디어, 젠더&문화』(Media, Gender & Culture) Vol.37 No.2 [2022]
https://www.kci.go.kr/kciportal/ci/sereArticleSearch/ciSereArtiView.kci?sereArticleSearchBean.artiId=ART002854281
논문은 한국여성커뮤니케이션학회와 이진 선생님의 허락을 받아 논문 내용을 편집하여 게재합니다.
원문에 인용된 레퍼런스 상당부분이 지면 관계상 편집되었습니다. 논문 마지막 장 큐알코드를 통해 전문을 읽을 수 있습니다.

연결된 잔혹성
:혐오와 재미 사이의 길고양이 학대와 '인터넷 놀이 문화' 공모 범죄

이 진

1. 들어가며[1]

인터넷 공간에서 동물들의 귀엽고 웃긴 영상과 사진들을 찾는 것은 그리 어렵지 않다. 자신들의 반려동물을 유튜브, 인스타그램, 틱톡, 트위터 등 SNS나 각종 온라인 커뮤니티를 통해 자랑하거나 동물 이미지를 유머러스한 '밈'meme으로 소비하는 대중문화는 언어와 국적을 불문하고 현재 인터넷 문화의 한 부분으로 자리 잡고 있다. 이러한 인터넷 문화 속 동물들은 사람의 스트레스를 해소하는 '힐링' 목적으로 '귀여움'이 크게 강조된 형태로 이미지화되어 소비되고 한다.[2]

특히 동물 학대를 통해 재미와 쾌락을 추구하는 인터넷 현상은 SNS와 각종 온라인 커뮤니티에서 최근 급격히 유행하면서 또 다른 디지털 하위 문화를 구성하고 있다. 2021년 1월, 국내에서 활발히 사용되는 메신저 앱 카카오톡의 오픈채팅 기능을 통해 사람들이 모여 길고양이를 포획하여 잔인하게 학대하며 죽이고, 이 학대 영상을 '고어 문화'의 일환으로 공유하고 소비하고 있다는 사실이 여러 매체를 통해 알려졌다. 동물 학대 오픈채팅 '고어전문방' 사건은 세간의 주목을 받으며, 청와대 청원게시판을 통해 27만 5,492명이 제대로 된 수사와 처벌을 요청하는 등, 인터넷 문화 속에서 은밀하게 공유되고 있는 동물 학대 문화가 수면 위로 올라오는 계기가 되었다. 그러나 오래지 않아, 같은 해 7월 국내 최대 온라인 커뮤니티 디시인사이드의 길고양이 갤러리에서 길고양이를 학대하는 영상과 사진들이 공유되고 있음이 알려졌으며, 이후 2022년 같은 사이트의 다른 갤러리에서 비슷한 패턴의 고양이 학대 콘텐츠가 지속적으로 공유되고 있음이 밝혀졌다. 동물 학대자들은 온라인 익명성을 이용하여 길고양이를 잡아다 산 채로 불에 태우거나, 던지고 익사시키는 등의 학대 영상과 사진을 올리며, 고양이를 돌보는 캣맘들을 '길고양이에게 밥을 주지 말'라고 협박하거나, 동물 학대를 지양하자고 이야기하는 인터넷 유저들을 조롱한다.

2. 다크웹 문화의 부상과 연결된networked 혐오 문화

다크웹은 일반 소프트웨어로는 접근이 어렵고 특정 소프트웨어를 사용해야만 접근이 가능한 인터넷망을 의미한다. 다크웹은 특수하게 숨겨진 인터넷망의 특징을 이용하여 마약 거래, 성 착취 콘텐츠 소비와 함께 주로 범죄 문화와 연결된다. 과거 다크웹에서 은밀하게 공유되던 폭력 콘텐츠와 혐오 담론들강간, 백인 우월주의, 네오나치 등은 오늘날 인터넷을 중심으로 대두되는 온라인 혐오의 대중화에 힘입어 새로운 인터넷 대중문화를 구성해 가고 있다.

미디어 학자 마윅과 캐플란(Marwick & Caplan, 2018)에 따르면, 소셜미디어의 연결성은 네트워크화된 괴롭힘networked harassment을 용이하게 만들어 남초 커뮤니티 공간 내 집단적 여성혐오 담론의 확산과 같은 결과를 초래한다. 특히 이러한 괴롭힘은 개인 신상 털기와 악플을 통한 지속적인 언어폭력 등 다분히 폭력적인 방법으로 발현됨에도 불구하고, 커뮤니티 멤버들 사이에서 정당화될 뿐 아니라 심지어 독려되기까지 한다(Marwick, 2021).

---

1. 이 논문은 인터넷 공간에서 일어나는 동물 학대 콘텐츠 소비와 문화에 대한 4년간의 장기 민속지학의 일부이다. 이러한 '내부 구성원의 시각'에 기반하여, 나는 이 논문에서 오늘날 대중문화의 한 축으로 확장하고 있는 인터넷 내 동물 이미지 소비문화(구체적으로는 '동물 학대 놀이-범죄 문화')를 사회문화적 현상의 일부로 이해하고, 이를 비판적이고 성찰적인 시각에서 분석한다.

2. 이러한 소비 행태는 인간의 유희를 위해 동물을 학대하여 귀여움을 인위적으로 만들어 내거나 행동을 조작하는 양상으로 이어지기도 한다. 동물을 애니메이션 캐릭터처럼 인위적으로 염색하여 인터넷 커뮤니티에 공유한다거나, 재미 삼아 강아지에게 강제로 소주를 먹이고 만취 모습을 촬영하는 것 등이 이러한 예이다.

국내의 경우, 주로 남성이 많이 이용한다고 알려진 '일간베스트'(이하 일베)와 '디시인사이드'(이하 디씨), '에펨코리아'(이하 펨코)와 같은 소위 남초 커뮤니티 내에서 증가하는 여성혐오 담론이 대중화된 다크웹 문화의 대표적인 예라고 할 수 있다. 엄진(2016)과 홍남희(2020)의 연구에서 밝히듯, 일베와 같은 남초 커뮤니티 내에서 자행되는 여성혐오 담론은 매우 심각한 수준으로, 단순히 여성 외모에 대한 비하 혹은 여성의 신체 소비에 그치지 않고, 여성 전체를 성적 대상화하며 잠재적 성폭력의 대상으로 보는 폭력적 혐오 문화를 양산하고 있다. 특히, 일반 여성들과 어린아이들을 성적으로 착취한 콘텐츠를 전 세계적으로 유통한 n번방 사건과 손정우의 웰컴투비디오 사건은 이미 일베와 같은 남초 사이트들에서 비슷하게 자행되고 있었으며, 현재까지도 카카오톡과 같은 메신저 앱을 통해 큰 제재 없이 공유되고 있다. 이들 남초 인터넷 문화는 한쪽에선 여성을 성 착취의 대상으로 소비하는 한편, 이들의 가치관에 반하는 이들과 '양성 평등'의 담론들가령 페미니즘과 페미니스트들을 '성별에 근거한 특혜'를 바라며 '공정성'을 무시하는 '비도덕적' 집단으로 프레이밍하고 조롱과 비난을 퍼붓는다(손희정, 2017; 이현준·박지훈, 2021). 이러한 폭력적 혐오 담론과 문화는 인터넷의 연결성 networkedness에 기반하여 조직적이며 전방위적인 행태로 확장되어 인터넷 대중문화를 재편한다.

페미니스트 미디어 학자 바넷와이저(Banet-Weiser, 2018)는 늘어나는 여성혐오 담론과 이를 위시하여 등장하는 남성인권운동을 불안정한 남성성의 위기를 보여주는 단적인 예라고 설명한다. 여성들의 사회 참여 증대와 대중문화 속에서 자주 보이는 페미니즘 이미지들은 가부장제 사회에서 지배적 위치를 누려온 남성들에게 실질적 위협으로 다가온다(Banet-Weiser, 2018). 따라서 남성우월주의자들은 여성을 혐오의 대상으로 낙인찍으면서, 미디어에서 증가하는 여성들의 미디어 가시성을 빼앗고 남성의 목소리를 키우는 형태로 가부장제의 존치와 새로운 정립을 모색하고자 한다(Banet-

Weiser, 2018). 국내 남초 커뮤니티에서 발견되는 여혐 담론 역시 이와 같은 '남성성의 위기'[3]와 크게 다르지 않다. 남초 커뮤니티 여혐 담론에서 공유되는 '도덕 기준'은 일정치 않거나 오히려 부재하며(Marwick, 2021), 가부장제의 핵심 원칙인 남성 우월성에 기반해 여성의 행위들을 판단하는 형태로 작동하고 있다(이현준·박지훈, 2021). 이들 남초 문화에선 여성에 대한 폭력과 혐오를 가부장제 가치관에 기반해 정당하고 당위적인 반응으로 이해하고 재생산한다. 앞서 언급한 다크웹 문화와 더불어 이러한 혐오의 폭력성은 커뮤니티 내 군중들의 연결망과 익명성을 통해 보다 생생하고 심화된 폭력으로 발현하게 되며(Marwick, 2021), 여성뿐만 아니라 기존의 남성 지배적 위치를 위협하는 모든 소수자들, 가령 이주민, 장애인, 성소수자, 나아가 동물에게까지 그 위해를 가하는 범죄 문화로 확장한다. 따라서, 최근 일어나는 온라인 동물 학대의 문제는 단순히 동물을 학대하는 '사이코패스' 등의 개인 문제로 치부할 것이 아니라, 다크웹 문화의 대중화와 인터넷 네트워크를 통해 조직화한 형태로 나타나는 혐오 문화와 범죄의 대중화라는 측면에서 살펴보아야 한다.

3. 방법론: 디지털 민속지학 접근

미디어 문화 학자인 주형일(2007)은 연구자와 연구 대상 간 위계적으로 나뉜 분리를 탈피하고, 사회학자 자신이 '성찰의 주체이자 대상'으로서 갖는 사회학 속 위치와 생태계를 고려하여, 자신이 관계 맺는 사회역학을 연구 주제와 함께 다층적으로 볼 것을 주장한다. 연구자 역시 소셜미디어 세계 속에서 거주하며 자신의 이해관계와 관심사에 따라 끊임없이 소셜네트워크 내 관계를 맺으며 사회 문화적 의미 형성에 이바지한다는 점에서, 연구 대상의 '내부'에서 연구 주제를 살펴보는 실천적 방법론이라 할 수 있다(조영한, 2012).

---

3. 2016년 강남역 화장실에서 한 여성이 '여성이라는 이유로' 살해당해 공분을 산 강남역 살인 사건을 비롯, 앞서 언급한 일련의 여성혐오 사건들과 사회의 제도적 성차별을 없앨 것을 요구하는 페미니즘을 '남성 혐오 페미'로 호도하는 행태, 그리고 남성 가부장제 가치에 반하는 행위를 하는 이들을 모두 '페미(년)'(으)로 일컫는 일련의 행태들은, 오늘날 한국 남성들이 경쟁 사회에서 남성 기득권을 놓치는 데 대한 남성성 위기를 여성에게 반대급부로 투영하며 여성혐오 담론을 생산하고 있음을 방증한다(Kim, 2021; 손희정, 2017; 이현준·박지훈, 2021; 천정환, 2016).

내가 민속지학 방법론을 선택한 이유는 크게 두 가지이다. 첫째, 유기 동물 구조 봉사 활동을 하면서 SNS를 통해 관계 맺은 다른 봉사자들 및 동물권에 관심이 있는 소셜미디어 계정들(이하 동물계정)은 공유 기능을 통해서 내게 인터넷 동물 학대 소식을 비롯한 다양한 동물권에 대한 논의를 소개해 주었다. 이들의 이슈 공유는 내가 조사할 수 있는 영역을 보다 확대해주었고, 다양한 동물 학대 이슈를 다층적으로 접할 수 있게끔 도와주었다. 또, 대화를 통해 온라인 동물 학대에 대한 담론이 어떻게 형성되는지를 파악할 수 있었다.

두 번째 이유는 윤리적 시각에서 연구자인 나를 보호하며 연구를 지속하기 위한 방어막과 관련이 있다. 연구 주제의 특성상 SNS에서 전시되고 공유되는 동물 학대 영상을 포함, 길고양이 혐오 이야기를 끊임없이 재생산하는 온라인 사이트를 지속해서 관찰해야 했던 나는, 약 3일간에 걸친 학대방 잠복 관찰 끝에 더 이상 이러한 방법론은 지속 가능하지 않다고 결론지었다.[4] 이러한 관점을 이어, 동물 학대가 자행되고 공유되는 일부 사이트(아카라이브, 길냥이 혐오 온라인 카페들 및 비밀 단체 채팅방)에 내가 들어가 직접 관찰을 이어가기보다, 나의 SNS 계정에서 관계 맺은 사람들이 공유하는 동물 학대 뉴스들과 이에 관해 이야기하는 바를 살펴보기로[5]했다.

디시와 일베, 펨코를 살펴보는 이유는 이들 커뮤니티를 중심으로 발견되는 길고양이 혐오 담론과 다크웹에서 공유되던 학대 콘텐츠가 어떻게 지금처럼 '대중화'되기 시작한 건지, 나아가 오늘날 거의 '유행'처럼 번지고 있는 동물 학대 범죄가 어떻게 기존의 혐오 담론 놀이와 맞물려 새로운 인터넷 문화를 형성하는지, 그리고 그것이 가지고 있는 사회문화적 의미는 무엇인지, 이러한 놀이-범죄 문화의 확대가 우리 사회에 가져올 위험성은 무엇인지를 가늠하기 위함이다. 이를 목적으로 모은 자료들을 바탕으로 나는 두 가지 측면에 집중하였다: (1)동물 학대 놀이-범죄 문화에서 발견되는 담론적 특징은 무엇인지(어떻게 범죄가 놀이로 정당화되며, 그 과정에서 어떤 이들이 학대 놀이-범죄의 주 타깃이 되고 있는지, 이들이 학대를 통해 얻는 바는 무엇인지). (2)동물 학대 놀이-범죄 문화의 주요 패턴이 어떻게 나타나는지(누가 시작하며, 어떻게 학대 영상이 퍼지며, 어떻게 더 많은 학대 놀이-범죄가 생겨나고 참여자가 유입되는지). 이 두 지점을 다크웹 문화의 대중화와 더불어 늘어나는 국내 혐오 담론과 인터넷의 연결성을 연관 지어 비판적으로 분석하였다.

4. 연결된 잔혹성과 공모 범죄

1) 맥락과 동기: 혐오 문화

남성 커뮤니티 중심으로 번지는 길고양이 혐오가 굉장히 유해하다. 여성혐오 방식과 거의 유사한 편(트위터, 2022.01.29)

2022년 1월 28일과 30일 각각 인터넷 커뮤니티 디시인사이드 야옹이 갤러리에서 익명의 한 유저가 길고양이를 잡아 철제 포획 틀에 가두어 산 채로 불태우는 영상을 올렸다. 해당 영상에서 학대범은 '캣맘 좀 있는거 같으니까 글씁니다'라는 제목 아래 '그동안 욕 진짜 많이 먹었네요 ㅎㅎ 물론 제 잘못이 있는만큼 많이 반성하고 있습니다. 더 많은 털바퀴를 잡아 태워버려야겠다는 다짐이 드네요~'라고 캣맘과 길고양이에 대한 혐오를 드러냈다. 털바퀴는 펨코와 디시 등 남초 커뮤니티에서 길고양이를 '털 달린 바퀴벌레'로 지칭하여 쓰는 은어로, 길고양이를 더럽고 해로운 동물로 바라보

---

4. 올라오는 영상들은 매우 잔혹했다. 실제로 첫날 2시간 관찰 이후 나는 정신이 멍해지고 구토를 겪는 일시적 신체적 반응뿐만 아니라, 약 한 달 넘게 일상생활이 불가능할 정도의 외상 후 스트레스 장애를 겪었다. 동물 학대와 비슷한 온라인 괴롭힘 문화를 연구한 미디어학자 겜스(Gelms, 2021)는 연구자 윤리 부분을 강조하며, 잔혹하고 비윤리적인 사회 현상들을 연구할 때 연구자는 트라우마 혹은 사이버불링 같은 잠재적 위험으로부터 자신을 보호할 수 있는 방어막을 구축해야 한다고 이야기한다. 특히 사회적 취약집단을 연구하거나 혹은 그 집단에 속한 연구자일수록, 연구가 가져올 잠재적 위협으로부터 취약집단과 자신을 보호하는 실용적 윤리 강령 도입이 중요하다고 미디어학자들은 말한다(Marwick et al,, 2016).
5. 하지만 이러한 간접적 데이터 수집이 각종 인터넷 사이트와 소셜 미디어에서 일어나는 학대 문화의 다층적인 면들을 놓칠 수 있는 점을 고려, 직접적 학대 영상을 포함해 악플 등의 형태로 언어적 학대 폭력이 주로 일어나고 혐오 담론이 생산·공유되는 커뮤니티(디씨 야옹이 갤러리, 일베, 펨코)를 일주일에 한 번씩 약 30분 정도 살펴보았다. 또한 동물 학대 관련 뉴스를 함께 수집하여 부족한 자료 수집 부분을 보충하였다.

는 혐오적 시각을 담아낸다. 또한 길고양이 밥을 주는 캣맘을 '털바퀴'와 '탈레반'을 합성한 용어인 '털레반' 이라고 부르면서 캣맘을 도시 환경을 더럽히는 테러 집단에 준하는 이로 담론화하기도 한다.

정신병 털레반 털바퀴 씹극혐오(2021.09.30 펨코).
좆냥이는 참수가 답이다(2022.02.24 일베).

위의 사례와 같은 길고양이와 캣맘에 대한 혐오는 디씨와 같은 남초 커뮤니티에서 쉽게 발견되는데, 최근 들어 급격히 불거지기 시작했다. 온라인 커뮤니티 내 길고양이에 대한 긍정적인 시각이 언제 2022년의 혐오 담론으로 대체되기 시작했는지 정확한 연도를 추정하기는 힘들다. 그러나 위의 단편적인 인용 사례에서 보듯, 길고양이 혐오 담론에 나타난 혐오 언어는 남초 커뮤니티에서 발견되는 대중화된 여성혐오 문화와 크게 닮아 있다. 이어지는 단락에서 길고양이 혐오를 구성하는 구체적인 담론 형태는 무엇인지를 여성혐오 담론의 대중화라는 사회 측면에서 보다 구체적으로 살펴보도록 하겠다.

(1) (길)고양이, 페미니즘

길고양이에 대한 혐오를 구성하는 첫째 요소는 고양이가 갖는 여성과 페미니즘 상징성이다. 과거 중세 마녀 이미지를 고양이에 투사하거나, 혹은 매혹적인 여성 이미지를 디즈니 고양이 캐릭터로 만들어왔듯, 고양이는 다양한 이미지의 여성성을 상징해 왔다(Rogers, 2001). 대중문화에서 자주 나타나는 '고양이를 사랑하는 레즈비언 혹은 여성 인권운동가'라는 이미지 역시 이와 같은 다양한 이미지의 여성을 고양이에 투사하던 관습과 관련이 있다(Kulick, 2014). 이러한 고양이의 페미니즘 상징성은, 여혐 담론이 유행처럼 번지고 있는 남초 커뮤니티에 반발을 불러일으키며, 고양이를 '떼껄룩'이라고 부르며 유희적으로 소비하던 문화에 균열을 가져왔다. 특히 이 무렵, 유기 등으로 급격히 늘어나는 길고양이 개체 수가 토종 야생동물에 위협이 된다고 판단해 길고양이를 살처분한다는 호주 정부의 정책이 소개되면서, 고양이에 대한 혐오적 시각은 생태계를 위한다는 명목 아래 정당화되어 남초 커뮤니티를 중심으로 급격히 퍼지기 시작했다.

생태계를 파괴 하러 IS테러리스트 능가하는 테러 털레반 활약상. 생태계를 초토화 하고 있다. 테러 간첩을 능가하는 털레반. 불법도박 마약상을 능가하는 털레반 활약. 털레반이 뿌리는 저질사료로 인해 털바퀴의 개체수 무한확산은 생태계의 멸종을 의미함(2022.02.06 디씨 야옹이 갤러리).

그 결과, 길고양이는 과거의 '떼껄룩' 담론에서 나타나는 귀여움과 재미의 상징이 아니라, 여성의 독립성과 주체성 및 페미니즘과 연결되어 가부장제 가치를 위협하는 타도 대상으로 담론화되기 시작하고 나아가 길고양이를 돌보는 캣맘 역시 혐오의 대상이 된다. 길고양이 혐오 담론은 다시 말해, 남성들이 누려온 기득권을 '빼앗아 가는' 페미니즘과 여성의 인권 가시성에 대한 분노와 남성성의 위기가 복합적으로 결합한 형태라 할 수 있다.

(2) '캣맘=페미': 남성성의 위기와 질투

실제로 남초 커뮤니티에서 발견되는 많은 캣맘과 길고양이 혐오 담론들은 '캣맘=페미'라는 공식을 차용하고 있을 뿐만 아니라, 저출산과 결혼율 저조와 같은 사회 현상으로 위협받는 가부장제의 위기를 캣맘의 길고양이 돌봄 활동의 탓으로 돌리고 있었다.

노처녀 증가 > 페미, 캣맘증가

원래 퐁퐁남들이 부양해야 하는 사회구조인데 가부장제가 조져지면서 퐁퐁남 대거 감소로 얘네가 걍 노처녀풀로 들어가버림. 노처녀인데 아무리 부정해도 본능적인 모성애가 캣맘으로 발현되고 씹창난 인생은 페미니즘으로 남성 탓으로 돌리는 훌륭한 자위수단이 됨. 이 시발련들 점점 인구비중에서 늘어나고 있고 능력도 없는 년들이 목소리만 커지고 땡깡만 부리고 있어서 캣맘 자체를 사냥해야 할 시기가 다가오고 있음(2021.11.26 디씨 야옹이 갤러리).

'퐁퐁남'은 2021년 온라인상에서 불거진 '설거지론[6]'에서 나온 은어다. 모성애는 여성의 본능이 아니라 가부장제에 의해 여성에게 본능처럼 교육되는 것임에도 불구하고(Badinter, 1981), 위의 예시와 같은 혐오 담론들은 여성의 본능을 모성애라고 단정 짓고 캣맘의 돌봄 활동을 이분법적 성별 구분으로만 해석함으로써, 어떻게 길고양이가 도시화 및 지나친 유기로 인해 생태계를 잃고 인간에 의지하게 되었는지, 그리고 캣맘이라는 개인 시민들이 이들의 생태계를 책임

---

6. 설거지론은 '젊은 시절 성적으로 문란했던 여성이 열심히 노력해 좋은 직장에 다니는 순진한 남성과 결혼'하면서 자신의 과거를 '설거지'하는 것을 일컫는 성차별 담론이다.

지고 돌보면서 길고양이와 지역 도시 환경을 관리하는지와 같은 맥락을 삭제하고 있었다. 그뿐만 아니라 길고양이 돌봄을 하는 이들을 '캣맘'이라 부르고 이들의 모든 행위를 허위 개념인 '여성성'으로만 연결 지어 해석함으로써, 여성의 주체성과 행위성을 무시하고 '여성=모성애'와 같은 고정관념을 되풀이하고 있었다.

이러한 성 고정관념과 길고양이-캣맘에 대한 혐오적 시각은 이중적 면모를 띄고 있었다. 한편에선 캣맘과 길고양이는 '페미'의 상징으로 남성 가부장제를 위협하는 존재로서 없어져야 할 대상으로 이야기된다. 그러나 다른 한편으론, 이들의 '여성성'은 남성성의 지배적 위치를 다시 공고히 해 줄 가부장제에 필수 불가결한 존재로, 이들 자체가 욕망의 대상이 된다. 가령, 캣맘과 길고양이의 외모에 중점을 두고 캣맘-길고양이 혐오를 이어가는 모습이 그 예이다.

남초 커뮤니티 내 길고양이와 캣맘에 대한 혐오 담론은 성적으로 끌리는 외모를 가지고 있느냐 여부에 따라 임의적으로 '캣맘일 리는 없는 사람' 혹은 '돌봄을 받을 만한 (길)고양이'로 판단하고 있었다.[7] 이러한 혐오 발언이 축적되어 일련의 문화로 자리 잡으면서 인터넷 연결성에 기반한 조직적인 실질적 괴롭힘은 최근 일어나는 동물 학대 놀이-범죄 문화의 대중화로 이어지게 된다.

2) 공모 패턴: 학대와 괴롭힘 놀이-범죄

캣맘-길고양이 혐오 담론들이 남초 커뮤니티를 중심으로 확산할 때, 커뮤니티의 익명성과 인터넷의 연결성은 혐오자들이 담론을 실질적인 위협과 범죄로 발전시킬 토대가 된다. 앞서 살펴본 여성혐오-캣맘 혐오-길고양이 혐오로 이어

지는 혐오 담론의 확장은 영상 이미지 기반의 시각적 자극을 통해 조회수와 '좋아요'를 얻고, 그에 따른 광고 수익이 결정되는 경제 시스템인 오늘날 주목 경제(Goldhaber, 1997) 속에서 보다 잔인하고 광범위한 공모 범죄[8]로 발현된다. 이러한 학대 괴롭힘은 온라인의 연결성과 익명성에 기반한 커뮤니티 문화와 만나면서 '유희' 위주의 집단 놀이 문화peer play culture로 변모하고 트롤링과 같은 집단 괴롭힘은 문화 속에서 대중화된다(Phillips, 2015). 온라인 괴롭힘 놀이 문화는 젠더, 인종과 같은 사회 시스템과 만나 성희롱과 인종 차별의 언어를 '웃음거리'로 쏟아내며 그에 따른 불평등을 공고히 하는 결과를 초래하는 한편, 문화의 '유희성'이 강조됨에 따라 괴롭힘의 범죄성과 심각성은 잊히게 된다. 마찬가지로, 국내 동물 학대 범죄는 인터넷의 여혐 논리와 만나면서, 익명이 보장되는 남초 커뮤니티와 소셜미디어를 중심으로 새로운 '인터넷 놀이 문화'로 젊은 층 사이에서 급격히 퍼져 나가며 더 심각한 학대 범죄를 야기한다.

(1) 동물 학대 놀이-범죄 문화

첫 번째, 잔혹한 동물 학대-범죄 놀이는 〈표 1〉과 같이 동물에게 직접 위해를 가하는 행위와 그 행위 결과를 영상으로 올리고 사람들의 관심을 끄는 행위가 대표적이다.

〈표 1〉 온라인에서 시작된 동물 학대 사건 일부 (2018-2022)

날짜	사건
2010.12*	디씨갤러리 야옹이갤러리에 'catsaw'라는 아이디 유저가 고양이 학대 영상을 올림
2018.4	'catsaw' 사칭 남성이 유튜브에 고양이 폭행 영상을 올리고 살해 협박
2020.1	수의대생 유튜버 '갑수목장'의 고양이 고의 학대 및 후원금 횡령 사건
2021.1	카카오톡 내 길고양이 학대 영상을 공유하는 '고어전문방' 사건
2021.4	디씨 야구갤러리 햄스터 학대 사건
2021.7	디씨 길고양이 이야기에서 고양이 학대 영상 공유(이후 해당 페이지는 정지)
2021.8	다음과 네이버 카페를 중심으로 길고양이 혐오 온라인 커뮤니티 성행
2022.1	디씨 야옹이 갤러리에 고양이 산 채로 불에 태우는 영상 게시
2022.2	디씨 야옹이 갤러리 햄스터 학대 영상 게시
2022.3	포항 폐양식장에서 고양이 수십마리 산 채로 해부하고 인스타그램에 사진 게시
2022.4	동탄에서 길고양이 40여마리 이상이 학대 살해당한 영상이 '고양이 n번방'을 통해 공유

---

7. 특정 기준을 가지고 여성 신체 외모에 점수를 매기고, 이를 통해 여성의 가치척도인 여성성을 측정하는 작업은 오래된 가부장제의 관습이자 남성들의 여성 신체에 대한 성적 판타지가 제도적으로 발전한 결과물이다(Walkerdine, 1989).

8. 공모 범죄는 크게 두 가지 형태로 나타난다: 첫째, 잔혹한 동물 학대, 둘째 온라인 괴롭힘과 조롱, 이 두 형태는 비록 직접적 신체 학대와 온라인 댓글을 통한 간접 학대라는 다른 모습으로 나타나지만, 동물과 타인에 정신적, 신체적 위해를 가하고 다른 이들의 모방 범죄를 독려한다는 점에서 분명한 범죄 행위이다.

국내의 경우, 제대로 된 동물보호법의 부재와 미흡한 처벌 관행과 더불어 증가하는 혐오 담론에 힘입어 동물 학대 콘텐츠가 각종 온라인 플랫폼과 커뮤니티를 통해 길고양이를 포획하여 잔인하게 학대하는 구체적인 형태의 '놀이-범죄'로 크게 번지고 있다. 학대 콘텐츠는 잠재 수용자층을 누구로 하느냐에 따라서 첫째, 은밀하게 각종 단톡방 등을 통해 포르노처럼 공유되는 형태와, 둘째, 보다 많은 주목을 얻고자 익명성이 보장되는 디씨갤러리와 같은 남초 커뮤니티나 SNS에 게시하는 형태로 나타난다. 이들은 모두 범죄 수사에 걸리지 않기 위해서 IP 우회, 사진의 위치정보 삭제, 익명 사용, 국내 수사가 어려운 해외 기반 익명 플랫폼의 사용텔레그램, 아카라이브 등등의 장치를 통해 자신의 신분을 철저히 숨기고 있었다. 지난 2년간 이들이 활동하는 일부 플랫폼들을 다른 동물 계정들과 함께 관찰한 결과, 학대 단톡방의 경우 처음 입장 시 동물 학대 영상을 공유할 것, 주기적으로 대화에 참여하지 않으면 강제 퇴실, 주기적인 단톡방 제거(폭파) 등의 규칙을 통해서 지능적으로 길고양이 학대를 이어가고 있었다. 특히 텔레그램 단톡방을 통해 은밀히 소비되고 공유되는 길고양이 학대 콘텐츠의 경우, 2018년~2020년에 걸쳐 전 국민을 충격에 빠뜨린 n번방 디지털 성 착취 사건과 행동 방법이 매우 유사하였다. 이들은 각자의 학대 영상을 소비함으로써 단순히 동물 학대를 방조할 뿐 아니라, 각종 학대 방법들을 공유하면서 더 잔인하고 잔혹한 학대 범죄에 집단으로 가담하고 있었다.

또 다른 학대 놀이 행태의 하나인 SNS 혹은 온라인 커뮤니티를 통해 학대 영상을 공유한 경우는 단톡방처럼 '은밀히' 공유되기보다 불특정 다수의 '주목'을 끄는 것에 초점을 맞추고 있었다. 길고양이 20여 마리를 납치해 폐양식장에 가두어 놓고 임신묘를 포함한 7여 마리 이상을 학대하고 해부한 포항 폐양식장 학대 사건처럼, 이들 학대자는 SNS 혹은 온라인 커뮤니티를 통해 학대 사진과 영상을 공유하면서 '좋아요'

와 댓글, 공유로 확인되는 사람들의 관심을 사는 것을 즐기고 있었다. 2022년 1월 디씨야옹이 갤러리에 올라온 영상은 특히 그 잔혹성 때문에 언론을 포함한 많은 주목을 받았다. 주목은 비물질적 객체이지만, 소셜미디어 환경에서 '좋아요'와 조회수 등으로 환산되어 광고 수익과 같은 실질적 경제 가치와 사회문화 현상 유도라는 사회문화적 가치를 가져다준다는 점에서, 오늘날 미디어 시대에서 가장 중요한 화폐 가치이자 자본이다(Abidin, 2018; Goldhaber, 1997).

길고양이 학대 놀이 문화에서 학대 범죄자들은 주목이 갖는 사회문화적 가치를 통해 보다 높은 사회적 위치를 점유하고자 하기도 한다. 주목을 통해서 획득하는 미디어 가시성은, 사회 내에서 집단 혹은 개인이 얼마나 '인기'를 끌며 주요한 곳에 위치해 있는지를 보여주는 지표가 된다(Banet-Weiser, 2018). 이러한 미디어 내 주목과 가시성은 오늘날의 '인플루언서'에서 볼 수 있듯, 과거의 계급체계로는 설명되지 않는 또 다른 형태의 계층을 형성하고 소셜미디어 문화 내 권력을 획득하고 지배적 위치를 차지하게 한다(Abidin, 2018). 특히 혐오 담론이 팽배한 남초 커뮤니티의 경우, 혐오자들은 온라인 커뮤니티와 SNS에서 여혐 담론을 생성함으로써 과거 가부장제에서 '남성'으로서 당연히 누릴 수 있었던 위치를 일시적으로나마 누릴 수 있다. 학대에 직접적으로 관여하는 범죄자들이 확장하는 놀이-범죄 문화는 다크웹과 남초 커뮤니티 및 SNS의 연결된 확장성에 기반하여 남성성 중심의 가부장제 문화를 재구성한다.[9]

(2) 조롱과 혐오, 괴롭힘 문화

단또는 2019년 무렵 디씨 '싱글벙글 지구촌 마이너 갤러리'에서 유행하기 시작한 길고양이 학대 밈이다. 'pobre gato'('불쌍한 고양이'라는 스페인어)라는 제목의 동영상에서 한 외국 남성이 고양이의 앞다리와 뒷다리를 마치 아코디언처럼 잡아당기면서 'tanto tanto'('많이 많이'라는 스페인

9. 이들이 올리는 학대 콘텐츠들이 인터넷상에서 주목받고 학대 범죄자들이 남초 커뮤니티 문화에서 지배적 위치를 차지하는 것처럼 보이면서, 학대 범죄자들이 보여주는 학대 패턴들은 또 다른 학대 범죄 콘텐츠와 그 문화의 '문법'으로 작용한다. 이들처럼 주목을 받고 싶어 하는 '학대 지망생들'이 기존 범죄자들이 사용한 학대 문법을 차용하고 자신의 학대 콘텐츠를 커뮤니티를 통해 공유하고 인증함으로써, 학대 놀이-범죄 문화는 다크웹 토착문화에서 벗어나 인터넷 대중문화의 하나로 확장, 변모한다. 길고양이 살해처럼 신체적 잔혹성을 띠진 않더라도, 영역 동물인 길고양이를 포획하여 다른 도시로 이주 방사하며 이를 '봉사했다'고 각종 커뮤니티에 사진과 글로 전시하는 행위, 길고양이들이 먹을 수 있게 사료와 물을 갖다 놓은 급식소를 발로 차거나 급식소에 쓰레기를 버리며 이를 유튜브로 올리며 길고양이를 '참교육'했다며 정당화하는 행위 등 모두 동물 학대-범죄 놀이 문화가 대중화된 양태라 할 수 있다. 이들 학대 영상은 종종 밈으로 발전하여, 이어 이야기할 '단또'와 같은 조롱과 혐오가 뒤섞인 인터넷 괴롭힘 문화로 더욱 광범위하게 퍼진다.

어)라는 노래를 부르고 고양이가 괴로워 우는 영상이 높은 조회수를 기록하고 여러 사이트에 공유된 것이 단또 밈의 유래[10]이다.

이러한 학대 영상들은 더 짧은 형태의 GIF 밈으로 재편집되거나 혹은 이미지 사진으로 스크린 캡처 후 유희 위주의 밈으로 재생산되어 더 넓은 온라인 공간으로 퍼져 나간다. 극우적 메시지를 담은 밈들은 표면상으로 보이는 유머와 재미를 통해 주류사회로 쉽게 전파되는 한편, 표면상의 유머러스함 때문에 밈에 내재한 극우 메시지는 비판과 비난을 피한다고 미디어학자 트릴로와 쉬프만은 말한다(Trill & Shifman, 2021). 이를 방증하듯, 사회적으로 이슈화된 학대 사건의 영상 이미지들은 그에 대한 '범죄성'은 잊힌 채, 남초 커뮤니티를 통해 '웃긴 움짤'로 만들어져 공유되고 있었다.[11] 고양이 학대 영상에서 댓글을 다는 이들은 조롱 섞인 댓글이라는 형태로 학대를 옹호하고, 나아가 보다 넓은 의미에서 온라인 학대 범죄를 확산, 대중화하는 데 참여하고 있었다. 특히 학대 영상이 아닌 일반 동물 영상에도 '저 단또 죽이고 싶다' '오늘 길냥이 사냥간다 에프킬라하고 라이터 챙겼다ㅋㅋㅋ'는 협박성 조롱 악플을 다는 모습들은 혐오 댓글을 범죄로 인식하지 못하고 오히려 온라인 전방에 걸친 일련의 '놀이'로 생각하고 있음을 보여준다. 혐오와 학대가 일반화된 댓글 놀이 문화로 퍼지게 되면서, 이들 댓글 놀이는 동물 학대 영상을 '재미'라는 명목 아래 시청하면서 학대 영상의 시장 수요를 만들어내는 식으로 학대 범죄 문화 생성과 확산에 공모하고 있었다.

이러한 행태는 특히 앞서 살펴본 캣맘과 길고양이, 여성 전반에 대한 혐오 담론과 만나면서, 동물 학대 시청과 조롱 섞인 댓글 달기와 집단적 괴롭힘을 통해 '도덕적으로 잘못된 여성들'을 성적으로 혹은 계급상으로 비난하며 '훈육'하고 괴롭히는 형태로 남초 커뮤니티와 SNS에서 유행하고 있었다.

위에서 보듯, 길고양이에 대한 혐오 학대 범죄는 길고양이 돌보는 캣맘들을 괴롭히는 방법으로 놀이-범죄 문화로 퍼지기도 하였다. 캣맘의 개인 연락처 등을 알아내어 때때로 협박 문자를 보낸다든가, 혹은 캣맘이 올린 글들을 스크린숏으로 찍어 디씨갤러리 내에서 '박제'하고 캣맘충 혹은 털레반 등으로 지칭하며 비웃고 조롱하는 것이 대표적인 패턴[12]이다.

캣맘 아들 사건 정리 : 포항 구룡포에서 상상초월 개엽기적인 살묘사건 발생함. 알고보니 범인의 어머니가 길고양이 구조도 하고 유기견 유기묘 키우는 사람임. 어머니는 아들이 살묘행각 인지하지 못했다고 함.
(2022.3.21 디씨 야옹이 갤러리)

이러한 허위 정보들은 캣맘의 '이중성/주작질'을 고발accusation하는 형태로 커뮤니티 안팎으로 공유되면서, 캣맘에 대한 혐오를 증폭amplification시키며, 혐오에 기반한 성적 조롱 악플 달기, 캣맘 신상 털기와 물리적 범죄(길고양이 급식소 테러, 길고양이 혹은 캣맘 공격)와 같은 연결된 집단적 괴롭힘networked harassment을 유발하는 형태로 이어진다. 추운 겨울 길고양이가 온기를 찾아 차 보닛 안으로 들어가서 고양이가 화상을 입고 죽거나 차가 고장 나는 경우는 길고양이와 관련하여 가장 민감한 이슈 중 하나인데, 이를 허위 정

10. 관찰 결과, 유튜브의 길고양이를 학대하는 영상 혹은 길고양이가 차에 치여 고통스러워하는 영상 등에는 '#단또', '#pobre gato' 라는 해시태그가 붙어 있고, 그 해시태그는 또 다른 '단또', 'pobre gato' 영상들을 가리키고 있었다.

11. 가령 2021년 7월 디씨에 올라온 고양이 새끼들을 봉지에 넣고 마구 돌려 학대 살인한 사건의 경우, 해당 원문은 논란이 되어 게시 직후 삭제되었으나 '고양이 풍차 돌리기', '고양이 채찍질' 등의 문구와 함께 스크린 캡처 이미지로 일베와 디씨에서 이 글을 쓰고 있는 2022년 4월까지 공유되고 있었다. 남초 커뮤니티 유저들은 비슷한 종류의 고양이 학대 영상을 하나의 유머 장르로 인식하고, '풍차돌리기 영상없냐?' 라고 물으며 비슷한 학대 콘텐츠를 시청하고 해당 학대 행위 자체를 웃음 밈으로 소비하고 있었다. 유희 위주로 재편되고 있는 오늘날의 소셜미디어 환경에서, 학대 행위는 범죄로 인식되지 않고 오히려 유머의 일종으로 향유됨에 따라, 동물 학대와 혐오에 대한 윤리적 고민은 배제되고, 잔혹 범죄는 미디어 콘텐츠 시장에서 '요구'되고 있었다. 남초 커뮤니티에서 일부 유저들이 학대 영상 소비에 대해 옳지 않다고 지적하는 경우도 종종 있었지만, 그러한 비판은 대체로 반향을 일으키지 못하고 묻히거나, 혹은 오히려 '너 페미냐' 등으로 커뮤니티 가치관에 반하는 이로 비난받고 있었다.

12. 한 캣맘의 경우, 자신이 관리하는 고양이 급식소에 적힌 자신의 휴대폰 번호가 그대로 사진이 찍힌 채로 디씨갤러리에서 공유되면서, 자신의 사진과 주소지가 털리는 것은 물론이요, '원하는거 다 있다 캣맘! 4050 남성분들 빨리 연락‼ (…) 딸치기 무료', '창녀'와 같은 식으로 성적 조롱을 당하기도 하였으며, 신상이 파악된 이후로는 살해 협박도 받는 등의 각종 집단 괴롭힘이 이어지기도 하였다. 이들 학대 놀이-범죄 공모자들은 이슈가 된 학대 사건 이미지들을 짜깁기 및 편집하여, 해당 사건이 사실은 캣맘이 관련되어 있거나 직접 자행한 학대라는 식으로 허위 정보(misinformation)를 퍼뜨리기도 했다.

보로 만들어 남초 커뮤니티 내에서 사실인 양 공유되는 것이 괴롭힘 형태의 학대 놀이 문화 패턴 중 하나였다.

〈그림 1〉 캣맘의 '이중성/주작질'을 비꼬는 밈 (2022.3.21 디씨 야옹이 갤러리)

미디어학자 바넷와이저(Banet-Weiser, 2021)는 오늘날 허위 정보, 가짜 뉴스가 쉽게 생산되고 소비되는 소셜미디어 환경은 여성혐오 담론과 세력이 확장, 유지될 수 있도록 새로운 먹잇감을 제공한다고 말한다. 남성우월단체들은 여성 성폭행과 같은 이슈들이 실상은 여성이 허위로 남성을 고발한 것이라고 주장하며 트위터상에서 허위 정보를 유포하거나, 가짜 계정과 악의적인 편집 기술을 이용해 기존 페미니즘의 노선과는 다른 특정 세력만을 위하는 논리의 이야기를 생성 및 유포하고, 이를 통해 페미니즘 이해당사자들 사이에 갈등을 유발하여 페미니즘 연대를 약화하기도 한다(Banet-Weiser, 2021). 남초 커뮤니티 내 캣맘-길고양이 혐오자들은 이와 유사한 방식으로 '페미 캣맘'의 이중성을 보여주는 허위 정보를 만들어 내면서, 사실은 남성들이 여성 캣맘에 의해 고소당하는 '피해자'이며, 최근 일어나는 동물 학대 역시 캣맘의 이중성이 드러나는 캣맘이 저지른 사건이라는 식으로 캣맘에 대한 혐오 프레이밍을 이어가고 있었다. 이러한 허위 정보들은 인터넷의 익명성을 이용하여 무분별하게 재생산되어 '캣맘 주작질' 등의 제목 아래 공유되면서, 캣맘을 조롱하고 캣맘과 이들이 돌보는 길고양이에 대한 혐오와 학대를 정당화하며, 더 나아가 이들에 대한 집단적 괴롭힘이 훈육('참교육')의 방안으로 인식되면서, 학대 놀이-범죄 문화를 대중화하고 있었다.

이러한 학대 문화는 비단 살해 위험에 직접적으로 노출된 고양이들뿐만 아니라 고양이를 돌보는 캣맘 및 동물권에 관심이 있는 모든 이들에게 위협으로 다가온다.[13] 길고양이 밥을 주고 중성화를 해주는 등 캣맘으로 활동하고 있는 이들은 이러한 잠재적 위험 속에서 살고 있었다.[14] 이러한 일들이 누적되면서 많은 여성 동물활동가들은 SNS 활동이나 동물보호 활동을 중단하기도 하고, 심하게는 누군가 나를 공격할지도 모른다는 트라우마 때문에 일상생활이 힘들어 치료를 받기도 했다. 피해의 심각성에도 불구하고, 동물을 개인의 사유재산으로 인식하고 있는 국내법의 현실과 온라인 공간에서 일어나는 혐오 악플, 성 착취 및 동물 학대 콘텐츠 공유 등을 중대 범죄로 인지하지 않는 국내 수사기관의 한계는 고양이는 물론이요, 캣맘을 비롯한 활동가와 여성을 포함한 소수자를 보호할 장치가 전무함을 보여준다. 더 나아가 이러한 한계는 현재 '재미'라는 명목 아래 벌어지는 동물 학대 혐오 놀이-범죄 문화가 수사 법망을 피해 더욱 확산하고 대중화될 수 있음을 시사한다.

5. 나가며

본 논문에서 나는 동물 학대 콘텐츠 유행의 사례를 통해 온라인 남초 커뮤니티와 SNS 등을 통해 대중화되고 있는 다크웹 문화와 혐오 담론에 기반한 학대 놀이 문화의 특징들을 살펴보았다. 최근 남초 커뮤니티를 중심으로 공고화된 여성 혐오 담론은 그 대상을 확장해 여성뿐 아니라 길고양이를 포함한 동물과 약자를 노린다. 길고양이와 캣맘을 향한 혐오 학대는 이러한 혐오의 연장선상에서 발생한 '인터넷 놀이-범죄 문화'로, 고양이와 캣맘에게 물리적, 정신적 위해를 가하면서 위기에 처한 남성 지배 위치를 다시 공고히 하는 가부장적 기능을 담당하고 있었다. 이들은 실질적 동물 학대에 가담하여 길고양이를 포획하고 잔인한 방법으로 학대하고 죽이는 걸

13. 2022년 4월 초, 야옹이 갤러리의 한 유저는 개인이 운영하는 한 동물 쉼터를 콕 집어 '지자체 후원금 횡령 및 고양이를 돈 주고 파는 매매 행위와 관련 경찰 수사' 등의 내용으로 허위 사실을 유포하였다. 허위로 고발된 이 개인 동물 쉼터는 한동안 자원봉사와 택배 물품 후원 등을 모두 중지하고 혹시 모를 위치 노출과 위협에 대비해야했다.

공유함으로써 사람들의 주목을 얻고자 하였으며, 이를 밈으로 소비하면서 조롱 섞인 댓글을 통해 쾌락과 재미를 찾기도 하고, 캣맘과 길고양이에 대한 허위 정보를 만들어 사람들의 혐오 분노를 조장해 더 큰 괴롭힘을 유발하기도 하는 등, 다양한 형태로 비슷한 혐오자들과 연계하여 더 큰 혐오 범죄 문화 생성과 확산에 공모하고 있었다. 학대를 저지르는 이들과 이를 소비하는 범죄 공모자들은 '페미니즘'의 상징으로 종종 언급되는 길고양이들을 학대함으로써 페미니즘을 억압한다는 여성혐오적 유희와 승리 쾌락을 취하고 있었다.

남초 커뮤니티를 중심으로 퍼져나가는 여성혐오 담론과 더불어 증가하는 '페미사이드' 범죄 숫자와 동물 학대 범죄 신고 수는 결코 우연의 일치가 아니다.[15] 여성혐오 담론과 주목경제 속에서 성장하는 이러한 학대 놀이-범죄 문화는 '인터넷 재미'라는 이유로, 더 많은 사람들의 주목을 끌기 위해, 혹은 여성의 미디어 가시성의 증가세를 꺾기 위해, 가부장제에 반하는 이들을 모두 없어져야 하는 대상으로 상정하며 학대하고 괴롭힌다. 대중화되어 퍼져나가는 학대 놀이-범죄 문화는 범죄를 일반화시키며, 단지 길고양이뿐만 아니라, 유아, 여성, 장애인, 유색인종 등 더 많은 피해자를 생산할 수 있다.

문제의 심각성에도 불구하고, 남초 커뮤니티의 여혐 담론과 파생하는 길고양이 학대와 같은 범죄들은 심각하게 다루어지지 않고 있다. 길고양이에 대한 혐오와 학대 범죄가 본격적으로 나타나기 시작한 2019년 후반부터 2022년 4월 현재까지, 나는 각종 동물 학대 범죄에 대한 제대로 된 처벌을 촉구하는 청와대 청원과 국회 청원, 국민신문고 신고 등에 셀수 없이 참여해 왔다. 그러나 그 어떤 사건도 제대로 논의되거나 수사되지 않았다. 하지만, 이러한 혐오 범죄 문화의 수사와 범죄 단절을 위한 노력은 개인 시민의 힘으로는 불가능하다. 지난 2년간 마음이 비슷한 이들과 단톡방을 만들어 동물 범죄자들의 신상을 파악하려고 했던 나의 시도는 경찰 수사 기관에서 범죄자 신원 특정이 어려워 수사를 종결한다고 통보함에 따라 성공하지 못했을 뿐만 아니라, 학대 단톡방에 잠입하여 영상 내용을 관찰하고 영상 흐름을 추적하는 것 역시 상상할 수 없을 만큼 힘든 정신적인 충격으로 다가와서 지속하기 어려웠다. 그뿐만 아니라, 학대 사건을 개인이 파헤치고 이를 세간에 알리더라도 이들 제보자는 여성이란 이유로 범죄자뿐만 아니라 남초 커뮤니티 등지에서 살해 협박을 받는 게 부지기수인 실상이다.

끊임없이 올라오는 동물 학대 영상과 이를 재미로 향유하면서 관련 소수자들을 혐오하는 문화는 오늘날 불거지는 남성성의 위기와 혐오 담론의 확장이라는 측면에서 사회 제도적 접근이 필요하다. 가부장제 가치에 반하는 모든 이를 '페미'로 몰아가며 혐오 발언을 정당한 것인 양 늘어놓으며 신체적 정신적 훼손을 가하는 행위는 '자유'가 아니라 타인에 위해를 가하는 '범죄'라는 인식이 마련되어야 한다. 미디어 플랫폼을 운영하는 이들과 산업관계자 역시 혐오 컨텐츠의 무분별한 생산과 연이어 게시되는 학대 콘텐츠를 광고 수익 창출을 위해 방관할 것이 아니라, 관련 규제를 마련해 혐오 폭력 콘텐츠를 모니터링하고 안전한 온라인 공간을 만들기 위해 적극적으로 노력해야 한다. 학계 또한 이러한 일련의 사회 사건들에 더욱더 관심을 가지고 사회 병폐를 비판적으로 바라보면서 시민 사회가 보다 윤리적 의식을 기를 수 있도록 행동하는 연구를 이어 나가야 할 것이다.

14. 심층 인터뷰에서 캣맘을 비롯한 동물 활동가들은 시간과 돈을 투자해 인간과 자연, 동물이 공존하는 도시 환경 재건을 위해 고양이 밥을 챙겨주고 중성화와 구조 등의 활동을 하고 있지만, 누군가 '너 페미'라는 이유로 자신에게 폭력을 가하거나 혹은 고양이를 살해하는 식으로 위협을 가하진 않을지 늘 걱정하고 조심한다고 이야기했다. 특히 이런 위험은 캣맘 활동이 일어나는 오프라인 공간뿐만 아니라, 앞서 살펴본 '신상 털기', '외모 관련 성적 조롱', '악플 테러' 등의 형태로 온라인 공간에서도 상당 부분 존재하고 있기 때문에, 캣맘과 지역 동물 봉사자들은 온라인 공간에서도 안전을 누릴 수 없다. 남초 커뮤니티를 중심으로 일어나는 '페미로 낙인찍힌' 여성들에 대한 사이버 불링 공격은 캣맘들에게 상당한 위협이 되고 있었다. 실제로 한 인터뷰이는 자신과 함께 한 동물활동가 여성이 짧은 머리의 다른 여성으로 오인받으면서 한 인터넷 커뮤니티에서 '숏컷 페미 캣맘년'이란 욕설과 함께 온갖 성희롱과 협박성 메시지를 받았다고 이야기했다.

15. '여자라서 죽었다'는 2016년 강남역 페미사이드 사건을 기점으로, 남초 커뮤니티를 중심으로 일어나는 '페미공격'은 온라인과 오프라인상에서 상당한 위협이 되고 있다. 특히 실제 캣맘으로 활동하고 있는 이들 혹은 인터넷에서 동물권과 여성권, 소수자 이슈에 활발하게 참여하고 있는 여성을 포함한 소수자들은 자신의 온·오프라인 활동이 남초 커뮤니티의 표적이 되어 공격당하는 건 아닌가 하는 고민을 하고 있었다. 캣맘의 경우, '내가 아이들을 위험에 빠트릴지도 모른다'는 극도의 불안과 죄책감으로 인해 자신의 캣맘 활동을 인터넷에 절대 공유하지 않거나, 공유하더라도 자신의 신원과 위치를 특정할 수 있는 정보는 모두 삭제하고 올리고 있었다. 이러한 고민은 단순히 '누군가 공격을 할 수도 있다'는 걱정이 아니라, 영상 미디어 문화 속에서 더욱 자극적이고 가학적인 방식으로 발전함에 따라, 자신의 정체성(여성)과 관심사(동물권, 길고양이, 환경) 때문에 생존이 위협받는 실질적 위험으로 사회적 약자들에게 다가온다.

안녕하세요. 자기소개 부탁드려요.

> 미디어 문화 학자 이진입니다. 미디어 문화는 어떻게 사회 내에서 주변화 된 소수자가
> 자신의 삶을 일구어 가는지, 어떻게 친밀성을 쌓는지를 연구해요. 현재 호주 커틴대학교
> 인터넷학과 조교수로 있어요.

미디어 문화학은 무엇을 연구하는 분야인가요?

> 미디어에서 나타나는 다양한 대중문화 현상들을 사회, 정치, 경제
> 맥락 안에서 살펴보는 학문 분야예요. 인종, 젠더, 섹슈얼리티와 같은
> 사회 권력 시스템 및 오늘날 자본주의 경제 구조 등이 어떻게 대중문화
> 소비와 생산의 형태에 영향을 주는지를 공부합니다. 아이돌
> 문화에서부터 인플루언서 문화 산업, 소수자 혐오 담론, 트위터
> 해시태그 운동 등 다양한 문화 토픽들을 연구예요.

이 연구를 하게 된 계기가 있나요?

> 어릴 적부터 동물권에 관심이 많았어요. 제2의 제인 구달이 되고 싶었는데, 어쩌다 보니
> 미디어를 전공하게 되었고, SNS에서 일어나는 일상의 정치학(해시태그를 통해서
> 동물권 이슈를 이야기하거나 페미니즘을 이야기하는 형태)을 연구하고 있더라고요.
> 연구로 동물권 인식 향상에 도움이 되고 싶다고 생각하던 참에, 동물 구조 봉사를
> 시작하게 되었어요. 늘어나는 인터넷 동물 학대 사건들이 제가 실제로 마주하는 현실이
> 되니, 참지 못하고 펜대를 잡게 되었습니다. 지인분이 동물 학대자를 잡자고 카카오톡
> 방을 만들고 저를 초대해 주셨는데요, '열쩡의!열쩡의!열쩡의!' 멤버분들 덕분에 논문을
> 쓸 수 있었어요. 이 기회를 빌어 감사의 마음을 전합니다.

연구 중에 어려운 점은 없었나요? 연구를 위해서 혐오 현장을 마주하는 것은 쉽지 않았을 것 같아요.

> 고양이 학대 영상 혹은 관련 내용들을 직접 보며 데이터 수집 하는 것이 너무
> 힘들었어요. 단순히 이 콘텐츠들을 보는 것만으로도 제 윤리 의식을 완전히 잃어버리는
> 건 아닐까 염려가 될 정도였는데, 나중에는 구토 현상 같은 신체적 반응도 꽤 심하게
> 나타나더라고요. 이미 쓰겠다고 마음먹은 상태라 어쩔 수 없었어요. (웃음) 최대한
> 잔혹한 내용 자체는 피하고 '학대가 재밌다'라는 담론 자체가 다른 커뮤니티들로 어떻게
> 밈처럼 확산하는지에 초점을 맞추려고 노력했어요.

연구에서 기대하는 바 혹은 우려되는 바가 있으신가요?

> 국내 사회가 경각심을 갖길 바랍니다. 고양이를 비롯한 동물 학대 사건을 개별적 별난
> 사건으로 치부할 것이 아니라 좀 더 사회구조적 '현상'으로 바라봐야 한다고 생각해요.
> 늘어나는 혐오 범죄들에 대해 한국 사회가 제대로 대처하지 못하고 오히려 방기하고
> 있다는 생각이 드는 요즘이라, 걱정이에요.

연구자로서 한국의 동네고양이는 어떤 존재로 보고 계신가요?

문화연구를 하는 인문학자의 시각에서 한국 동네고양이는 사회에서 가장 주변화되어 있고 자본의 논리에 의해 가장 많이 희생되고 있는 집단으로 보여요. 부동산 산업을 위해 재개발, 재건축이 무수히 진행되고 있는 대한민국에서 영역 동물인 고양이의 생명권은 거의 고려되지 않고 포크레인으로 짓밟히기 일쑤인 상황입니다. 조세희 작가의 『난쟁이가 쏘아 올린 작은 공』에 나오는 철거민들과 함께, 자본의 권력에 의해 무참히 밝히는 집단이죠.

연구대상으로서 고양이는 어떻게 정의하고 접근하고 계신가요?
그리고 고양이 연구가 개인으로서 선생님과 고양이와의 관계에 영향을 준 게 있을까요?

고양이는 인간과 관계를 통해 인간이 본인의 주체성을 세워가는 공존적 생태계에 있는 존재라고 생각해요. (이 부분에 관심 있으신 분들은 로지 브라이도티의 포스트휴먼 이론을 살펴보시길 권합니다) 제 연구에서도 그런 관계성이 어떻게 인터넷 미디어 문화에서 나타나는지 혹은 간과되고 있는지를 살펴보고 있고요. '고양이 연구'를 하면서 제 관계 저변이 보다 넓은 생태계 전반으로 확장되는 느낌을 받아요. 기존엔 인간 중심의 인터넷 세계였다면, 지금은 인간, 비인간 모두가 함께하는 또 다른 지구 버전의 인터넷 느낌으로 연구를 이어가고 있어요.

미디어 문화학에서 고양이 관련 연구는 어떻게 진행되고 있나요?
그리고 미디어 문화학에서 고양이 연구는 어떤 의미가 있나요?

인터넷에서 증가하는 '고양이 짤' 소비에 숨겨진 자본주의 논리라든가, 인스타그램 등에 나타나는 비건 및 에코페미니즘 운동의 가능성과 한계, 그리고 이들을 비난하는 집단들의 가부장주의와 온라인 여성 혐오 등에 대한 부분들이 활발히 연구되고 있어요. 특히 인터넷에서 나타나는 '나만 고양이 없어'와 같은 밈이 사회문화적으로 어떤 의미를 갖는지와 관련한 연구는 정말 활발히 진행되고 있는 만큼, SNS 시대에 고양이의 문화 상징성은 상당하다고 생각해요. 제 연구 분야에서는 고양이 이미지 소비에 나타나는 귀여움의 미학이 어떤 함의를 갖는지, 그리고 이런 인식이 오늘날 어떻게 사람과 동물이 관계를 맺는 데 영향을 미치는지를 보여준다는 점에서, 기존의 동물을 수단으로만 보던 시각을 새로이 확장하고 있다고 생각해요.

지금은 어떤 연구를 준비 중이신가요?

'동물과 미디어' 주제와 관련해서는 현재, (1) 펫인플루언서 산업/문화, (2) #사지말고입양하세요 해시태그를 통한 일상생활 속 SNS 동물권 활동, (3) 재개발 지역에서 고양이를 구조하는 분들의 SNS 활동과 이를 통한 에코페미니즘 등의 꼭지들을 후속 연구 중입니다.

악플러들의 실제 나이를 보면 생각보다 어린 사람이 많아서 적잖게 놀랍니다. 교육 현장에서 동물생태교육을 하지만 폭력적 재미를 전복할 수 있을까 회의가 드는데요. 학생들에게 미디어교육은 어떻게 해야할지 궁금합니다.

폭력적 유희는 사실 또래 준거집단의 문화 '규범'으로 나타나는 경우가 많습니다. '친구가 그랬으니깐 나도 따라 한다'라는 경우가 그렇죠. 옳고 그름의 판단보다는 '유행 밈'이니깐 나도 같이 학대 콘텐츠를 소비하고 학대에 동참하는 식으로 학대가 '인터넷 놀이'로 번지고 있는 게 문제입니다.

미디어학자의 관점에서 말씀드리자면, 사실 어른들과 미디어 산업의 역할이 가장 중요하다고 생각해요. 각종 플랫폼과 온라인 커뮤니티는 학대 콘텐츠를 바로 차단하는 보호 장치 마련이 시급하고, 교육 현장에서는 학생들에게 동물 학대 콘텐츠 소비는 절대 온라인 '놀이'가 될 수 없고, 학대는 범죄라는 인식을 갖도록 교육하는 것이 필요해요. 온라인 익명성에 대한 교육도 필요할 것입니다. 온라인 공간은 오프라인과 별개의 공간이 아니라 일상 공간의 확장된 형태이며, 자신의 온라인 활동들과 발자국들은 플랫폼 알고리즘에 의해 데이터화되어 계속해서 찍히고 추적 가능하다는 사실을 숙지하도록 하는 것이 중요해요.

현재도 인터넷 내 동물 소비문화에 대한 관찰을 지속하고 계시나요? 논문이 나온 이후
1년이 지났지만 속도가 빠른 미디어에서는 어떤 변화가 있었을 것 같다는 생각이 드는데요.

네, 계속하고 있어요. 안타깝게도 학대 문화는 더 심해지고 있는 것 같아요. 사회적 규제가 마련되지 않는 상태에다, 학대 범죄가 솜방망이 처벌에 그치다 보니 고삐 풀린 망아지처럼 학대 놀이가 인터넷에서 늘어나고 있는 실정입니다. 다만, 그 반대에서 펫숍 반대 및 동물권 인식 향상을 위한 운동들이 인터넷에서 증가하고 있는 듯해서, 그나마 희망적으로 생각하고 있어요.

고양이와 캣맘 혐오의 논리가 남성 문화를 넘어서 대중에게 호소력을 갖는 것 같아요.
혐오가 성별에 상관없이 대중적 호소력을 가지게 되는 문화적 배경이 있을까요?

인간 중심, 자본 중심 논리가 한몫한다고 생각해요. 애초에 동물이 인간과 공존하는 존재라 생각하지 않고 내 눈에 성가시거나 인간에게 조금이라도 피해가 가면 치워버려도 된다고 생각하는 사고방식이죠. 또한 국내 우경화가 진행되며 이런 자본 중심 사고는 더 '합리적'이고 '이성적'인 사고방식으로 추앙받으면서, 혐오가 정당화되고 있는 추세고요.
하지만 오늘날 전 세계적으로 늘어나는 혐오 담론에 대한 연구들에 따르면, 이런 혐오 목소리들은 사실 사회 전체 비율로 볼 때 일부 집단에 불과해요. 문제는 소수의 집단들이 너무 큰 목소리를 내고, 이것이 지나치게 미디어에서 과대 재현되면서 전체 사회가 이렇다는 일반화를 불러일으킨다는 점이에요. 소수의 문제아들의 행동에 사회와 언론이 지나치게 주목하면, 이들은 관심을 권력 삼아 이들은 더 큰 문제를 일으키며 사회에서 목소리를 키워갑니다. 혹은 그를 보고 따라 하는 이들이 생기게 마련이죠. 길고양이, 캣맘 혐오도 이와 비슷하다고 볼 수 있습니다.

온라인의 순기능적인 측면의 가능성도 있지 않을까요? 있다면 연결된 잔혹성과 혐오 놀이문화에 대항하는 어떤 연결, 놀이가 가능할지 궁금합니다. 고양이와 캣맘을 위해 무언가를 하고 싶어 하는 시민에게, 미디어 연구자로서 추천하고 싶은 게 있다면 무엇일까요?

SNS상에서 일어나는 일상생활 속 연대가 가장 눈에 띄는 온라인 순기능 중 하나일 거예요. '#사지마입양해' 와 같은 해시태그를 통해서 사람들의 관심을 일으키고, 새로운 입양 문화를 유도하는 문화가 그 예이겠지요. 본인이 직접 구조하지 않더라도 입양한 아이들의 귀여운 사진들을 올리고 서로 '좋아요'를 눌러주는 단순한 행위를 통해서도 고양이와 동물권에 대한 인식 변화가 일어나고 있는 점이 주목할 만합니다. 출퇴근 길에 잠깐 보는 "입양해주세요"라고 적힌 SNS 피드에 '좋아요'를 누르고 다른 이들에게 공유하는 1초의 행위가 어쩌면 안락사의 위기에 처한 한 생명을 구할 수도 있고, 혐오로 점철된 캣맘과 길고양이에 대한 가짜 뉴스 확산을 저지할 수도 있어요. 시민의식과 생명 감수성을 갖고 각자의 미디어 소비 행위가 사회와 모든 지구 생명에 영향을 미칠 수 있음을 숙지하는 것이 21세기 미디어 사회에서 시민의 의무가 아닐까 합니다.

호주 커틴대학교에서 연구 중이신데요. 호주에서 동네고양이 살처분이 진행되었다는 사실은 최근 한국에서 동네고양이 살처분을 주장할 때 자주 근거로 드는 이야기에요. 호주(호주 미디어)에서 고양이와 고양이활동가의 상황은 어떠한가요?

제가 거주하고 있는 퍼스는 길고양이가 없어서 캣맘도 없는 파라다이스(?)와 같습니다(저는 궁극적으로는 모두가 공존하며 서로 의지하되 지나치게 의지하지 않는 사회를 꿈꿉니다. 먹이가 없어서 인간이 돌봐야 할 길고양이도, 사회 위협으로부터 길고양이를 돌봐야 할 캣맘도 모두 없는 자율적으로 살아가는 사회를 말이죠). 한국에서 떠도는 호주 길고양이 살처분 이야기를 들려주니 여기 사람들은 꽤 많이 놀라더군요. 한국에서 거의 새로운 사실을 지어낸 듯한 정도였습니다. 다만, 호주에서는 호주 내 천연 동물들 보호에 정말 엄청난 노력과 돈을 투자하고 있어요. 고양이와 관련해서 논의가 있긴 하지만, 이는 외출냥이로 키우는 고양이들이 집을 잃고 사냥을 시작하면서 이들 천연동물 개체 수에 영향을 미친다는 연구에요. 때문에 한국처럼 길고양이를 잡아서 무자비하게 학대하거나 살처분하는 식이 아니라, 집고양이는 외출하지 않도록 보호자가 철저히 관리하도록 해야 한다고 교육하는 방식으로 논의가 진행되고 있어요.

손희정, 『페미니즘 리부트』, 서울: 나무연필, 2017

엄진, 「전략적 여성혐오와 그 모순」, 『미디어, 젠더 & 문화』, 31권 2호, 193~236, 2016

윤보라, 「디지털 거주지(digital dwelling)와 성폭력 - '카카오톡 단체 채팅방 성희롱 사건'을 다시 보기」, 『페미니즘 연구』, 20권 1호, 123~165, 2020

이현준 · 박지훈, 「'혜지'가 구성하는 여성에 대한 특혜와 남성 역차별 : 공정성에 대한 남성 온라인 게임 이용자들의 열망은 어떻게 여성혐오로 이어지는가」, 『방송과 커뮤니케이션』, 22권 1호, 5~40, 2021

홍남희, 「여성혐오적 제도로서 포르노그라피 소비 문화」, 『미디어, 젠더 & 문화』, 35권 2호, 103~137, 2020

주형일, 「왜 나는 스파이더맨을 좋아하는가」, 『언론과 사회』, 15권 3호, 2~36, 2007

윤보라, 「디지털 거주지(digital dwelling)와 성폭력 - '카카오톡 단체 채팅방 성희롱 사건'을 다시 보기」, 『페미니즘 연구』, 20권 1호, 123~165, 2020

홍남희, 「여성혐오적 제도로서 포르노그라피 소비 문화」, 『미디어, 젠더 & 문화』, 35권 2호, 103~137, 2020

Abidin, C, Internet celebrity: Understanding fame online, Bingley: Emerald Publishing, 2018

Badinter, E, Mother love: Myth and reality: Motherhood in modern history, New York: Macmillan, 1981

Banet-Weiser, S, Empowered: Popular feminism and popular misogyny, Durham: Duke University Press, 2018

Banet-Weiser, S, "Misogyny and the politics of misinformation", In Tumber, H, & Waisbord, S, (Eds,) The Routledge Companion to Media Disinformation and Populism, New York: Routledge, 211~220, 2021

Gelms, B, "Social media research and the methodological problem of harassment: Foregrounding researcher safety," Computers and Composition, 59, 102626

Goldhaber, M, "The attention economy and the net", First Monday, 1997

Kim, J, "Sticky activism: The Gangnam Station murder case and new feminist practices against misogyny and femicide", JCMS: Journal of Cinema and Media Studies, 60(4), 37~60, 2021

Kulick, D, "Humorless lesbians," In Chiaro, D, & Baccolini, R, (Eds,), Gender and Humor, London: Routledge, 99~113, 2014

Marwick, A,, Blackwell, L,, & Lo, K, Best practices for conducting risky research and protecting yourself from online harassment, New York: Data & Society, 2016

Marwick, A, E, "Morally motivated networked harassment as normative reinforcement," Social Media+ Society, 7(2), 20563051211021378, 2021

Marwick, A, E,, & Caplan, R, "Drinking male tears: Language, the manosphere, and networked harassment," Feminist Media Studies, 18(4), 543~559, 2018

Phillips, W, This is why we can't have nice things: Mapping the relationship between online trolling and mainstream culture, Cambridge: MIT Press, 2015

Rogers, K, M, The cat and the human imagination: Feline images from Bast to Garfield, Ann Arbor: University of Michigan Press, 2001

Trillò, T,, & Shifman, L, "Memetic commemorations: remixing far-right values in digital spheres," Information, Communication & Society, 24(16), 2482~2501, 2021

학문 분야	민속학
연구 주제	동아시아 고양이 명칭과 별칭에서 드러나는 고양이에 대한 인식
연구 대상	한국, 중국, 일본의 고양이 문헌
연구 방법론	문헌 조사

키워드

묘접사상 猫蝶思想	고양이와 나비가 함께 있는 것이 평온과 장수라는 길상을 의미한다고 해석하는 사상이다.
이계 異界	현재 우리가 살고 있는 이승과는 다른 세계이다.
감무 監務	고려시대와 조선 초기, 속군현(屬郡縣)에 파견된 지방 관직이다. 유민의 안집과 권농, 조세 수취, 향리를 감독하는 등 부임한 군현의 지방관으로서 임무를 수행하였다.
대사 大蜡	제사 이름으로, 한 해가 끝날 때 農神을 비롯한 여러 신에게 다음해에 재앙을 내리지 말라고 기원하는 제사이다.
표의문자	하나하나의 글자가 뜻을 가지고 있는 문자이다. 대표적으로 한자가 있다. 표음문자는 반대로 글자가 뜻을 가지고 있지 않고 일정한 소리를 나타내는 문자이다. 대표적으로 한글이 있다.

출처 일본어문학회 , 『일본어문학』(Journal of the society of Japanese Language and Literature, Japanology) Vol.91 No.- [2020]
https://www.kci.go.kr/kciportal/ci/sereArticleSearch/ciSereArtiView.kci?sereArticleSearchBean.artiId=ART002649377
본 논문은 일본어문학회와 노성환 선생님의 허락을 받아 논문 내용 일부를 편집하여 게재합니다. 논문 마지막 장 큐알코드를 통해 전문을 읽을 수 있습니다.

한중일 고양이의 명칭과 별칭이 가지는 의미

노성환

1. 머리말

고양이는 개와 비교하여 붙임성이 없다고들 한다. 그런데도, 집안에서 살며, 가축이라 하지만 야성의 기질을 그대로 가지고 있는 모순성을 가진 동물이다. 그리고 불식간에 오랫동안 모습을 감추었다가 불쑥 나타나는 기이한 행동을 하기도 한다. 이러한 성격으로 인해 민속학에서는 고양이를 이승과 이계異界와 교섭을 가진 동물이며, 또 타계에서 온 사자와 같은 존재로서 다루고 있다.

이러한 고양이를 두고 나라마다 그 명칭이 다른 것은 당연하다. 그러나 유럽 언어에서는 대체로 그 어원은 라틴어 「Catus」에 두는 것 같다. 가령 영어의 「cat」 네덜란드어와 덴마크어의 「kat」 스웨덴어 「katt」, 이탈리아어 「catto」, 그리스어의 「katos」, 독일어 「katze」 등이 바로 그것들이다. 그에 비해 동아시아의 한국, 중국, 일본은 전혀 다른 양상을 띤다. 그것을 한자로 표기할 때는 3국 모두 「묘(猫)」라고 쓰지만, 실제로 그것을 부를 때는 한국인들은 「고양이」라고 하고, 중국인들은 「마오」라고 하며, 일본인들은 「네코」라 한다. 이처럼 말꼴에서 보듯이 각기 어원을 달리하고 있다. 그뿐만 아니다. 각국의 고양이는 별칭을 가지기도 한다. 가령 우리나라에서는 고양이란 말 이외에 「나비」라 하고, 또 일본인은 「도라」라고 한다. 이것처럼 중국도 「마오」 이외에도 「오원」, 「몽귀」 등 많은 별칭을 가지고 있다.

지금까지 고양이의 명칭에 관한 연구는 주로 국어학에서 행하여졌다. 그 대표적인 것으로 이병근[1], 홍윤표[2], 이근열[3] 등의 연구가 있다. 그들은 언어학자인 만큼 고양이에 대한 어원과 그 말이 어떻게 발전하여 현재의 「고양이」라는 말이 탄생하였는지 폭넓은 자료를 통하여 증명하고 있다. 그러므로 그것을 통하여 고양이라는 어휘의 변천사를 한 눈으로 알 수 있게 한 것에 대해서는 높이 평가할 만하다.

그러나 이들이 가지는 한 가지 공통점은 고양이의 명칭과 별칭이 가지고 있는 의미에 대해서는 그다지 관심을 기울이지 않는다는 점이다. 마치 그 문제는 인문학도들에게 맡기고 있는 모양새이다. 고양이의 명칭과 별칭에는 그것을 바라보는 사람들의 시선이 반영되어 있다. 그러므로 그것은 고양이 문화를 고려할 때 간과할 수 없는 중요한 문제이다. 그리고 나라마다 전통사회의 지식인들이 그것에 관해 관심을 가지고 여러 가지 해석을 내어놓았을 것이다. 이것 또한 당시 고양이를 바라보는 관념이 투영되어 있으므로 명칭과 별칭이 가지는 의미에 못지않게 중요하다. 이에 본고는 동아시아 3국의 고양이의 명칭과 별칭에 어떠한 것들이 있는가를 알아보고, 그것들에 대해 3국의 지식인들이 어떻게 해석하였는지를 살펴봄으로써 고양이에 대한 명칭과 별칭을 정하는데 어떠한 것들이 고려의 대상이 되었는지를 알아보고자 한다.

2. 한국의 고양이와 나비

동물의 이름은 그 동물의 울음소리에서 기인하는 경우가 많다. 예를 들면, "부엉부엉" 하고 운다고 해서 부엉이가 되었고, "개골개골" 하고 운다고 하여 개구리가 되었으며, "뻐꾹뻐꾹" 하고 운다고 하여 뻐꾸기가 탄생했다. 그러한 면에서 본다면 멍멍이, 꿀꿀이도 그렇게 태어났을 것이다. 이것과 마찬가지로 고양이의 다른 명칭인 야옹이는 "야옹야옹" 혹은 "냐옹냐옹" 하고 운다고 하여 붙여진 이름이 틀림없다. 오늘날 젊은이들이 길에서 주운 고양이를 「길냥이」라고 한 것은 「길」과 「냐옹이」를 합친 것을 다시 편하게 줄인 말이다. 이것이 자연스러운 우리의 순수한 말일 것이다.

이렇게 태어난 야옹이는 고양이라는 정식 명칭의 성립에도 살아남았다. 이병근을 비롯한 많은 우리의 국어학자들은 고양이의 어원을 『고려사』에 있는 고이(高伊)에서 찾았다. 즉, 1713년 남극관南克寬: 1689-1714이 쓴 『몽예집(夢囈集)』에 「고려사에 말하기를 방언으로 고양이를 불러 '고이'라 한다고 하였는데, 지금도 그렇지만 단지 소리가 조금 빨라져서 합해 한 자로 되었다(高麗史云方言呼猫爲高伊 今猶然但聲稍疾合爲一字)」란 기록이 있다.[4] 이처럼 고양이의 옛 이름은 '고이'였다. 이것이 「괴」가 되고, 그 후 「앙이」가 붙어 「괴앙이」가 되었다. 지역 방언에서 굉이(창원), 갱이(창원, 마산), 겡이(동래), 괭이(서울, 청주 등)라 한 것은 바로 여기서 파생된 것이다.[5] 「괴양이」가 다시 「괴양이」가 되고, 그것이 오늘날에 이르러 「고양이」가 되었다고 보고 있다.[6]

여기서 「앙이」와 「양이」는 고양이의 울음소리 「야옹 야옹」에서 유래함을 쉽게 짐작할 수 있다. 다시 말해 고양이는 「고이」와 「야옹이」가 합성되어 생겨난 셈이다. 한편 다산茶山 정약용丁若鏞: 1762-1836은 고양이를 방언으로 고양古羊이라고 한다며, 특히 고양이 그림을 잘 그리는 것으로 알려진 변상벽卞相璧을 사람들이 변고양卞古羊이라는 별명을 붙여주었다고 했다.[7] 이 말이 사실이라면 정약용 당시 고양이를 고양古羊이라고 한 지역 방언이 있었다고 할 수 있다.

그런데 고양이의 최초 표기라 할 수 있는 「고이」는 어떠한 의미를 지니는 것일까? 여기에 대해 오늘날 국어학자들은 침묵하고 있다. 그런데 18세기 실학자 중의 한 사람이었던 황윤석黃胤錫: 1729- 1791이 그의 저서 『이재유고(頤齋遺藁)』에서 다음과 같이 해석했다.

> 몽귀(蒙貴)에서 유래, 고려 때, 원나라의 몽을 휘해서 빼버려 귀라 불렸고, 그 귀는 '괴'로 변화하여, '고이'가 되었다.[8]

여기서 보듯이 황윤석은 우리의 고양이 명칭의 기원을 중국에서 찾고 있다. 즉, 중국인들이 고양이를 '몽귀'라 하였는데, 이것에서 '몽'을 빼어 귀(貴)가 되었고, 그것이 「괴」에서 「고이」로 변화하였다는 설명이다. 그의 설명대로 몽귀-귀-괴-고이로 변화된 것인지는 알 수 없으나 앞에서 언급한 바와 같이 고양이의 어원을 「고이」에서 찾은 것은 사실이다. 그리고 여기서 고양이를 귀할 「貴」 자로 표기하고 있다는 사실에 주목할 필요가 있다.

어찌하여 고양이는 귀한 존재인가? 여기에 대해 정약용은 자신의 저서 『면양잡록(沔陽雜錄)』에서 천자가 거행하는 대사大蜡[9]가 여덟인데, 그중 고양이 신을 맞이하는 것은 들쥐를 잡아먹기 때문이고, 호랑이 신을 맞이하는 것은 멧돼지를 잡아먹기 때문이니, 각각의 신을 맞이하여 제사를 올린다고 상세히 설명했다.[10] 즉, 고양이는 농사에 해를 끼치는 쥐를 잡아먹기 때문에 여덟 대사 중 하나로 제사의 대상이 되었다고 설명하고 있다.

이 같은 기록이 조재삼趙在三: 1808-1866의 『송남잡지(松南雜識)』에도 있었다. 그 기록에 의하면 「식전(食田)의 쥐를 잡기 때문에 몽귀 즉, 고양이를 맞이한다(又蒙貴卽 禮迎猫, 爲食田鼠也)」고 했다. 『예기(禮記)』에서 언급하는 사례蜡禮에 고양이 신을 맞이하여 제사하는 것을 언급하였다.

이처럼 고양이는 곡식에 해를 주는 들쥐를 잡아먹는 고마운 존재이었으며, 그러한 뜻이 있었기에 『고려사(高麗史)』에서도 높을 '고(高)'가 들어있는 「高伊」라고 표기하였을 것으로 추정된다. 실제로 고려에는 「고이」라는 지명이 전라도에 있었다. 『고려사』에 의하면 오늘날 고흥군의 옛 이름이 고이부곡高伊部曲인데, 「고이」는 방언으로 고양이를 뜻하는 말이다. 『신증동국여지승람(新增東國輿地勝覽)』(제40권)에 의하면 그곳이 고흥이 된 것은 이곳 출신 유비柳庇: 1257-1329가 통역으로 원나라에 간 공이 있었기 때문에 고흥으로 이름을 고치고, 현으로 승격시키고 감무를 두었다고 했다.[11]

고흥은 무엇 때문에 고양이 뜻을 가진 「고이부곡」으로 불렸을까? 고양이는 우리나라에 처음 들어왔을 때는 결코 서민의 동물이 아니었다. 왕을 비롯한 귀족들이 키웠던 애완동물이었다. 이러한 점을 감안한다면, 고양이가 높을 "고"와 귀할 "귀"를 사용하여 이름이 붙여진 이유를 알 수 있을 것 같다.

그 밖에 중국의 영향으로 보이는 고양이의 별칭으로는 가리家狸와 리노狸奴 그리고 오원烏円이 있었다. 성호 이익李瀷: 1681-1764은 『성호사설(星湖僿說)』에서 「고양이를 가리라 한다」라고 했다.[12] '가리'와 '리노'는 살쾡이와 관련이 있다. '가리'는 고양이를 야생의 살쾡이狸와 구분하기 위해, '가리'라 하였고, '리노'는 살쾡이와 닮았다 하여 붙여진 이름이다. 정약용은 주인집 고기를 훔쳐 먹고 그릇을 깨뜨리는 남산골 고양이를 묘사한 「리노행(狸奴行)」이라는 장편의 한시를 지은 일이 있다.[13] 여기서도 '리노'는 고양이를 가리키는 말로 사용되었다.

오원도 조선 사회에서는 유행했던 모양이다. 서거정徐居正: 1420- 1488은 자신이 키우는 고양이의 이름을 오원자라 짓고, 「오원자부(烏円子賦)」를 지었다.[14] 그리고 조구명趙龜命: 1693-1737은 『오원자전(烏円子傳)』을 썼고,[15] 유본학柳本學은 고양이를 의인화한 『오원전(烏円傳)』이라는 소설을 쓰기도 했다.[16] 이처럼 오원도 고양이를 대신하는 이름으로 자주 사용되었다. 그것에 대해서는 3장에서 자세히 논의하기로 하자.

한편 고양이가 농작물에 피해를 주는 쥐를 잡아먹는 고맙고 귀한 동물이기는 하지만 좋지 못한 이미지도 있었다. 이익李瀷은 "고양이란 성질이 매우 사나운 것이므로, 비록 여러 해를 길들여 친하게 만들었다 해도, 하루아침만 제 비위에 틀리면 갑자기 주인도 아는 체하지 않고 가버린다猫者性至 雖閱年擾狎而一朝違離則便成野性고 했다.[17] 그리고 구비전승에서도 「개는 은혜를 갚을 줄 알지만, 고양이는 은혜를 못 갚는다」라는 내용의 이야기가 발견되기도 한다.[18] 일본에도 그와 유사한 인식이 있었던 것 같다. 가령 「고양이는 3년 입은 은혜를 3일 만에 잊어버린다」는 속담이 있다.[19] 이처럼 한국과 일본에는 고양이는 은혜를 모르는 동물로 보는 인식이 있었다. 이 같은 고양이에 대한 부정적인 인식은 가축으로서 길들여지지 않은 야성이 있기 때문이다.

일본 민속학의 아버지라 불리는 야나기다 구니오柳田國男: 1875 -1962는 그의 수필 「도라네코의 관찰(どら猫觀察)」에서 「고양이는 인간으로부터 이반하려는 경향은 실로 일찍부터 보였다. 대체로 양자를 결합하는 인연의 끈은 소, 말, 닭, 개와 같이 강인한 것이 아니었다. 사람들도 그러한 시선으로 바라보았고, 충분히 마음을 허락하지 않았다. 마테를링크의 파랑새와 같이 어떤 일이 있으면 원한과 복수를 생각하고 있을 것으로 의심받는 거동조차 있었다. 더구나 오로지 자기만을 아는 인간에게 그들이 하는 유일한 봉사는 쥐를 잡는 일밖에 없지만, 그것도 부탁하면 마지못해하는 게으른 모습이 보였다」라고 표현했다.[20] 이처럼 일본에는 고양이는 주인의 말을 전혀 듣지 않는 정체를 알 수 없는 동물이라는 인식이 있었다.

이 같은 관념은 우리나라에도 있었다. 권호문權好文: 1532-1587은 『송암집(松巖集)』의 「축묘설(畜猫說)」에서 「일찍이 옛사람에게 듣기를, "닭은 기르지만, 살쾡이는 기르지 못한다" 하였다(嘗聞諸古人 養雞不育狸)」고 했다.[21] 이처럼 부정적인 의미로 고양이를 바라보는 시선이 있었다. 이유원李裕元: 1814-1888은 그의 저서 『임하필기(林下筆記)』에

서 12세기 중국 송나라 사람 손목孫穆이 지은 『계림유사(鷄林類事)』에 「고양이를 귀니(鬼尼)라고 한다(猫曰鬼尼)」라는 내용이 있다고 소개한 적이 있다.[22] 이것이 사실이라면 고양이를 귀신 귀鬼자를 써서 「귀니」라 하였던 것이다. 아마도 이것은 정체를 알 수 없는 기이한 동물이라는 뜻일 것이다. 그러한 해석이 1928년 김동진金東縉의 『사천 년간 조선이어해석(四千年間朝鮮俚語解釋)』에도 있었다. 그는 고양이를 다음과 같이 해설했다.

'삵' 같기도 하면서도 모양이 괴이하다 하여 괴이할 괴(怪), 모양 양(樣), 삵 리(狸) 세 글자 음을 따서 '괴양리(怪樣狸)'인데, 이를 '고양이'라 하는 것이다.[23]

여기서 보듯이 고양이는 살쾡이와 같기도 다르기도 하여 괴이하다 했다. 즉, 정체를 알 수 없는 살쾡이와 같은 동물이라는 뜻에서 괴양이怪樣狸가 되었고, 그것이 고양이로 발전되었다고 한 것이었다. 그의 논지가 옳고 그름에 대해서는 차치하고서라도 그와 같은 고양이 명칭에 대한 해석을 통하여 고양이란 농사를 망치는 쥐를 잡아주는 고마운 존재이지만, 정체를 알 수 없는 괴이한 동물이라는 인식이 귀니鬼尼라는 호칭을 낳았을 것으로 생각된다.

한편 6, 70대 이상의 사람들은 어릴 때 늦은 밤 고양이가 시끄럽게 울면 어머니와 할머니는 곧잘 고양이를 달래며 하는 말이 「살찐아. 살찐아 고기 줄게 우지마라」라고 한다든지, 또는 「나비야 나비야 우지마라 쥐잡아 줄게」라고 들은 적이 있을 것이다. 어찌하여 사람들은 고양이를 고양이라 하지 않고, 살찐이 또는 나비라고 부르는 것일까?

이근열에 의하면 「살찌이」는 부산지역에서는 '살찌이'라고 하는데, 그것은 '삵+진+이'로 구성된 것으로서 삵쾡이의 「삵」 군대나 영내를 의미하는 「진(陣)」이 결합하여 생긴 말로서 삵이 집에서 길들여진 동물이라고 추정했다.[24]

그러한 가운데 그가 덧붙인 "그 어원이 불확실한데, 민간 어원적으로 쌀집에서 쥐 피해를 막기 위해 고양이를 많이 키워서 '쌀진이'라고 한다"[25]는 민간의 해석에 더 매력이 느껴진다. 왜냐하면 그 의미가 쌀집의 쌀을 지키기 때문에 생겨난 것이 아니라, 쌀을 축내는 쥐들을 잡아먹고 살이 찐 고양이라

는 의미로 보이기 때문이다. 그 이유는 대체로 고양이의 이미지가 살진 모습이며, 더구나 경상도에서는 발음으로 살과 쌀을 구분하지 않는 경향이 강하기 때문이다. 그러므로 삶이 집에서 길들여진 동물이라기보다는 우리의 주식인 쌀을 훔쳐 먹는 쥐를 많이 잡아먹어 살이 찐 녀석이라는 뜻에서 살찐이라는 별칭을 갖게 된 것으로 추정된다.

한편 고양이를 호양이虎樣伊라고 표기하거나,[26] 나비라고 부르는 경우가 있다. 전자는 고양이가 호랑이를 닮았기 때문에 생겨난 것이겠지만, 후자의 나비는 어떠한 이유에서 생겨난 것인지 추측하기 어렵다. 여기에 대해 많은 사람이 관심을 기울여 왔지만 지금까지 정확하게 규명이 되어있지 않다.

이것과 관련된 여러 정보가 인터넷상에 유포되고 있는데, 흥미를 끄는 것 중의 하나가 랍비 설이다. 고려 공민왕 때 중국에서 건너온 아라비아 상인들이 공민왕에게 랍비의 수호물이라며 페르시아고양이를 바치자, 공민왕이 "랍비야, 랍비야" 하며 귀여워했던 것에서 유래되었다는 것이 바로 그것이다.[27]

물론 이것은 역사적 근거가 없는 기발한 해석이다. 그 속에는 고양이의 기원을 자국이 아닌 외국에서 찾고, 또 고양이를 종교 지도자 랍비에 비유될 만큼 고귀한 동물이라는 것을 강조하고 있는 것은 틀림없다.

그러나 국어학계에서는 그 나비를 날개 달린 나비 butterfly로 보는 것이 아니라 원숭이로 보는 경향이 강하다. 가령 이근열에 의하면 고양이를 나비라 부른 것은 날개 달린 나비가 아니라 원숭이를 가리키는 말이라고 생각했다. 즉, 원숭이의 옛말이 「납」이었는데, 이것에다 "이"가 붙어 "납이"가 되었고, 또다시 이것이 "나비"로 변화된 것이라고 보았다. 그렇게 해석한 배경에는 고양이를 담을 뛰어넘거나 나무를 타는 것이 마치 원숭이처럼 재주가 많다고 하여 원숭이(납)에 비유했기 때문이라고 했다.[28] 이처럼 그는 나비가 원숭이의 옛말 납에서 비롯된 것이라고 보았다.

〈그림 1〉 중국 반정숙(潘靜淑: 1892-1939)의 묘접도

이 같은 해석에는 어느 정도 일리가 있다고 본다. 왜냐하면 원숭이를 「잔나비」 또는 「잰나비」라고도 하기 때문이다. 그러면서도 선뜻 동의하기 어려운 부분이 있는 것도 사실이다. 왜냐하면 그의 해석은 그것이 왜 '납'이어야 하고, 왜 우리가 상상하는 나풀거리며 날아다니는 '나비'가 안 되는지에 대해서는 명확한 설명이 되지 못하기 때문이다. 더구나 현재 우리가 고양이를 부를 때 나비를 연상할지언정 원숭이를 거의 상상해 본 적이 없을 뿐만 아니라, 영어에도 butterfly cat이라는 말이 있듯이 그 나비는 '납'이 아니라 butterfly의 '나비'일 가능성도 있기 때문이다. 만일 그렇다면 그 나비는 「나불 나불거리며 날다」는 것에서 나온 「낣이(날비)」이며, 『두시언해(杜詩諺解)』에서는 「나뵈」 또는 「나비」이었다가, 훈몽자회(訓蒙字會)에는 「나뵈」, 그리고 숙종 때 성립된 『시몽언해물명(時夢諺解物名)』에서는 남이로 쓰이다가 그 이후로는 「나븨」 혹은 「나비」로 되었다가 오늘날 「나비」로 굳어진 butterfly일 것이다.

실제로 이상과 같은 국어학계에서 제시한 원숭이 설보다 butterfly의 나비일 가능성이 더 높다고 본다. 중국에도 고양이를 나비와 비유한 일이 일찍부터 있었다. 가령 당나라 단성식(段成式)이 편찬한 『유양잡조(酉陽雜俎)』에 「평릉성은 고담국이다. 성안에 한 마리 고양이가 있었는데, 항상 금 쇠사슬에 묶여 있었는데, 돈만 있으면 날아다니는 것이 마치 네발나비와 같았다平陵城、古譚國也、城中有一、常帶金鎖、有錢飛若蝶는 내용이 있다.[29] 즉, 고양이를 나비에 비유하여 날아다녔다고 표현하고 있는 것이다. 그리고 중국에는 고양이의 별칭으로 「함선(衔蟬)」이나 「함접(啣蝶)」이라는 말이 있다.[30] 여기서 함선이란 매미를 문다는 뜻이고, 함접은 나비를 문다는 뜻이다. 즉, 고양이를 「매미를 문 녀석」, 또는 「나비를 문 녀석」이라 불렀던 것이다. 구본현[31]과 김경[32]은 고양이가 두 입술을 앙다물면 입 주위의 검은 털이 꼭 매미를 물고 있는 것처럼 보이기 때문에 붙여진 이름이라 했다.

그리고 조선 후기 지식인 조재삼이 황정견의 시 중 「물고기 사다가 버들가지에 꿰어 함선을 불러야겠네(買魚穿柳聘啣蟬」를 인용하고 주석에다 「고양이는 마치 나비를 물고

있는 것 같다(猫名似今啣蝶也)」라고 하였듯이[33] 조선에서도 중국에서 고양이가 매미 또는 나비와 관련된 「함선」과 「함접」이라 불리는 별칭이 있다는 것을 알고 있었다. 그러므로 우리가 고양이를 나비라고 부르는 것은 원숭이의 납이 아니라 butterfly일 가능성이 아주 높다고 하지 않을 수 없다.

고양이를 나비butterfly라 부르게 된 배경에는 두 가지 배경이 있다고 본다. 첫째는 고양이의 본능적 행동이다. 수의학자 무토 마코토는 고양이가 나비, 잠자리, 벌레 등을 보면, 본능적으로 그것을 잡으려고 하고, 그때 동작이 뒷발로 서서 앞발을 들고 그것들과 노는 장면이 목격된다고 한다.[34] 마치 그 모습이 춤을 추고 있는 것처럼 보인다고 한다. 이러한 모습에 평화를 느낀 사람들은 고양이가 나비와 매미를 좋아하는 동물이라 하여 영어에 butterfly cat, 그리고 중국에는 함선과 함접이라는 말이 생겨났다. 그중 나비가 선호되었던 것은 매미보다 나비가 움직임이 눈에 띄는 것도 있지만, 그것이 가져다주는 평온함이 있었기 때문이다. 따라서 고양이가 나비를 좋아하여, 그것만을 보면 좋아 날뛰는 동물로 인식하여 고양이를 나비라고 불렀다고 볼 수 있다.

둘째는 한 쌍이 된 고양이와 나비를 길상의 의미로써 해석하는 묘접사상猫蝶思想에 근거를 두었다는 것이다. 「묘접」이란 고양이와 나비를 일컫는 말로 흔히 중국에서는 「모질(耄耋)」한다. 「마오(耄)」란 고양이 '묘(猫)'의 다른 말이며, 나이 칠십을 뜻한다. 그에 비해 「디에(耋)」란 나비 '접(蝶)'의 다른 말이며, 나이 팔십을 뜻한다. 이 두 개가 합하면 7, 80세의 장수 노인을 의미한다. 「모질다」는 말은 바로 여기에서 비롯된 것이다.

이러한 사상을 바탕으로 그려진 것이 고양이와 나비를 그려 넣은 묘접도猫蝶圖이다. 그러므로 이 그림은 장수를 기원하는 의미가 담겨 있다 하겠다. 변상벽卞相璧의 「묘접도(猫蝶圖)」, 김홍도金弘道의 「황묘농접도(黃猫弄蝶圖)」, 김정희金正喜의 「모질도(耄耋圖)」 등은 바로 이러한 의미를 갖고 태어난 것이었다. 그러나 고양이를 부를 때는 물론 나비가 없다. 고양이가 홀로 있어서는 묘접이 되지 않는다. 그러나 사람들이 "나비야"라고 불러줌으로써 언제 어디서나 고양이만

있으면 한 쌍의 묘접을 이룰 수 있다. 그렇게 함으로써 장수를 기원할 수 있었다. 즉, 우리의 선조들은 홀로 있는 고양이를 말로써 나비를 첨가함으로써 한 폭의 모질도를 그렸다. 이처럼 고양이를 나비라 부르는 배경에는 고양이가 나비를 좋아하는 동물이라는 이미지가 있을 뿐만 아니라, 그것들이 함께 있으면, 평온과 장수라는 길상의 인식이 내포되어 있었다. 사람들은 길상을 바라는 마음에서 고양이를 나비라고 불렀다. 그럴 때마다 한국 고양이는 자기의 이름을 버리고 나비가 되어야 했다.

3. 중국의 고양이 별칭

중국의 고양이도 울음소리에 의해 고양이 이름이 지어진 것 같다. 즉, 앞에서 언급한 바와 같이 중국인들은 고양이의 울음소리를 「먀오 먀오」라고 들었다. 그리하여 처음에는 먀오라고 발음나는 苗를 사용하였고, 곡식 또는 싹과 구분하기 위해 그것에다 벌레 치豸 자를 붙여 貓 자를 만들어냈다. 그러나 지식인들은 이 같은 민간의 순수한 명칭 발생에 무게를 두지 않고, 어려운 길을 택하여 많은 해설들을 낳았다.

먼저 고양이의 「묘(猫)」에 대해 『강희자전(康熙字典)』에서는 다음과 같이 흥미롭게 해설을 하고 있다. 즉, 「고양이(猫)는 살쾡이(狸)와 동속이다. 쥐를 잡는 짐승. 쥐는 자주 곡식(苗)을 해치고, 고양이는 쥐를 잘 잡기 때문에 글자가 곡식 묘(苗)에 따르고, 또 이를 간단히 묘(猫)로 쓴다」라고 했다.[35] 그러한 내용이 『본초강목(本草綱目)』(권51)에도 보인다.[36] 이에 의하면 「쥐는 피해를 끼치는데, 고양이貓가 그것을 잡는다. 그러므로 자는 곡식 묘苗에 따른다」고 한 것이다. 여기에서 보듯이 흔히 우리가 사용하고 있는 「猫」는 「貓」의 약자이며, 그 글자의 핵심에 「苗」가 있는 것은 쥐가 곡식에 해를 끼치는데, 그 쥐를 잡는 동물이기 때문에 곡식苗을 넣어 「貓」자를 만들어 낸 것이다. 이처럼 이 글자 안에는 고양이가 곡식을 수호하는 동물이라는 인식이 강하게 반영되어 있다.

김경의 연구에 의하면 고양이는 묘猫라는 호칭 이외에 오원烏円, 함선銜蟬 또는 啣蝶, 리노狸奴, 소리노小狸奴, 가리家狸, 소산예小狻猊, 어토於菟, 몽귀蒙貴, 전서장田鼠將 등 다양한 별칭들이 있다고 했다. 특히 중국어는 표의문자인 만큼 그 속에는 중국인들의 고양이에 대한 인식이 들어있다. 중국의 고양이에 대한 인식은 성격에 따라 다음과 같이 크게 세 가지로 정리할 수 있다.

첫째는 고양이의 습성이다. 여기에 속하는 말이 몽귀, 전서장이다. 이것은 모두 고양이가 쥐를 잡는 것에서 비롯된 것이다. 가령 몽귀는 「도움을 받는다」는 의미의 말인 「蒙」에 「貴」를 붙인 말로, 고양이를 마음껏 높인 경칭이라 할 수 있다. 밭 쥐를 잘 잡는 장수라는 의미의 이름인 전서장田鼠將도 바로 이러한 의미에서 생겨난 말이다.

이처럼 고양이가 귀한 신분의 장수가 될 수 있었던 것은 농사와 관련이 있다. 『예기(禮記)』에 의하면 음력 12월에 농사에 관련된 여덟 神에게 제사를 지내는 것을 사례蜡禮 또는 사제蜡祭라 하는데, 이때 여덟 신 중의 하나가 고양이다. 고양이가 제사의 대상이 되는 것에 대하여 『시경(詩經)』에서는 고양이가 밭의 쥐를 먹고, 호랑이는 밭의 돼지를 잡아먹기 때문에 호랑이와 함께 신으로 모셔진다고 설명하고 있다. 이러한 성격 때문에 고양이는 몽귀와 전서장이라는 경칭을 가지게 되었다.

둘째는 생김새이다. 가장 대표적인 별칭이 오원이다. 오원에 대해 구본현과 김경[37], 손찬식[38] 등은 일반적으로 아침과 저녁에는 눈이 맑고 둥근 데 비하여 오후가 되어서는 눈이 가늘어서 마치 실과 같아지는 모습에서 붙여진 이름으로 보았다. 그러나 그것은 그러한 성격이 왜 오원이라는 단어이어야 하는지 명쾌하게 설명되지 않는다. 오히려 황윤석黃胤錫: 1724-1776의 해석에 일리가 있다. 그는 오원을 고양이의 울음소리에서 차용한 것으로 보았다. 즉, 고양이 우는 소리를 「오원」으로 표기한 것이라 했다.

그러나 필자는 오원의 「烏」는 검다는 의미이고, 원円은 둥글다는 의미를 그대로 받아들여 검은 고양이를 일러서 하는 말이라고 본다. 일본 최초의 고양이 기록이라 할 수 있는

우다천황宇多天皇: 867-931의 일기 『관평어기(寬平御記)』에 등장하는 고양이는 검은 고양이인데, 그 「고양이는 엎드리면 둥글게 되어 다리와 꼬리가 보이지 않아 마치 검은 구슬과 같다(伏臥時. 團円不見足尾. 宛如堀中之玄璧)」라고 했다.[40] 그야말로 「오원」을 잘 나타낸 표현이라 할 수 있다. 그리고 조선의 유본학柳本學이 고양이를 의인화하여 쓴 소설 『오원전(烏円傳)』에서도 그 인물은 피부가 검은데, 「배가 부르면 곧 몸을 굽혀 감아말아서 졸곤 한다」라고 한 표현에서 보듯이 오원은 모양이 검으면서 몸을 말아서 누워있는 모양에서 나온 별칭으로 추정되는 것이다.

그런 한편 동물과 비유되는 것도 있다. 가령 함접啣蝶과 함선銜蟬은 나비와 매미를 문 모습에서 나온 별칭이지만, 소산예小狻猊는 작은 사자와 같다는 것이며, 가리家狸는 집에서 키우는 살쾡이라는 뜻이며, 리노狸奴, 소리노小狸奴도 살쾡이와 같은 동물과 닮았다는 뜻을 가지고 있다. 그리고 살쾡이

몸에 호랑이 얼굴이다狸身虎面 라는 표현이 있다. 그리고 어토於菟도 호랑이와 닮았기 때문에 생겨난 별칭이다.

특히 고양이는 호랑이와 비유되는 일이 많았는데, 모양이 호랑이 같으나 차이를 털, 귀, 눈동자에서 찾았다. 즉, 기원전 2세기경의 문헌 『이아(爾雅)』에 「호랑이 털을 훔친 것을 고양이라 한다(虎竊毛謂之虦貓)」고 하면서, 「소(疏)」에 「호랑이의 짧은 털을 가진 것이 고양이이다(虎之淺毛者, 別名虦貓)」라고 했다.[41] 그리고 1771년 청대의 서정徐鼎이 저술한 『모시명물도설(毛詩名物圖說)』에도 고양이를 「호랑이와 비슷한데 털이 짧다(貓似虎淺毛者也)」라고 했다.[42] 즉, 호랑이와 같은데, 털이 짧은 것이 고양이라는 뜻이다. 그리고 청대의 주이준朱彝尊: 1629-1709은 하존사何尊師의 말을 빌어 '고양이는 호랑이와 비슷하지만 유독 귀가 크고 눈동자가 노란 빛이어서 서로 같지 않다猫似虎, 獨有耳大眼黃不相同'라고 하였다.[43] 이처럼 고양이는 털, 귀, 눈동자를 제외하면 호랑이와

〈그림 2〉 명나라 심주(沈周: 1427-1509)의 「오원도」

거의 같다는 것이다. 이렇듯 고양이를 호랑이와 가장 가깝거나 호랑이에게서 파생된 동물이라는 인식이 있었다. 그러한 의미에서 고양이를 집 호랑이라는 뜻으로 가호家虎라고 하기도 했다.

셋째는 불교와의 관계이다. 이것은 「불노」라는 별칭을 두고 한 말이다. 왕초동王初桐:1729-1821의 『묘승(猫乘)』에 의하면 고양이 특유의 그르렁거리는 소리를 사람들이 염불하는 소리로 여겼다는 기술이 있다.[44] 이처럼 「불노」는 고양이를 불성이 있는 동물로 보고, 고양이가 내는 소리가 마치 염불 하는 것과 같다는 인식에서 생겨난 것이었다. 그와 관련하여 불노라는 명칭은 명나라 때 태후가 기른 고양이가 불경을 이해했기 때문에 붙여졌다고도 하고, 또 청나라 때 황지준黃之駿이 기른 고양이가 종일 잠만 잤고 자면서 내는 소리가 불경을 외우는 소리와 유사했기 때문에 생긴 이름이라고도 한다.[45]

이처럼 중국인에게 고양이는 색깔로는 백묘와 흑묘가 있고, 모양은 사자, 호랑이, 살쾡이와 같고, 성격으로는 매미와 나비를 좋아하고, 습성으로는 농사에 피해를 주는 쥐를 잡아주는 고마운 동물이며, 종교적으로는 불성이 있는 동물의 이미지가 있었다.

4. 일본의 고양이와 호랑이

일본의 대표적인 일본어 사전 『광사원(廣辭苑)』은 고양이의 「네코」가 고양이 우는 소리에 접미어 「코」가 붙어 「네코」가 되었다고 설명한다.[46] 여기에 대해서는 약간의 설명이 필요하다. 고대 일본인들은 고양이가 「네우 네우」라고 운다고 생각했다. 그리하여 고양이를 「네우 네우」라고 우는 녀석이라 하여 「네우코」라 한 것이 오늘날의 표준어 「네코」로 탄생했다. 그러나 지금 일본인들의 귀에는 「네우 네우」가 아니라 「냐앙 냐앙」, 「냐아 냐아」하고 우는 것으로 들린다. 그리하여 고양이를 「냥코」라고도 했다. 우리의 야옹이와 같은 말이다. 이러한 설명은 자연스럽다. 즉, 일본도 우리와 같이 원래 울음소리에서 「네코」라는 이름이 탄생했다고 본다.

그런데 헤이안平安 중기 때 편찬된 『화명류취초(和名類聚抄)』에는 고양이를 「네코마(禰古万)」로 표기해 놓고 있다.[47]

이것에 의하면 「네코」란 그 뒤에 들어가 있는 「마」가 떨어져 나가 생겨난 말이었다. 그러나 에도시대의 지식인들은 이러한 자연스러운 해석을 거부하고, 굳이 어려운 길을 택하여 여러 가지 해석을 가했는데, 그것에는 대략 다음과 같은 4가지 부류가 있었다.

첫째로 「네코」는 쥐와 관련하여 해석하는 경향이 많다. 민간에서는 고양이가 쥐를 보면 민첩하게 움직이기 때문에 「네카로(鼠輕)」라고 하던 것이 「네코」가 되었다는 설이 있다. 에도시대가 되면 쥐와 결부시킨 해석이 대량으로 나타난다. 게이쥬契沖: 1640-1701는 『원주암잡기(円珠庵雜記)』에서 「네코마란 네코마치(鼠子待)가 생략되어 생긴 말」일지도 모른다고 추정했다.[48] 이에 비해 아라이 하쿠세키新井白石: 1657-1725는 그의 저서 『동아(東雅)』에서 「네」는 「네즈미(쥐)」의 「네」이며, 「코마」는 무서워한다는 의미의 말이라고 해석했다. 카이바라 에키겐貝原益軒: 1630-1714은 그의 저서 『일본화명(日本和名)』에서 고양이는 쥐를 좋아하여 포식하는 동물이므로 원래는 「네코무(鼠好む)」이었는데, 이것에서 「무(む)」가 탈락되어 「네코」가 되었다고 했다.[49] 이 같은 설명은 그의 저서 『일본석명(日本釋名)』의 「중수(中獸)」편에서도 이어진다. 그리고 『동승(東勝)』의 「십팔축수(十八畜獸)」에서도 같은 내용이 보인다. 이처럼 고양이가 쥐를 잘 잡는 동물이라는 인식 속에서 어원을 찾는 사람들이 있었다.

둘째는 잠을 잘 자는 동물로 보는 관점이다. 실제로 고양이는 호랑이와 같이 하루에 약 16시간 잔다고 한다. 이러한 인식은 일찍부터 있었던 것 같다. 가령 헤이안시대平安時代 미나모토노 시타고源順: 911-983가 만든 사전 『화명초(和名抄)』에는 하루 종일 잘 잔다는 뜻에서 「네코무(寢子む)」라는 표현이 있다.[50] 만일 「네코무」가 어원이라면 여기에서 「네코마(寢子ま)」에서 「네코」가 되는 것이 된다. 가모노 마부치賀茂眞淵:1697-1769도 『원주암잡기(円珠庵雜記)』의 서두에 「고양이(네코)는 네무리케모노(睡獸)를 생략한 것이 아닌가」라고 추정했다.[51] 즉, 잠을 잘 자는 동물이기 때문에 자다는 의미인 「네(寢)」에서 유래하여, 녀석이라는 의미인 「코(子)」가 붙어 「네코」가 된 것이라고 보았던 것이다. 민간에서 「네코무(寢好む)」, 「네코무(寢小魔)」에서 「네코마」로, 다시 「네코」가 되었다는 것도 모두 잠을 좋아하는 습성에서 생겨난 해석이었다. 이러한 인식 때문에 생겨난 것이 유녀를 고양이에 빗대어 네코寢子라 하였다. 이때 네코란 잠을 같이 자는 유녀라는 뜻이다.

셋째는 습성과 고향을 합친 말로 보는 해석이다. 즉, 이는 고양이가 잠을 잘 자는 습성과 고양이가 고려에서 온 동물이라는 것이 합쳐져 생긴 「네코마(寢高麗)」라는 말이 네코의 어원으로 보는 것이다. 이러한 설은 『대언해(大言海)』라는 일본어 사전에도 수용되어 「네코마」는 「네코마(寢高麗)」라는 뜻으로 한국에서 도래한 것을 나타내는 것이라고 설명했다.[52] 즉, 이 말은 잠 잘 자는 고려에서 들어온 동물이라는 것에서 유래한 것으로 보았다. 이처럼 에도시대의 지식인들에게 고양이란 쥐를 잘 잡고 잠을 잘 자는 고려에서 들어온 동물이라는 이미지가 있었다.

넷째, 닮은 동물에 비유하여 생긴 호칭도 있었다. 구마모토熊本의 국학자 나카지마 히로타리中島廣足: 1792-1864는 『강원수필(橿園隨筆)』에서 「네코」란 「누에」라는 요괴의 머리와 닮아서 처음에는 「누에코」라고 하던 것이 나중에 네코가 되었다고 해석했다.[53] 여기서 누에란 「鵺」, 「鵼」, 「夜鳥」라고도 표기하는데, 누에의 머리가 부엉이 머리를 하고 있는데, 마치 그 모양이 고양이와 닮았다는 것이다.

그러나 이를 믿는 사람은 거의 없다. 그것보다 일본인들은 고양이를 「다마(玉)」 또는 「도라(虎, 寅)」라고 부르는 것을 좋아했다. 전자에 관해서는 정확하게 밝혀진 바가 없다. 다마란 구슬이란 뜻이다. 그것으로 인해 민간에서는 고양이가 「구슬과 같이 둥글게 몸을 말아 자기 때문에」, 또 「털실 또는 털실로 만든 공을 좋아하기 때문에」 생긴 말이라는 견해가 있다.

일본인들은 「다마」도 좋아하지만 「도라」라고 부르는 것을 더 좋아했다. 도라란 앞에서 언급하였듯이 호랑이란 뜻이다. 어찌하여 일본인들은 그렇게 불렀을까?

이에 대해 15세기 무로마치시대室町時代의 일본어 사전이라 할 수 있는 『하학집(下學集)』에 그 해답이 있다. 즉, 그것에 의하면 "고양이는 털 색깔이 호랑이와 닮아서, 이 때문

〈그림 3〉 다카하시 히로아키(高橋弘明:1871-1945)의 「공을 가지고 노는 백묘와 흑묘」

에 세간에는 호랑이의 애칭인 「오토(於兎)」라고 부르고 있다. 고양이도 「오토」라고 부르면 좋아한다."고 했다.[54] 이처럼 15세기에 이미 일본에서는 고양이를 호랑이라고 부르고 있었다. 그리고 16세기 중엽에 성립된 『운보색엽집(運步色葉集)』의 「이(禰)」편에서도 고양이를 네코如虎라고 표기한 것도 바로, 이 때문이다. 그러한 설명은 에도시대의 문헌 『물류칭호(物類稱號)』의 「삼동물(三動物)」편에서도 보인다. 즉, 이것에서 「지금 생각건대 고양이를 '도라'라고 부르는 것은 그 모양이 호랑이와 닮았기 때문」이라고 설명되어 있다. 이와 같이 고양이가 호랑이로 불린 것은 상호 유사성 때문이었다.[55]

실제로 고양이는 호랑이와 닮은 점이 한두 가지 아니다. 가령 모두 조상이 프세우다엘루루스에서 시작된다는 점이고, 자기영역을 가지고 있으며, 번식기나 육아기 이외에는 단독으로 생활하는 경향이 강하고, 이빨이 30개 가지고 있는 것도 같고, 평균수명이 15년인 것도 같으며, 점프력과 순발력이 뛰어난 운동신경을 가졌다는 것도 같다.

그러나 일본에는 호랑이가 없다. 그러므로 일본의 지식인들은 호랑이를 「고양이 같고, 크기는 소와 같고, 황색 바탕에 검은색 줄무늬, 톱니 이빨 갈고리 손톱, 수염이 건장하고 뾰족하며, 혀의 크기가 손바닥만 하다(狀如猫 而大如牛, 黃質黑章, 鋸牙鉤爪 鬚健而尖 舌大如掌)」라고 한 『본초강목(本草綱目)』의 설명을 통해 호랑이를 상상했다.[56] 그러므로 일본 화가들은 고양이를 통해 호랑이 그리는 연습을 했다. 일본 문학 연구자인 최경국은 일본인에 의해 그려진 호랑이의 대부분이 호랑이를 닮지 않고 고양이를 닮은 것도 바로 이러한 이유 때문이라고 보았다.[57] 일본의 속담에 「호랑이를 그리려다 고양이를 그렸다」는 것이 있다. 이것은 그러한 고충에서 생겨난 말임이 틀림없다.

호랑이가 없는 이유에 대해 무로마치시대室町時代부터 에도시대江戶時代 초기에 걸쳐 성립된 『오토기조오시(御伽草子)』에서는 「고양이는 호랑이의 자손인데, 일본이 작은

나라여서, 그에 맞추어 몸을 줄여서 바다를 건너 일본으로 가서 정착한 것이기 때문에 호랑이가 없는 것이다」라고 설명했다.[58]

이 같은 설명에는 고양이가 호랑이계에 속하기 때문에 호랑이를 대신할 수 있는 동물이라는 인식도 함께 엿볼 수 있다. 이러한 사정으로 인해 고양이를 호랑이라고 속이는 웃지 못 할 사건이 벌어지기도 했다. 역사학자 후지와라 시게오藤原重雄에 따르면 에도시대 때 료고쿠바시両国橋 근처에서 호랑이를 보여준다고 하며 사람들을 끌어 모아 돈을 버는 흥행꾼들이 있었다 한다. 이들은 대마도에서 잡은 야마네코山猫 라는 야생 고양이를 호랑이라 하고, 시끄럽게 도구를 두드려 우는 소리를 듣지 못하게 하여 사람들을 속였다고 한다.[59]

이처럼 일본에서 고양이는 호랑이였다. 그러므로 고양이를 「도라」라고 불렀다. 어린아이들이 좋아하는 캐릭터 중의 하나인 「도라에몬(寅衛門)」도 호랑이가 아니라 고양이이다. 「일본의 속담에 고양이는 호랑이 속(마음)을 모른다」「고양이도 되고, 호랑이도 된다」고 한 것도 모두 고양이가 호랑이와 동속이라는 인식에서 비롯되었다. 다시 말해 일본에서는 고양이가 곧 작은 호랑이였고, 호랑이가 곧 큰 고양이이었다.

5. 마무리

지금까지 한·중·일의 고양이 명칭과 별칭에 대해 살펴보았다. 그것에 대해 설명하는 데 3국인 들은 대략 5가지 방법을 택하고 있었다.

첫째는 울음소리이다. 이것은 지극히 자연스러운 일이다. 한국은 고양이가 「야옹야옹」운다고 하여 「야옹이」가 되었고, 중국은 「먀오먀오」라고 운다 하여 「먀오」라고 하던 것이 「마오」가 되었으며, 일본은 「네우네우」라고 운다하여 그것에다 코(子)를 붙여 「네우코」라 하던 것이 「네코」가 되었다고 설명하고 있다.

둘째는 다른 동물 이름으로 부른다는 점이다. 여기에 한국인들은 고양이가 나비를 좋아한다는 점, 그리고 길상을 의미하는 묘접사상猫蝶思想에 기반하여 고양이를 '나비'라고 불러 줌으로써 장수를 기원했다. 그에 비해 중국인은 고양이가 나비 또는 매미를 잡아먹는다 하여 함선 또는 함접이라 했다. 그에 비해 일본은 호랑이와 같은 동물이라 하여 도라라고 하였다.

셋째는 모양이다. 소산예는 사자에서, 가호는 호랑이에서, 가리와 리노, 소리노는 살쾡이에서 생겨난 별칭이었다. 그 중 가리는 한국과 일본에서도 받아들여져 고양이의 별칭으로 사용되었다. 정약용도 고양이를 리노라고 표현한 시가 있다.

넷째는 습성과 성격이다. 한국에서는 쥐를 잘 잡는 귀하고 괴이한 동물이라고 하여 고양이를 「고이」 또는 「괴양리(怪樣狸)」라는 해석이 있었다. 중국에서도 「몽귀」와 「전서장」이라는 경칭은 바로 그러한 사고에서 나온 것이었다. 그러한 점은 일본도 마찬가지였다. 「네코마치(鼠子待)」, 「네코무(鼠好む)」에서 네코라는 말이 유래하였다는 해석이 바로 그것이다. 그리고 일본인들에게는 한국과 중국에 보이지 않는 것이 있는데, 그것은 다름 아닌 고양이를 잠자기를 좋아하는 동물이라는 뜻에서 「네무리케모노(睡獸)」, 「네코무(寢好む)」, 「네코무(寢小魔)」에서 「네코」가 탄생했다고 보는 해석이다.

다섯째는 고향을 나타내는 말로도 해석되는 경우가 있었다. 한국에서는 고양이의 기원을 페르시아의 랍비에서 유래되었다는 허무맹랑한 설이 있는 한편, 일본에는 고려에서 온 동물이라는 「네코마(寢高麗)」 설이 있다.

이처럼 고양이는 3국 모두 쥐 잡는 동물이라는 공통된 인식이 있었다. 그러면서도 한국인에게는 「냐옹냐옹」 하고 울며, 귀하고 괴이한 야옹이이자 나비라면, 중국은 「먀오먀오」라고 울면서 사자, 호랑이, 살쾡이를 닮은 동물로서 매미와 나비를 좋아하며, 때로는 불성을 가진 동물이었다. 그에 비해 일본에서 고양이란 「네우네우」라는 울음소리를 내는 고려에서 온 잠꾸러기 작은 호랑이였다.

1. 이병근,「고양이의 어휘사」,『어휘사』, 태학사, 105~132, 2004.

2. 홍윤표,「'살쾡이'와 '고양이'의 어원」,『새국어소식』제87호, https:// www.korean.go.kr/nkview/ nknews/200510/87_1.html (검색일:2020.06.28), 2005.

3. 이근열,「부산 방언의 어원 연구(1)」,『우리말연구』35권, 189~190, 2013.

4. 홍윤표, 앞의 글 참조, 2005.

5. 이상인,「고양이의 시골말」,『한글(9)』, 한글학회, 568, 1941

6. 이병근, 앞의 책, 117, 2004.

7. 「다산시문집」(제14권): 卞尙璧特以畫猫稱。世謂之卞古羊。方言猫曰古羊 (한국고전종합 DB): http://db.itkc. or.kr/dir(검색일:2020.06.28)

8. 黃胤錫:『頥齋遺藁』:又呼蒙貴, 蓋元時諱蒙去之, 只呼貴, 貴又轉괴, 故高麗史呼高伊

9. 대사(大蜡): 제사 이름으로, 한 해가 끝날 때 農神을 비롯한 여러 신에게 다음 해에 재앙을 내리지 말라고 기원하는 제사이다.

10. 박지원,「면양잡록」권3, 당진문화원, 84, 2016.

11.「新增東國輿地勝覽」(제40권): 本長興府高伊部曲(高伊者方言猫也). 高麗忠烈王十一年土人柳庇(後改 名淸臣) 以譯語通事于元有功改名高興陞爲縣置監務本朝(한국고전종합 DB): http://db.itkc.or.kr/dir(검색 일:2020.06.28.)

12.「星湖僿說」(제6권)『萬物門』: 猫者家狸也(한국고전종합 DB): http://db.itkc.or. kr/dir (검색일:2020.06.28)

13.「茶山詩文集」(제5권) 詩: 南山村翁養狸奴. 歲久妖兇學老狐. 夜夜草堂盜宿肉. 翻瓨覆瓿連觸壺. 乘時陰黑逞 狡獪. 推戶大喝形影無. 呼燈照見穢跡徧. 汁滓狼藉齒入膚. 老夫失睡筋力短. 百慮皎皎徒長吁. 念此狸奴罪惡極. 直欲奮劍行天誅. 皇天生汝本何用. 令汝捕鼠除民瘼. 田鼠穴田蓄穉稭. 家鼠百物靡不偸. 民被鼠割日憔悴. 膏焦 血涸皮骨枯. 是以遣汝爲鼠帥. 賜汝權力恣礫割. 賜汝一雙熒煌黃金眼. 漆夜撮蚤如梟雛. 賜汝鐵爪如秋隼. 賜汝 鋸齒如於菟. 賜汝飛騰博擊驍勇氣. 鼠一見之凌兢俯伏恭獻軀. 日殺百鼠誰禁止. 但得觀者噴嘖稱汝毛骨殊. 所以 八蜡之祭崇報汝. 黃冠酌酒用大觚. 汝今一鼠不曾捕. 顧乃自犯爲穿窬. 鼠本小盜其害小. 汝今力雄勢高心計麤. 鼠所不能汝唯意. 攀檐撤蓋頹堅塗. 自今群鼠無忌憚. 出穴大笑掀其鬚. 聚其盜物重賂汝. 泰然與汝行相俱. 好事 往往亦貌汝. 群鼠擁護如騶徒. 吹螺擊鼓爲法部. 樹纛立旗爲先驅. 汝乘大轎色夭矯. 但喜群鼠爭奔趨. 我今彤弓 大箭手射汝. 若鼠橫行寧啖盧(한국고전종합 DB): http://db.itkc.or.kr/dir(검색일:2020.06.28)

14.「四佳詩集」(제1권) 賦類: (한국고전종합 DB): http://db.itkc.or.kr/dir(검색일: 2020. 06.28)

15.「東谿集」(卷之五):(한국고전종합 DB): http://db.itkc.or.kr/dir(검색일:2020.06.28)

16. 김창용,『한국의 가전문학』, 태학사, 1~363, 1999.

17.「성호사설」(제4권), 萬物門, 한국고전종합DB: http://db.itkc.or.kr/dir(검색일:2020. 06.28)

18. 대계:「은혜를 모르는 고양이와 삼족구(三足狗)」조사일: 2012, 제보자: 서철원, 제보 장소: 충남 홍성군 장곡면 광 성리 광성3구 마을회관.

19. 武藤眞(1994) 前揭書、p.22.

20. 柳田國男,「どら猫觀察」,『定本柳田國男集』(第22巻)、筑摩書房、青空文庫(http:// www.aozora.gr.jp:검색 일:2020.06.30), 1962

21.「송암집 속집」(제6권), 說: 한국고전종합 DB: http://db.itkc.or.kr/dir(검색일: 2020.06.28)

22.「임하필기」(제19권), 文獻指掌編, 鷄林類事의 方言: 한국고전종합 DB: http://db. itkc.or.kr/dir(검색 일:2020.06.28)

23. 김동진,『선인들이 전해 준 어원 이야기』, 태학사, 46, 2001.

24. 이근열(2013), 앞의 논문, 190.

25. 이근열(2013), 앞의 논문, 189.

26. 고양이를 虎樣이라 표현한 기록으로 조선후기「북새기략(北塞記略)」의「공주풍토기(孔州風土記)」에도 "猫曰 虎樣"라는 문구가 보인다.

27. 최성진,「고양이를 고양이라 못 부르고」,『한겨레21』(2008.10.01) http://h21. hani.co.kr/arti/society/society_ general/23446.html(검색일:2020.05.01), 2008.

28. 이근열, 앞의 논문, 189, 2013.

29. 김하늬, 朱彝尊 前後期詞의 창작 양상 변화 서울대 대학원 박사학위논문, 239에서 재인용, 2018

30. 김경,「한문학에서의 '고양이[猫]' 名稱과 別稱에 대한 考察」, 한국한문학연구 제74집, 290, 2019.

31. 구본현,「서화시에 나타난 동물형상과 그 의미」, 동방한문학 제61집, 동방한문학회, 112, 2014. 武藤眞, 前揭書、151,1994

32. 김경, 앞의 논문, 290, 2019.

33. 김경, 앞의 논문, p.292에서 재인용, 2019.

34. 武藤眞, 前揭書, 151, 1994.

35. 木村喜久弥,『ネコ その歴史、習性、人間との関係』, 法政大学出版、p.3에서 재인용, 1978

36. 木村喜久弥, 前掲書、p.3에서 재인용, 1978.

37. 김경, 「조선후기 류서에서의 고양이 기록과 그 의미」,『Journal of Korean Culture』41집, 한국어문학 국제학술포럼, 301~302, 2018.

37. 김경, 「조선후기 류서에서의 고양이 기록과 그 의미」,『Journal of Korean Culture』41집, 한국어문학 국제학술포럼, 301~302, 2018.

39. 김경, 앞의 논문, 287, 2019.

40. 桐野作人,『猫の日本史』, 洋泉社, 15, 2017.

41. 김경, 「한문학에서의 고양이 명칭과 별칭에 대한 고찰」,『한국한문학연구』, 한국한문학회, 279, 2019.

42. 김경, 앞의 논문, 279, 2019.

43. 김하늬, 앞의 논문, 238, 2018.

44. 김경, 앞의 논문, 279, 2019.

45. 김경, 앞의 논문, 279, 2019.

46. 新村出編,『廣辭苑』, 岩波書店, 1722, 1980.

47. 木村喜久弥,『ネコ その歴史、習性、人間との関係』, 法政大学出版、p.3에서 재인용, 1978.

48. 木村喜久弥, 前掲書、p.6에서 재인용, 1978.

49. 木村喜久弥, 앞의 책, p.5에서 재인용, 1978.

50. 木村喜久弥, 앞의 책, p.4에서 재인용

51. 木村喜久弥, 앞의 책, p.4에서 재인용, 1978.

52. 木村喜久弥, 앞의 책, p.4에서 재인용, 1978.

53. 木村喜久弥, 前掲書、p.8에서 재인용, 1978.

54. 田中貴子,『猫の古典文学誌 鈴の音が聞こえる』, 講談社、p.15에서 재인용, 2016.

55. 平野杏奈,『言葉の由来と成立ー, 「猫」, と, 「ねこ」, からー』, 筑波大学修士学位論文、10, 2014.

56. 최경국, 「일본 호랑이 그림의 계보-四神圖에서 畵譜類까지-」,『일본연구』, 22, 한국외대 외국학종합연구센터 일본연구소, 154, 2004.

57. 최경국, 앞의 논문, 163, 2004.

58. 市古貞次,『御伽草子』, 岩波書店、301~302, 1958.

59. 藤原重雄, 「東大所蔵資料から見る鼠を捕る益獣としての猫」,『淡青』, 東京大学広報室、6~7, 2018.

안녕하세요. 자기소개 부탁드려요.

울산대학교 일본어 일본학과 명예교수이자 통도사 차 문화대학원장입니다.

무엇을 연구하고 계신가요?

역사, 민속, 신화, 차를 통해 일본문화 연구를 하고 있습니다.

이 연구를 하게 된 계기가 있나요?

고양이는 개와 함께 인간과 가장 가까운 동물이며, 그중에서도 주인
곁에 가장 가깝게 생활하는 유일한 동물이기 때문에 관심을 가지게
됐어요. 고양이의 매력은 눈을 감고 졸고 있었을 때의 모습인 것
같아요. 그건 한가로움과 태평을 의미하기 때문이지요. 그것을 바라지
않는 사람이 어디에 있을까요?

연구 중에 어려운 점은 없었나요?

크게 없었어요. 오히려 즐거웠어요. 있다면 고양이는 전 세계적인 것이어서 자료수집과 직접
확인하는데, 시간과 노력이 너무 많이 든다는 점이었어요. 그것도 즐거운 일 아닐까요?

연구에서 기대하는 바 혹은 우려되는 바가 있을까요?

인문학도가 바라보는 고양이 연구는 고양이를 통해서 사람을 바라보고자 하는 데 있어요.
고양이와 함께 그것과 더불어 사는 사람도 바라보았으면 좋겠어요.

이 연구가 선생님과 고양이와 관계에 어떤 영향을 주었을까요?

지금까지 고양이를 키워본 적이 없지만 고양이 연구를 통해 고양이를 통해 인간의
역사와 문화를 생각하게 되었어요. 고양이에게 감사의 마음을 전하고 싶어요.

앞으로 어떤 연구를 준비 중이신가요?

아직도 고양이에 대한 인문학도들의 관심은 약합니다. 그러나 고양이의 역사는 인간의 역사만큼
길어요. 앞으로도 인문학도들의 고양이 연구가 많이 나오길 기대합니다. 고양이에 관한 역사와
민속을 찾아서 아시아만이라도 연구조사를 더 하고 싶어요.

한·중·일의 고양이 민속학
猫からみた韓中日の比較民俗学

[노성환]

고양이는 인간과 가장 가깝게 살면서도 지배되지 않는 동물이다.

노성환, 한·중·일의 고양이 민속학

고양이는 인간과 가장 가깝게 살면서도 지배되지 않는 동물이다.
필자가 고양이에 관심을 두게 된 것은 다름 아닌 일본의
마네키네코(MANEKINEKO) 때문이다. 마네키네코란 손짓하듯이
한쪽 손을 들고 있는 고양이 인형이다. 일본어에서 마네키란
'부르다'는 뜻을 가진 말이며, 네코는 고양이를 말한다. 그러므로 이
고양이는 손짓하며 무언가를 부르는 고양이란 뜻이다. 사람들은
이를 보고 복 또는 재물을 부른다고 생각한다.
한일 양국의 고양이를 바라보았을 때 해결되지 않은 너무나 많은
문제점이 도사리고 있었다. 가령 고양이의 탄생 신화, 고양이의
한일 교류사, 고양이의 명칭과 신체의 상징성, 고양이에 대한
속신과 금기, 고양이와 불교, 고양이 공예가 가지는 의미, 또
개와 고양이의 관계, 고양이를 부처와 신으로 모시는 일본 신앙,
고양이의 요괴담 그리고 마네키네코가 손을 들고 있어야 하는
이유 등과 같은 그야말로 각종 다양한 인문학적 과제들이 산적해
있다. 이러한 문제들을 기회가 있을 때마다 조금씩 자료를 찾고
정리한 결과가 바로 이 책이다.
(출처 : 민속원 홈페이지)

학문 분야	인류학
연구 주제	현재 한국 사회에서 등장하고 있는 길고양이에 관한 생정치적 담론과 개입
연구 대상	서울시 동물보호과, 동물단체, 〈길냥이를 부탁해〉 온라인 서비스 및 관련 캣맘 담론
연구 방법론	인터뷰, 자료조사(온라인), 텍스트 분석

키워드

생권력 biopower	푸코의 생정치 논의 속에서 고안된 권력 개념으로 인구의 통치와 관리에 개입하는 권력이다.
생정치 biopolitics	푸코, 인구의 통치와 관리에 관한 정치이다.
삶의 정치 politics of life	파생, 인도주의 활동에서 개별 생명을 구하고 보호하는 것에 관여하는 정치이다.
우생학 eugenics, 優生學	인류를 유전학적으로 개량할 것을 목적으로 하는 담론을 말한다.
인종주의	개개 인종의 생물학적·생리학적 특징에 따라 계급이나 민족 사이의 불평등한 억압을 합리화하는 비과학적인 사고방식이다. 이러한 사고방식은 인종을 사회의 성립·발전의 기본적인 요소로 보는 견해이다.
신자유주의	국가권력의 시장개입을 비판하고 시장의 기능과 민간의 자유로운 활동을 중시하는 이론이다.

출처 한국문화인류학회 50-3: 3~40(2017. 11) 『한국문화인류학』

https://www.kci.go.kr/kciportal/ci/sereArticleSearch/ciSereArtiView.kci?sereArticleSearchBean.artiId=ART002287839

본 논문은 한국문화인류학회와 전의령 선생님의 허락을 받아 논문 내용을 편집하여 게재합니다.

원문에 인용된 레퍼런스 상당부분이 지면 관계상 편집되었습니다. 논문 마지막 장 큐알코드를 통해 전문을 읽을 수 있습니다.

"길냥이를 부탁해": 포스트휴먼 공동체의 생정치

전의령

1. 들어가며

1992년 11월 30일 자 경향신문에는 "신촌 골 다람쥐를 살리자"라는 제목의 짧은 기사가 실려 있다. 내용인즉슨 "연세대와 이화여대 등 넓은 녹지공간에 자리 잡은 대학 캠퍼스에서 정취를 더해주던 다람쥐가 자취를 감추고 있어 교직원과 학생들이 안타까워하고 있"으며, 교직원들은 특히 "최근 들어 일반가정에서 나와 숲이 많은 캠퍼스를 찾아들고 있는 고양이가" "다람쥐를 잡아먹어 이 같은 현상이 가속화되고 있"다고 보고 "〈고양이 박멸작전〉을 세우고 있"다는 것이다. 필자는 1992년에 쓰인 이 기사에서 고양이가 큰 거부감 없이 '박멸'의 대상으로 존재하고 있었음에 주목한다. 분명히 이와 같은 장면은 현재 한국의 동물복지라는 담론 및 실천의 맥락에서 상당히 낯선 과거로 다가온다. 즉, 최근 급성장해 온 동물복지 담론에서 위에서와 같은 비-반려 고양이에 대한 '명분 없는' 집단학살은 분명히 문제시되고 있다.

이 논문은 한국에서 불과 20여 년 전 다람쥐를 살리기 위해 '죽여도 무방했던' 길고양이라는 동물이 점점 더 '살게 해둘' 또는 '살려야 할' 존재가 된 바로 그 상황에 개입하고자 한다. 즉, 20여 년이 지난 지금, 90년대 초의 고양이 박멸작전 같은 사건은 점점 더 '잔혹성'과 '무참함'이라는 프레임을 통해 사유되고 있다. '도둑고양이'에서 '길고양이'로의 급격한 명칭의 변화에서도 보듯이, 지금의 동물복지라는 맥락에서 동네와 골목이라는 도시 공간에 서식하는 고양이는 분명 90년대의 고양이와 다른 존재라고 할 수 있으며, 이는 동시에 인간의 존재 양태 또한 그만큼 변했음을 시사한다. 길고양이를 바라보는 이 같은 시선의 변화를 단순히 동물권의 확장 또는 생명 존엄성과 생명 감수성의 증대라는 진보의 프레임이 아닌, 동물, 동물-인간관계, 더 나아가 '인간'을 인식하고 관리하고, 더 나아가 통제하는 방식의 변화라는 차원에서 접근해보고자 한다.

2. 구조된 길고양이라는 모순

현재 한국의 길고양이가 처한 상황을 이해하기 위해서는 길고양이가 어떤 제도적, 사회적, 도덕적 담론 속에서 인식되며 그 속에서 길고양이에 대한 구체적인 개입이 어떻게 가능해지고 또 불가능해지는지를 살펴보아야 한다. 길고양이를 포함한 동물은 크게 동물보호법과 동물복지라는 두 개의 제도적 차원에서 포착된다. 동물보호에 관해 가장 포괄적인 규정을 두고 있는 동물보호법에서 '동물'은 "고통을 느낄 수 있는 신경체계가 발달한 척추동물"로서 이는 다시 '반려동물', '실험 동물', '농장 동물', '전시동물'로 나뉜다. 동물에 기본적으로 "재산권의 객체인 '물건'(윤익준 2016: 39)의 지위를 부여하는 현행 동물보호법의 맥락에서 길고양이는 '반려동물'의 상태에서 벗어난 존재로서 '유기 동물'로서 간주한다.[1] 그리고 바로 이 맥락에서 시, 구, 동 단위의 행정주체들은 시민 또는 주민의 불편을 최소화하는 선에서 길고양이들을 관리하고 처리할 권한 및 의무를 가진다.[2] 얼핏 보기에 잔인하게 느껴질 수 있는 유기 동물의 처리는 역설적으로 고통을 느끼는 존재로서 동물을 정의하고 그들의 고통을 감소시키는 것을 목표로 하는 동물복지의 윤리적 자장 안에서 일어난다. 동물 보호 관리시스템 홈페이지의 "유기 동물 개요"에서 "공고 및 진단" 과정에서 질병·부상이 발견될 시 치료의 필요성이 명시되어 있는 점, 궁극적으로 공고 종료 시 입양·기증 또는 장기보호에 해당하지 않는 "미처리 동물"과 "회복 불가능"한 동물은 "인도적 처리"가 됨을 명시한 점이 이를 반영한다(〈그림 1〉). 여기서 안락사의 우회적 표현으로 쓰인 "인도적 처리"라는 개념에는 입양·기증 또는 장기보호의 가능성이 부재한 경우, 또 질병·부상이 초래하는 신체적 고통으로부터 회복 불가능한 경우 차라리 죽는 것이 그 동물의 행복과 안녕에 이로운 것이라는 논리가 전제되어 있다. 즉, "인도적 처리"로서의 죽음은 인간에 의한 보호·관리의 사각지대에

---

1. 이와 달리, 도심으로부터 멀리 떨어진 곳에서 발견되는 고양이들은 동물보호관리에서 "들고양이"로 분류되고, 소유관계를 전제로 하는 '유기 동물'이 아닌 소유 및 유기의 상태에서 벗어났음을 의미하는 "야생화된 동물"로 규정된다는 사실은 애초에 길고양이와 같은 동물에 대한 분류 및 개입이 얼마나 임의적일 수 있는지 보여준다.

2. 현행법상 길고양이에 관한 구체적인 민원이 제기되면 각 지자체는 동물보호법에 따라 유기 동물에 대한 '구호 및 보호조치'를 시행한다. 포획된 길고양이들은 지역의 유기 동물보호소로 옮겨지며 그 사실은 동물 보호법 제17조 및 동법 시행규칙 제7조에 따라 7일간 동물보호 관리시스템 홈페이지를 통해 공고된다. 만약 공고일로부터 10일이 지나도 주인이 나타나지 않거나 새로운 곳에 입양되지 않을 경우 길고양이들은 먼저 해당 시도지사 또는 시장 군수 구청장의 소유권 하에 놓이게 되며 이후 안락사 처리된다. 이와 같은 내용은 농림축산검역본부가 운영하는 동물보호 관리시스템 홈페이지(http://animal.go.kr)에 잘 명시되어 있다.

놓임으로써 발생할 수 있는 위험 요소들을 미리 방지하고 신체적 고통을 끝내는 가장 효율적인 수단이다. 이와 같은 동물복지의 맥락에서 불가피하게도 죽임은 "돌봄과 책임의 행위"(Srinivasan 2012: 112)인 것이다.

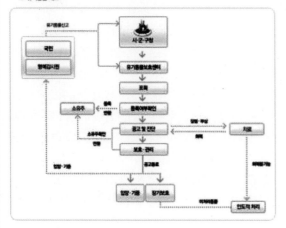

〈그림 1〉 동물보호 관리시스템의 유기 동물 개요

여기서 우리는 동물보호법 및 동물복지의 발전 및 강화라는 맥락에서 길고양이가 처하게 된 분명한 모순에 대해 생각해 보지 않을 수 없다. 영국과 인도의 동물관리에 관해 비교연구를 수행한 스리니바산(2012)은 소유물로서의 동물이라는 개념이 발달한 영국에서 주인 없는 배회 개stray dog들이 자동으로 유기 동물로서 간주되고, 주인을 못 찾을 경우 안락사 처리되는 반면, 인도의 길 개street dog들은 소유관계라는 맥락에서 반드시 정의될 필요가 없을 뿐 아니라 따라서 영국의 배회 개에 가해지는 동물 복지적 개입(즉, 인간의 직접적인 관리 밖으로 벗어난 동물은 복지의 사각지대에 놓이게 될 것이 뻔하기 때문에 불가피하게 이루어지는 '인도적 개입')으로부터 상대적으로 자유로움을 지적한다. 이와 같은 지적은 한국의 길고양이 상황이 시사하는 바가 크다. 물론 많은 동물보호단체가 보호와 학대 금지를 장려하는 차원에서 길고양이들이 애초에 가정에서 유기된 존재임을 강조하고는 있지만, 현재 한국에서 살아가는 100만여 마리의 길고양이 중 많은 수는 길에서 태어나 살다가 길에서 죽는, 인간과의 소유관계에서 파악되기 어려운 존재들이다. 하지만, 애초에 인간에 의해 소유되지 않은 길고양이가 포획되었을 경우 먼저 유기 동물로 분류되고, 그다음 동물보호·복지라는 맥락에서 입양되지 못할 경우 궁극적으로 죽임을 당하게 되는 것이다. 여기서 우리는 '구조된 길고양이'가 가리키는 두 가지 모순을 읽을 수 있다. 첫째, 인간에 의해 소유되지 않은 길고양이는 사실상 어디에나 존재함에도 불구하고 소유 관계를 전제로 하는 유기 동물 보호시스템에 포착되었을 때 어디에도 존재하지 않는, 즉 인식 불가능한 대상이라는 것이다. 둘째, 임의적 신고나 민원으로부터 자유로울 수 없는 길고양이는 사실상 유기 동물 보호시스템에서 행해지는 안락사의 잠재적 대상으로 늘 존재하게 된다. 현재의 동물보호·복지의 맥락에서 길고양이에 대한 무작위적인 포획 및 처분이 동물보호법과 야생 동물보호법에 저촉되는 행위가 된다면 민원에 의해 지자체가 합법적으로 포획한 길고양이의 안락사는 제도적으로, 법적으로 용인된 죽임인 것이다.

이와 같은 모순에 대한 대안으로서 2008년부터 시행되고 있는 것이 바로 길고양이들을 포획하여 중성화시킨 후 재방사하는 TNR이며 이는 안락사와 달리 길고양이를 살게 하면서(또는 살리면서) 개체수를 적정수준에서 관리하는 것을 목표로 한다. TNR을 안락사의 대안으로 보는 시선은 전자가 후자보다 인도적이고 합리적이고 과학적이라는 판단을 전제로 한다. 즉, TNR은 "동물의 생명 존중"을 실현하는 동시에 고양이의 번식력 자체를 감소시켜 효율적으로 개체수를 관리할 수 있게 한다는 것이다. TNR은 길고양이를 유기 동물로 '오인'하여 안락사하는 것보다 분명 더 '지속 가능한' 방식으로 길고양이 생명을 관리하려 한다. TNR을 성공적으로 실행하기 위해서는 길고양이가 먼저 그 '자체'로서 인정되어야 하며, 특히 길고양이와 개별적 돌봄 관계를 맺고 있는 '캣맘'의 존재와 역할이 사회적으로 인정되는 것을 넘어서 적극적으로 장려되어야 한다. 아래의 논의에서 필자는 서울시와 동물단체들의 길고양이 담론에서 길고양이가 일종의 포스트휴먼 공동체로 재정의된 도시 공간 내 정당한 구성원으로 재인식되고, 동시에 이들에 대한 돌봄의 책임이 시민 또는 주민에게로 확장되고 있음을 서술하고자 한다.

3. 공존의 대상으로서의 길고양이

길고양이가 유기 동물이 아닌 길고양이, 즉 길에서 주인 없이 살아가는 존재 그 자체로서 공존의 대상이 되기 위해서는 먼저 이들을 새로운 사회성sociality과 관계망 속에서 재인식하는 작업이 요구된다. 다시 말해 길고양이가 서식하는 도시라는 공간이 새롭게 재정의되어야 하고, 그 속에서 인간과 가까운 거리를 두고 또는 인간과 공간을 공유하지만 인간에 의해 소유되지 않는 존재의 가능성이 인정되어야 한다. 2014년 서울시가 주최한 "길냥이를 부탁해 사업 설명회"에서 담당자가 한 다음과 같은 말은 이와 같은 시도로서 이해될 수 있다.

현재 서울 시민이 천만인데, 천만의 사람만이 사는 것이 아니라 68만 마리의 강아지, 그리고 고양이가, 얼마나 살고 있는지 아세요? 32만이라고 합니다. 물론, 세부적으로는 집에서 키우는 고양이가 7만 마리라고 하고, 길고양이가 25만 마리라고 합니다.

여기서 서울은 천만의 시민만이 아니라 "68만 마리의 강아지" 그리고 "32만" 마리의 고양이가 함께 살아가는 곳으로 강조되며, 그럼으로써 인간만의 공간이 아닌 동물도 '살고 있는' 포스트휴먼 공간으로서 재조명된다. 특히, 서울시에서 살고 있는 32만 마리의 고양이 중 "집에서 키우는 고양이가 7만 마리"이고 "길고양이가 25만 마리"라고 하는 대목에서 그 공간 안에서 살아가지만 반려 고양이와는 다른 길고양이의 존재가 분명히 가시화된다. 이것은 길고양이를 자동으로 유기 동물로 인식하는 현행 동물보호법과는 이질적 형식의 인간-동물 관계 안에서 길고양이를 포착하는 것으로서 전자와 분명한 긴장 관계를 이루고 있다. 서울시 홈페이지에 올라온 길고양이 중성화 사업에 관한 소개 중 다음과 같은 구절 또한 비슷한 제스처를 취한다.

집에 사는 고양이가 집고양이이듯, 길에는 길고양이가 살고 있습니다. 우리가 알기 전부터 살아온 우리 동네 터줏대감이기도 합니다.

위의 구절은 길고양이가 "집고양이"와 달리 길에서 살아가는 존재임을 인정하는 것에서 더 나아가 길고양이를 "우리 동네 터줏대감"이라 칭함으로써 동네 '원주민'으로까지 격상시킨다. "우리가 알기 전부터" "우리 동네 터줏대감"으로 살아온 길고양이라고 하는 등식은 그 동네들로 구성된 도시를 하나의 포스트휴먼 도덕 공동체로 재정의하고 그 공간에 대한 정당한 구성원권을 길고양이에게 부여한다.

물론 길고양이를 사회화하는 경향은 위와 같은 서울시의 행정 담론이 등장하기 훨씬 이전부터 이미 포괄적으로 진행되어 왔으며, 바로 이 맥락에서 TNR이라는 개입이 시작되었음을 상기할 필요가 있다. 즉, '도둑고양이'를 '길고양이'라는 이름으로 부르게 된 새로운 사회·문화·도덕적 담론 및 실천 ─ (길)고양이 관련 만화, 웹툰, 블로그, 동화, 사진 책, 캐릭터 산업 및 TV 속 동물 프로그램에서 동물보호 단체들의 캠페인, 더 나아가 실제 길고양이들을 돌보는 개별 캣맘·캣대디의 활동 ─ 속에서 길고양이는 서서히 '싫은 존재'가 아닌 '귀여운 존재', '퇴치'의 대상이 아닌 '돌봄'과 '구조'의 대상으로 존재해 왔다. 여기서 길고양이는 도시 공간의 한 부분이자 "생의 주체"(Benthall 2007: 1)로서 재정의된다.

집고양이처럼 살갑게 다가와 위로해 주는 법은 없었지만, 길고양이들이 그들만의 세상에서 당당하게 살아가는 모습을 지켜보는 것만으로도 좋았다. (고경원 2013: 뒤표지)

길고양이는 친족관계와 사회관계라는 맥락 안에서 인격화anthropomorphization된다. 보통 어미-새끼 관계로 연결되는 한 무리의 길고양이들에게 일정 기간 먹이와 물을 주면서 돌봄 관계를 형성하고 이를 사진과 글로 기록하는 길고양이 책들은 위의 내러티브들에서 보듯이 길고양이를 그동안 소외되었던 '우리의 이웃'으로 묘사한다.

길고양이 책들이 다소 낭만화된 포스트휴먼 관계망 속에서 길고양이를 새로운 약자이자 돌봄의 대상으로 재구성한다면, 이들에 대한 인간의 사회 도덕적 의무 또는 책임이 가장 적극적으로 동원되는 것은 무엇보다도 동물단체들의 캠페인에서이다.

길고양이도 우리와 함께 살아가는 소중한 생명입니다.
사람도 길고양이도 모든 생명이 함께 사는 세상을 만드는 것은 여러분의 손에 달려 있습니다.
우리 땅 위의 우리 길고양이들을 응원해 주세요. 여러분의 힘을 실어주세요!
(동물자유연대)

어느 동물보호 단체의 길고양이 인식 개선 캠페인 중 위와 같은 문구는 길고양이의 생명과 복지를 관리할 의무를 일반 시민에게 묻는다. 이른바 "생명권 시대"의 이 새로운 책임은 동물, 특히 길고양이와 같이 소유의 맥락에서 포착되지 않는 비-반려동물을 "전 세계에서 널리 사용되는 인도적이고 효과적인 길고양이 관리 방법"으로 평가되는 TNR을 통해서 인도적으로 관리할 책임으로 표면화된다. 따라서, TNR은 단순히 고양이들을 돌보려는 캣맘들과 고양이 혐오 주민들 사이의 절충안 또는 타협 지점이 아닌 동물복지의 사회적 책임화(Lessenich 2011)란 맥락에서 접근될 수 있다. 즉, 반려동물과 달리 사적 소유관계에서 벗어나 있는 길고양이와 같은 동물의 보호는 이론적으로는 동물보호법에 의해 "국가·지방자치 단체 및 국민의 책무"(제4조)로 포괄적으로 명시되어 있으나, 실제적으로는 개별 캣맘들, 캣맘 단체들, 동물단체들이 자발적으로 맡고 있으며, 현재의 동물복지 담론은 점점 더 자발적 돌봄 주체와 '동네'에서의 직접적 개입을 장려한다. 길고양이에 대한 돌봄의 책임이 점점 더 이들이 서식하는 동네의 주민, 또는 주민으로서의 시민에게로 확장되고 있다.

이와 같은 움직임은 동물단체들의 길고양이 인식 캠페인, 지자체의 동물보호·관리과가 주최하는 각종 '생명 존중 감수성' 프로그램들을 포함하며, 동네와 골목을 시민적 타협과 훈육, 그리고 돌봄과 자치의 공간으로 재조명한다. 예를 들어, 여러 군데서 발견되는 길고양이 먹이 주는 법에 대한 팁은 단순히 고양이 먹이 주는 법에 관해 이야기할 뿐만 아니라 고양이와 캣맘에 비우호적인 시선에 민감해질 것을 권고하기도 한다. 길고양이에게 먹이를 주는 것은 일차적으로는 길고양이의 바람직한 생존과 돌봄을 위한 것이지만 동시에 쓰레기 봉투 훼손 등의 문제를 줄이는 것이기도 하고, 이와 같은 개입은 궁극적으로 주민들 간의 타협과 배려를 통해 이루어져야

한다는 설명이 덧붙여진다. 하지만, 길고양이에 비우호적이고 더 나아가 이들을 혐오의 대상으로 바라보는 주민들은 잠재적으로 인식개선과 생명 존중 감수성의 교육 대상으로 가시화된다. 다음과 같은 문구는 동물복지의 사회적 책임 속에서 요구되는 시민의 재주체화를 단적으로 포착한다.

고양이가 싫고 무서운가요?
우리가 돌봐야 하는 건 길고양이가 아니라 우리의 마음입니다.
(동물자유연대)

이들에겐 "길고양이를 '잡아 죽인다고' 사라지지 않는다는 사실도 알릴 필요"가 있으며, 또 이들이 가진 고양이와 관련된 여러 가지 오해를 바로잡을 필요가 있다. 예를 들어, 동물자유연대의 길고양이 인식 캠페인은 어떻게 세균의 매개체로서의 고양이라는 인식이 잘못된 것인지, 고양이가 공격적이라는 오해가 왜 잘못된 것인지 하나하나 설명함으로써 고양이와 관련된 문화적, 사회적 낙인을 제거하고 해소하는데 집중한다. 몇 해 전 이슈가 된 '길고양이 급식소'에 관한 반응들은 동물복지의 시민적 책임화라는 맥락에서 특히 징후적이다. 서울시 강동구에서 캣맘들의 주도하에 구청 등의 관공서 건물에 길고양이들을 위한 급식소를 설치했는데, 이는 길고양이와 TNR에 대한 주민들의 인식을 개선하고, 또 그동안 음지에 있던 캣맘의 돌봄 활동을 양성화하며, 더 나아가 주민들의 생명 존중 의식을 향상시킬 기회로 회자된다. 여기에 강동구와 같이 캣맘 협의체의 활동이 활발한 경기도 고양시가 "길고양이 복지 시범사업으로 시험대에 올라있다"는 지적, TNR의 성공적 시행을 위해서는 역시 고양이들에게 밥을 주는 캣맘들의 정보력이 중요하다는 지적, 그리고 더 나아가 "길고양이와의 공존은 작은 민주주의를 학습하는 일"이라는 "전문가들의 지적"이 덧붙여진다. "길고양이로 시작한 일이지만, 결국 사람과 사람의 일"이라는 말이 가리키듯이, 길고양이 돌봄 담론이 강조하는 생명에 대한 인간의 윤리적 책임은 분명 새로운 주체화와 공간적 재구성을 요구하며, 여기서 지자체, 동물단체, 시민, 주민, 캣맘, 길고양이 등의 주요 행위자들과 동네, 골목, 길 등의 공간들은

새로운 "시민성의 기획"(Roy 2009: 161) 안에서 재포섭된다. 2015년 10월에 이루어진 이메일 인터뷰에서 서울시 담당자의 다음과 같은 말은 길고양이 관리의 바로 이와 같은 측면을 정확히 드러낸다.

> 동물보호는 사람들의 의식이 가장 중요한 부분입니다. 사람들의 생각을 바꾸는 데 많은 예산을 들이는 것보다는 시민이 직접 참여하면서 시민 스스로가 변해가는 것이 가장 효과적이고 중요하다고 생각합니다. 사실 시민이 안 바뀌는 데 어떤 동물보호나 복지를 높이는 정책이 실효성이 있겠습니까. 특히 길고양이는 길고양이를 돌보는 캣맘이나 주민이나 인식의 전환이 필요한 사업입니다. 그래서 캣맘이 먹이만 줄 것이 아니라 중성화에 적극적으로 참여하고 그런 과정을 통해 길고양이를 싫어하는 주민을 시민이 효과적으로 설득하게 되는 것이죠. 그런 의미에서 서울시 동물보호 정책의 가장 중요한 핵심은 시민참여입니다.

위에서 담당자는 길고양이 관리에서의 시민적 자율성, 즉 참여를 통한 개별 시민의 의식 변화, 시민들 간의 설득과 타협을 강조한다. 2014년 서울시와 동물단체들이 다음카카오와 함께 기획한 "길냥이를 부탁해"라는 인터넷 서비스는 바로 이와 같은 길고양이 통치성의 합리화 및 최적화를 겨냥한다. 구체적 현장의 맥락에서 길고양이들과 가장 가까운 돌봄 관계를 맺고 있는 캣맘들은 "신체라는 미시적 수준과 인구라는 거시적 수준"(렘케 2015: 71)에서의 개입을 통해 길고양이 인구를 관리하고자 하는 TNR을 성공적으로 이끌어 갈 핵심 주체이며, 인터넷상에서 캣맘들의 정보교환과 재교육 등을 포함하는 "길냥이를 부탁해" 사이트는 길고양이, 캣맘, 더 나아가 이들이 관계 맺는 공간의 통치를 원활하게 할 기술적 장치인 것이다. 하지만, 이 사업이 소개되는 과정에서 TNR의 생정치가 가정하는 것과는 상당히 이질적인 성격의 돌봄의 정치가 불거졌으며, 이처럼 서로 다른 형식의 돌봄이 경합하는 동안 가시화된 것은 TNR이 길고양이를 단순히 살게 하는 것이 아닌 살 수 있는 존재로 '바꾸는' 장치라는 점이다.

4. 공존가능한 대상이 되어야 할 길고양이

2014년 12월 "길냥이에 대한 사회적 관심을 높이고 캣맘과 지역사회 시민들을 위한 정보 교류와 소통의 장"을 목적으로 하는 "길냥이를 부탁해" 커뮤니티 서비스가 오픈하였다(〈그림 2〉와 〈그림 3〉). 동물단체들과 캣맘들의 의견을 수렴하고 다음카카오의 기술적인 협조를 얻어 서울시가 마련한 이 서비스는 일반 시민들과 캣맘들이 서울시의 각 지역에서 마주친 길고양이들의 사진을 찍어 게시판에 공유하면 그 사진과 게시글이 지도상에 표시되어 해당 지역의 캣맘들이나 다른 주민들이 길고양이들을 공동으로 돌볼 수 있게 한다. 더 나아가 이용자들이 지도상에 각 지역 동물병원과 길냥이 쉼터에 대한 정보를 표시하고, 길고양이 돌봄과 관련된 정보를 공유하는("초보 캣맘 공부방" 게시판) 한편, 불법 포획 현장을 신고하도록("불법포획 신고" 게시판) 장려한다.

〈그림 2〉 "길냥이를 부탁해"의 첫 화면

〈그림 3〉 그림 2의 "내 주변 길냥이"를 터치하면 나타나는 길고양이 지도

하지만, 서울시의 야심 찬 동물복지 행정의 하나로서 많은 기대를 받고 시작한 이 서비스는 오픈하자마자 인터넷 공간을 중심으로 캣맘을 자처하는 이들의 극렬한 반대에 부딪히게 된다. 그중 서울시 홈페이지 민원 게시판에 올라온 몇몇 글들은 다음과 같이 길고양이를 온라인 지도상에 표시하는 것이 초래할 위험성을 지적하고, 서비스의 전면적 폐지를 요구한다.

> 길냥이를 부탁해 폐지 부탁드립니다. 박사님들의 탁상공론은 불필요합니다. 동물보호단체가 아닌, 아무 이득 없이 오로지 자신의 발로만 뛰어다닌 그분들의 말을 무시하지 말아주십시오.
>
> 저도 처음에는 이론이 좋아 이쪽 편도 저쪽 편도 들지 않았습니다. 하지만, 길냥이들 지도상에 표시 안 하겠다고 사탕발림해서 안심하게 만들더니 다음과 동물보호단체들이 뒷통수 때리시네요. 다 필요없고, 길냥이들 모여 있는 구역표시 절대 안됩니다.
>
> 두말할 것 없이, 고양이 포획자들과 혐오자들에 의해서 떼죽음 당합니다.
>
> 폐지해 주세요. 포획업자들이 다시는 포획 활동을 할 수 없을 정도의 처벌이 뒷받침되지 않는다면 그들의 활동을 지원하는 꼴밖에 되지 않습니다. 진정 서울시에서 원하는 게 그건가요??? 사실 무늬만 길고양이를 보호한다고 하고 포획업자들이 싹다 잡아가주길 바라는 심산이 아니라면 당장 폐지하세요!

위의 글들에서 가장 문제가 되는 것은 길고양이 "포획업자들"의 "포획 활동"이며 "길냥이를 부탁해" 서비스는 동네 길고양이들의 위치를 지도상에 노출해 결국 포획업자들 좋은 일 하는 것으로 그려진다. 이 서비스를 반대하는 캣맘들에게 동네, 골목, 길 등 길고양이가 서식하는 도심 속 공간들은 "포획자들과 혐오자들"과 같은 잠재적 위험 요소들로 가득 찬 곳으로서 길고양이는 바로 그들로부터 보호하고 살려야 할 존재가 된다. 또한, 캣맘들의 이와 같은 염려와 불안은 "탁상공론"하는 "박사님들"도, "동물보호단체"도 아닌 "아무 이득 없이 오로지 자신의 발로만 뛰어다"니는 캣맘들이라는 현장성과 '이해관계 없음'의 논리에 의해 정당화되는데, 이는 "길냥이를 부탁해"를 비판하고 거부하는 다른 많은 글에서 공통으로 발견된다.

하지만, 위와 같이 "길냥이를 부탁해" 서비스에 대한 캣맘들의 입장에 대해 서울시 담당자는 다음과 같이 "논리적으로 설명해도 해소되지 않는 불안, 불신"이라 표현한다.

> 길냥이를 부탁해는 사실 캣맘의 폐쇄성을 온라인상에서 해소 해보고 캣맘과 캣맘 간, 캣맘과 행정기관 간의 채널을 만들려는 의도였습니다. 다음에서 흔쾌히 제작을 해주셨는데 시작하기도 전에 일부 캣맘들이 반대가 극심했고 지금도 댓글을 보시면 아시겠지만, TNR도 안되고 다른 사람과 공유하는 것도 반대합니다. 가장 큰 우려가 불법 포획자에 대한 것이었지만 상식적으로 불법 포획자가 이 사이트를 보고 길고양이를 잡아갈 수가 없다고 논리적으로 설명해도 해소되지 않는 불안, 불신 이런 것들이 있는 것 같습니다.

위의 인터뷰에서 담당자는 길냥이를 부탁해 서비스가 각 지역에서 고립되어 활동하는 개별 캣맘들을 다른 캣맘 및 서울시와 연결하려는 의도에서 시작되었음을 이야기한다. 하지만, 이와 같은 시도는 시작 전부터 "일부 캣맘들의 반대"에 직면했고, 이들의 반대는 TNR과 길고양이에 대한 공개적 정보 공유 둘 다에 향해 있었다. 그와 같은 돌봄의 공개화·양성화가 개별 길고양이 신체에 가져올 위험을 염려하는 캣맘들에 대한 불만은 필자가 한 동물단체의 활동가와 진행한 인터뷰에서도 고스란히 발견된다.

> 널린 게 고양이인데 그렇게 지도를 보고 잡아간다? 조금 우려를 하는 수준을 넘어서 조금 강박 같은 느낌이 있어요. 사실 저는 근데 저는 안 그런데 다른 분 들은 굉장히 위험을 느끼는 게 있나 봐요. (캣맘들 말씀하시는거죠? 동네에서 밥 주시는 분들) 네. 네. 여기 밥자리가 노출되면 나도 위험해지고 고양이도 위험해 질 것이다. 근데 그건 각자가 처한 상황에 따라서 그렇게 생각할 수도 있냐고 하기에는 좀 너무 위축되고 있으신 게 아닌가 하고 저희는 생각 했죠.

위 활동가는 "길냥이를 부탁해"가 준비되는 과정에서 다른 단체들과 함께 서울시에 적극적으로 의견을 타진했던 단체의 구성원답게 길고양이 정보를 공개하는 것에 대한 캣맘들의 우려를 "강박"이라 표현한다. 고양이들의 밥자리 노출이 고양이뿐만 아니라 스스로를 위험하게 할 것이라는 생각은 "너무 위축"되어 있는 것 또는 "피해 의식"으로 해석된다. 한편, 이 활동가는 서울시와 함께 이 프로젝트를 기획했다는 이유로 캣맘들로부터 많은 비판을 받아야만 했던 것과 또 장점이 많은 이 사업이 저평가되었다는 사실에 안타까움을 토로한다. 이어지는 인터뷰에서 이 활동가는 연간 200마리의 길고양이에 대해 TNR을 시행한 후 고양이 관련 민원이 70퍼센트 줄어들었다는 서울시 강동구의 사례를 들면서, 길고양이 사업에서 가장 중요한 것은 사회적 인식을 바꾸는 일임을 강조한다.

> 이게 그 포커스를 어디에다가 두고 보느냐가 중요한 것 같은데, 제가 보는 포커스는 그런 인식이 가장 중요하다는 거잖아요. 그 200마리 냥이가 수술을 했는데, 만 마리 길고양이가 유발하고 있는 어떤 혐오 부분이 70퍼센트가 줄었다는 거. 그 부분을 보는 거고 나머지 분은 30퍼센트 남아 있는 민원 때문에 내 애가 다치면 어떡해? (굉장히 원투원 개별적인 어떤 그런 걱정?) 네, 그런 것 같아요. 전체만 보고 부분을 무시해서는 안 되긴 하는데 뭐 개인적으로는 굉장히 아까운 부분을 지금도 놓쳤다고는 생각해요.

위에서 "200마리 냥이가 수술을 했는데 만 마리 길고양이가 (여전히) 유발하고 있는 어떤 혐오 부분이 70퍼센트가 줄었다는 거. 그 부분을" 봐야 하는 상황에서 "30퍼센트 남아 있는 민원 때문에 내 애가 다치면 어떡해" 하며 걱정하는 캣맘들은 큰 그림을 놓치고 있는 것으로 간주한다. 여기서 분명히 두드러지는 것은 "전체"와 "부분"이라는 도덕화된 이분법이며, 이는 정확히 말해 전체와 인구적인 차원(그 대상이 길고양이인 동시에 시민인)에서 개별 길고양이에 대한 개입 및 관리를 강조하는 동물단체들, 더 나아가 서울시의 관점에서 재구성된 그들과 '그들에 반대하는 캣맘들' 사이의 차이인 것이다.

하지만, 이처럼 상반된 접근 방식 속에서 '길고양이'는 상당히 다른 대상으로 규정되고 있을 가능성에 관해 이야기할 필요가 있다. 즉, 서울시와 단체들의 프레임 속에서 길고양이가 도시 공간의 합리적 거버넌스라는 측면에서 포함되고 규제되어야 할 하나의 비인간-동물 집단으로 존재한다면, 캣맘들에게는 위험 요소로 가득한 도시 공간에서 위협받고 있는 구체적 생명 그 자체로서 존재한다. 이와 같은 차이는 단지 '전체 대 부분'이라는 문제설정을 넘어서 '생명'에 대한 서로 다른 시선과 정치라는 문제로까지 이어진다. 파생(Fassin 2007)은 인도주의를 푸코의 생정치biopolitics라는 차원에서(만) 분석하려는 시도를 비판하면서 "죽음의 정치politics of death"에 대한 거부로서의 "삶의 정치politics of life"라는 개념을 도입한다. 생정치가 인구의 통치와 권력의 기술들에 관여한다면, 삶의 정치는 "인간에 대한 평가와 그 존재 의미"에 관여하며, 구체적인 인도주의 실천의 맥락에서, 전자가 난민캠프의 운영 및 관리, 영양불균형의 측정을 위한 통계학적 도구들의 계발 등과 관련이 있다면, 후자는 희생양과 고통이라는 언표를 통해 "보호될 존재로서의 인간"이라는 재현을 생산해 내는 것과 관련이 있다. "길냥이를 부탁해"라는 서비스가 결국은 도시 생태계 속 길고양이라는 생명을 어떻게 더 잘 관리할 것인가라는 질문에 의해 가능해진 것이라면, 그 서비스에 반대하는 입장은 해침의 위험을 항상 마주하고 있는 그 생명을 어떻게 구하고 보호할 것인가라는 질문에 집중한다.

여기서 우리는 '구하고 보호해야 할 길고양이'라는 재현이 의도하지 않게 재조명하는 TNR의 생정치에 대해 생각해 볼 필요가 있다. 앞에서 언급한 바와 같이, 길고양이가 자동으로 유기 동물로 처리되어 안락사되는 상황에서 TNR은 길고양이에게 인간과의 소유관계로부터 자유로운 상태로 도심 속에서 (죽임에 처하지 않고) 살아갈 상징적, 도덕적 정주권을 부여하는 정치적 시도 또는 그 안에서 가능해지는 사회적, 수의학적 장치로 존재한다. 하지만, 다음과 같이 '길냥이를 부탁해'의 폐지를 요구하는 캣맘에 대해 서울시가 제공한 답변에서 분명해지는 것은 TNR이 단순히 공존의 대상인 길고양이에게 정주권을 허하는 시도라기보다는 오히려 길고양이를 '공존할 수 있는 대상으로 재창출하는' 기술적 장치라는 점이다.

> 안녕하세요 ○○○님
> 길냥이를 부탁해와 서울시 길고양이 정책에 대한 의견 잘 받았습니다. 서울시 동물보호정책 방향은 ○○○님이 말씀하신 바와 같이 서울이라는 도시 속에서 길고양이와 사람이 조화롭게 공존하는 것입니다.
> 그러나 불행히도 길고양이로 인해 불편을 호소하는 민원이 날로 증가하고 있고, 불편을 호소하는 주민과 길고양이를 돌보는 시민 간의 심각한 갈등으로까지 악화되고 있는 실정입니다. 길고양이가 생명으로 존중받고 보호받기 위해서는 우선 길고양이로 인한 울음소리나 영역 다툼으로 인한 시민 불편이 줄어야 합니다. 서울시에서는 길고양이 울음소리나 영역다툼을 줄여 시민불편을 줄이고 결과적으로 길고양이와 사람이 공존하는 환경을 만

들기 위해 TNR을 2008년부터 도입하여 추진하고 있습니다.
(중략)
그러나 TNR을 하면 생식기관이 제거되어 발정행동 자체가 사라지기 때문에 시민 불편사항도 대부분 해소됩니다…(필자의 강조)"

위에서 담당자는 서울시의 동물보호 정책이 길고양이와 사람의 조화로운 공존을 목표로 하지만, 이는 중성화되지 않은 길고양이의 울음소리 및 영역 다툼, 그로 인한 시민 불편에 의해 여전히 현실화하기 어려운 상황임을 강조한다. 길고양이의 생명이 "존중받고 보호받기 위해서는" 먼저 위와 같은 문제 자체가 해결되어야 하며, 이는 "생식기관을 제거"하여 "발정행동 자체"를 없애는 TNR에 의해 개선될 수 있다. 즉, TNR은 길고양이가 시민들과 평화롭게 공존하기 위해 불가피한 최소한의 기술적 개입이다. 흥미로운 것은 바로 이 논리 안에서 반대로 중성화되지 않아서 "발정기 동안의 교미음, 수컷들 간의 투쟁"을 그대로 재현하는 신체는 잠재적 민원의 대상, 즉 공존 불가능한 대상으로 여전히 머무르게 된다. 따라서, TNR은 안락사와 비교해 길고양이를 '살림'의 대상, 또는 길에서 살 수 있는 대상으로 재인식하지만, 동시에 중성화 여부에 따라 길고양이를 다시 공존 가능해진 길고양이와 그것이 여전히 문제가 되는 길고양이의 두 부류로 나눈다. 물론, 서울시와 동물단체들이 이끄는 TNR의 방향이 현실적으로 더 많은 길고양이를 중성화시켜 공존 가능한 대상으로 바꾸는 것에 있음은 의심할 여지가 없는 사실이다. 하지만, 동시에, 같은 맥락에서 중성화되지 않은 신체에 대한 낙인이 존재한다는 것 또한 분명한 사실인 것이다.

"근대 정치가 경향적으로 생명정치가 된다는 푸코의 주장"은 "주권과 '죽음에 대한 권력'이 아무 역할도 하지 못"함을 의미하는 것이라기보다는 오히려 그 권력이 "생명을 유지하고 계발하고 관리하려는 권력에 귀속"된다는 것을 뜻한다(렘케 2015: 72). 그리고, 여기서 생정치의 역설이 등장하는데, 그것은 이른바 "생명의 안전과 개선이 정치권력의 문제로 등장할수록, 지금까지는 상상할 수 없었던 기술적, 정치적 파괴 수단이 점점 더 생명을 위협하게 된다"는 점으로서, 푸코는 그 역설을 가장 잘 포착하는 사례의 하나로 인종주의를

끕는다(렘케 2015: 72-73). 인종주의는 사회를 "생물학적 전체"로 상상하고, 그 안에 "균열들을 만들어 내는데", 그것은 "좋고 나쁜 것, 고귀하고 천박한 것, 진화하고 퇴보하는 것", 더 나아가 "살아야 할 운명과 죽어야 할 운명"으로의 인종의 분화이다(렘케 2015: 75). 잘 알려진 바와 같이, 인종주의의 역사는 다양한 타자 및 소수자 집단을 사회의 건전한 발전에 있어서 아무런 도움이 되지 않는 열등한 종으로 규정하고 이들에 대한 우생학적 조치에서 집단적 학살을 합리화하는 국가적 폭력으로 점철되어 있다. 흥미롭게도 이와 같은 생정치의 역설은 길고양이를 공존가능한 대상으로 재생산하는 기획인 TNR에도 포함되어 있다. 물론 그것은 중성화된 길고양이 신체와 중성화되지 않은 신체를 "살아야 할 운명과 죽어야 할 운명"의 둘로 나누는 것을 의미하지 않는다. 대신에, TNR의 생정치는 아예 태어나지 않는 것이 더 나을 존재들이 태어나지 않도록 미연에 방지하는 것, 또는 아직 태어나지 않은 수많은 길고양이들이 "죽어야 할 운명"이 되는 것으로부터 미리 '보호하는' 것을 목표로 한다. 제대로 관리되지 않은 채 해침과 질병의 위험 속에서 살아가는 것에 대한 차선 또는 대안으로서 아예 태어나지 않음을 적극적으로 옹호하는 것이 TNR의 우생학인 것이다. 필자가 위에서 언급한 동물단체 활동가(활동가 A)와 그의 동료(활동가 B)와 함께 '바람직한 길고양이 콜로니'에 관해 나눈 대화는 TNR의 그와 같은 측면을 정확히 드러낸다.

필자	근데 콜로니라는 단위는 어떤 단위인가요?
활동가 B	고양이 밥 주는 장소에 밥을 먹으러 오며 규칙적으로 오는 고양이 집단이에요.
활동가 A	먹이와 영역을 공유하는 고양이 집단이구요 어미와 자식으로만 구성된 건 콜로니가 아니구요 일단 어미가 자식을 보살피느라 살고 있는거니까. 그러니까 걔네들 같이 살고 있잖아요? 걔네들에 대해서 균등하게 티엔알을 해야 아이들이 행복해져요. 그리고 그 콜로니에서 더이상 확산되지 않고 애들이 보살핌을 받을 수 있는거고
활동가 B	하나만 해놓으면 걔만 약체가 돼버릴 수도 있으니까 다 어느 정도는 해야…
활동가 A	그리고 나머지 아이들이 계속 번식할 거 아니에요. 아무런 의미가 없죠. 고양이 콜로니가 관리가 되면 절대로 여섯에서 일곱 마리 안 넘어가요. 네. 일단 고양이 콜로니가 열다섯, 이삼십 마리 된다 이러면 중성화가 안 된 콜로니예요.

위에서 '콜로니'는 "먹이와 영역을 공유하는 고양이 집단"으로서 한 콜로니에 속하는 바람직한 고양이 개체수는 6~7마리로서 이는 그 콜로니에 속하는 모든 고양이가 중성화 되어 있을 때 가능한 규모이다. 하지만, 아래와 같이 이어지는 대화에서 중성화가 되지 않아 번식이 계속될 경우 전염병의 위험이 높아지고 또 그럼으로써 많은 고양이가 죽게 된다는 것이 강조된다. 따라서 중성화를 돕지 않은 채 밥만 주는 캣맘 활동은 잘못된 것이며, 그렇게 해서 고양이들이 계속 번식하고, 전염병이 돌아 면역이 약한 고양이들이 죽는 것이 반복되는 상황은 아프리카에서 "피임이 안되어 태어난 그 이쁜 애들 태어났다가 싹 죽고 젊은 엄마가 또 낳고" 하는 그 "비극"과 같은 것으로 간주한다.

필자 네, 그럼 그것보다 좀 더 작은 단위가 콜로니인건가요?

활동가 A 네, 중성화된 콜로니는 6~7마리밖에 안되고, 고양이가 원래 그렇게 여러 마리가 집단으로 사는 동물이 아녜요. 그래서 관리가 안되고 많은 지역은 백 퍼센트 전염병 돌구요. "아 여기 밥 줘도 고양이 수 안 늘어." 그런 말 하시면 안 되는 게 거기서 싸움되고, 거기서 애기 낳아서 전에 낳은 애기 안 보살피고 버리는 경우 생기고 발정도 나거든요. 한 애가 발정 나면 다 같이 발정 나요. 심지어는 거기서 새끼 많이 낳는 어미가 발정이 나면요 4개월짜리가 발정이 나요. 애가 새끼 낳으면 살릴 수 있나요. 다 죽는거예요. 그렇게고 또 집단이 많고 면역이 약한 애들 많으면 전염이 돌면 그렇게 해서 죽기 때문에 애들이 안 늘어나는 거지, 수가 안 늘어나니까 (중성화하지 않은 채 밥만 줘도) 괜찮은 거라구요? 그건 정말 잘못된 일이에요. 아프리카의 왜 피임 안되어서 태어난 그 이쁜 애기들 태어났다가 싹 죽고 젊은 엄마가 또 낳고 비극이잖아요? 고양이도 똑같은 거예요. 똑같아요. 고양이는 그렇게 살아도 괜찮다구요? 절대 아니에요. 네. 고양이도 원래 그렇게 사는 동물 아녜요. 사람도 그렇듯 동물도 그런 거예요.

위에서 TNR이 되지 않아 길고양이 인구수가 적절히 통제되지 않는 상황을 이른바 "아프리카의 비극"과 등치시키는 것은 길고양이도 적절한 돌봄과 관리가 중요한 존재임을 재차 강조하기 위함이다. 여기서, "고양이도 똑같은 거"라는 말은 인간과 다른 종들을 종적 위계 속에서 구분하고 차이를 두는 종 차별주의에 대한 문제 제기를 포함한다. "고양이도 원래 그렇게 사는(살아도 되는) 동물이 아"니라는 말은 기계적으로 반복되는 종적 재생산과 죽음은 인간 뿐만 아니라 길고양이 '또한' 생의 비참함에 머무르게 할 뿐이라고 역설한다. 하지만, 인간 대 비인간-동물의 차이를 제거함으로써 재확인하는 것은 사실상 생권력의 대상, 즉 '벌거벗은 생명'으로서의 인간 그 자체이다. 즉, "고양이도 원래 그렇게 사는 동물"이 아니라는 말, "사람도 그렇듯 동물도 그런 거"라는 표현은 역으로 인간과 인간의 삶을 사회생물학적인 상상력과 그 사회성 안에 고정하는 효과를 낸다. 여기서 "아프리카의 비극"이라는 사례는 무분별한 인구의 재생산, 기아 및 질병의 확산, 궁극적으로, 통제를 벗어난 죽음이라는 생정치적 파국의 고전으로 작동한다. 따라서, 위의 대화가 전달하려는 메시지, 즉, 길고양이의 행복 또한 잘 관리된 삶과 죽음에 달려 있다는 말이 호소력을 지닌다면 그것은 바로 이 주장이 지금의 생정치적 윤리적 명제를 충실히 반복하고 있기 때문일 것이다. 그리고 여기서 길고양이와 인간은 생정치적 대상으로서 서로 뒤엉켜 존재하게 된다.

5. 나가며

"길냥이를 부탁해"의 포스트휴머니즘은 분명 길고양이라는 비-반려동물들이 도시 공간 속에서 소유되지 않은 채 (또는 제거되지 않은 채) 살아갈 정주권을 부여한다. 하지만 지금까지 살펴보았듯이 그와 같은 공존이 가능하기 위해서는 길고양이들이 먼저 '공존가능한 대상,' 즉, 중성화된 몸으로 재창출되어야 한다. 여기서 두드러지는 역설은 길고양이를 '생의 주체'로서 인식하는 생명의 논리가 불거질수록 그 생을 영속시킬 가능성이 동시에 억압된다는 것이다. 즉, "길냥이를 부탁해"의 생정치는 길고양이들로 하여금 길에서 살아갈 수 있게 하기 위해 그들의 재생산 능력을 거세해야 한다는 역설을 포함한다. 한편, 앞에서도 살펴본 바와 같이, 동물복지의 포스트휴머니즘은 단지 길고양이와 같은 비인간-동물에 대한 이와 같은 사회적, 기술적 개입에 그치는 것이 아니라 동물-인간관계, 더 나아가 인간에 대한 재인식과 재구성을 요구한다. 생의 주체이자 돌봄의 대상으로서의 길고양이의 재정의, 재창출은 길고양이와 공간을 공유하는 주민 또는 시민으로서의 인간의 재주체화를 필요로 한다. 즉, 재주체화의 논리는 길고양이와 직접적인 관계를 맺는 캣맘들에 국한되지 않고, 잠재적으로 시민 모두에 향해 있다. "길냥이와 인간의 아름다운 공존"이 라는 말에서 "공존"은 단지 동물과 인간 사이의 공존만이 아닌 인간들 사이의 공존을 포함하며, 길고양이에 대한 돌봄은 동시에 길고양이와 인간이 거주하는 동네, 골목, 길 등의 도시 공간과 그 공간의 위생, 정돈됨, 안전 등에 대한 돌봄으로 확장된다. 그리고 바로 이런 맥락에서 "길냥이를 부탁해"의 논리는 매우 낯선 방식으로 "인구의 돌봄을 위해 인구를 동원"(Muehlebach 2007: 28)하는 신자유주의적 에토스(정신)와 조우한다. 포스트휴먼 돌봄 공동체에서 시민 또는 주민으로서의 인간은 동물과의 관계 속에서 통치의 주체이자 대상으로 존재한다.

물론, "길냥이를 부탁해"가 오픈하는 과정에서 불거진 캣맘들의 반대와 그들이 대변하는 생명과 돌봄의 논리는 위와 같은 생정치가 현실화하는 과정에서 예측하지 못한 불협화음을 만들어 낸다. 이와 같은 이질적 요소들의 행위자성은 결국 길고양이 돌봄의 정치가 단일한 통치의 논리로서 기능하는 것을 저지하며, 이는 구체적으로 "길냥이를 부탁해" 서비스가 다음(DAUM)에서 완전히 사라지게 되는 그 과정에서 목격된다. 하지만, 이와 같은 캣맘들의 행위자성을 주목하는 필자의 의도가 그것을 단순히 낭만화하는 데 있지 않음을 재차 강조할 필요가 있다. 즉, 길고양이 돌봄이라는 담론과 실천의 체제는 서울시와 동물단체들이 대변하는 '나쁜' 생정치 대 캣맘들이 대변하는 '선한' 삶의 정치[3]라는 모종의 도덕화된 이분법이 아닌 동물, 동물-인간관계, 더 나아가 인간을 대상으로 하는 권력의 혼종적 구성체로서 이해되어야 한다.

---

3. 더욱이 서울시, 동물단체들, 더 나아가 캣맘들이 내부적으로 다양할 수 있음을 강조할 필요가 있다. 즉, TNR에 회의적인 동물단체 활동가들, 또는 반대로 TNR에 적극 찬성하는 캣맘들의 존재가 부정되어서는 안 된다.

안녕하세요. 자기소개 부탁드려요.
연구하는 분야는 무엇인가요?

전북대 고고 문화인류학과에서 인류학을 가르치고 연구하고 있습니다. 제 연구 주제는 크게 동물-인간관계, 그리고 인종과 젠더 정치라고 말할 수 있어요.

이 연구를 하게 된 계기가 있나요?

이 연구는 동물-인간관계와 관련된 제 연구 중 첫 번째 연구예요. 원래 한국의 이주와 다문화 담론에 관해 연구했었는데 동물 담론이라는 새 주제를 시작한 데에는 아무래도 고양이들과 함께 살기 시작하면서 여러 가지를 새로 경험하고 생각할 수밖에 없었던 맥락이 있었다고 할 수 있겠어요.

연구에서 기대하는 바 혹은 우려되는 바가 있을까요?

온라인상에서의 활동들이 오프라인에서의 실천들, 경험을 온전히 반영할 수 없다는 점에서 캣맘 활동에 대한 경험 연구를 진행하지 않은 것이 조금의 아쉬움으로 남아 있다고 할 수 있습니다. 온라인상에서 캣맘을 따라가는 것 이상으로 캣맘으로 활동하는 사람들을 직접 면담했다면 연구가 또 어떤 방향으로 진행되었을지 생각해 본 적이 있어요.

연구 대상으로서의 고양이(혹은 고양이라는 주제)는 어떻게 정의하고 어떤 태도로 접근하고자 하는지요?
그리고 그게 개인으로서의 고양이와의 관계에 어떤 영향을 주었나요?

글쎄요. 인류학자로서 제 연구(예를 들어 이 논문의 바탕이 된 연구)에서 궁극적 대상이 되는 것은 개별 동물 종으로서 고양이라기보다는 크게 동물 또는 동물-인간관계에 대해 지금 우리가 살고 있는 사회가 만들어 내는 담론과 개입, 실천의 방식들이라고 할 수 있어요. 제 연구는 '동물' 또는 개별 동물보다는 인간 사회와 문화에 대해 재사유하는 데 향해 있고, 이런 연구와 제가 개인으로서 동물 또는 고양이와 관계 맺는 것은 상당히 별개의 사안인 것 같아요.

어떤 연구를 준비 중이신가요?

지금은 몇 년 동안 진행해 온 유기 동물보호소에서의 현장 연구를 바탕으로 그 공간에서 주로 만나게 되는 여성 노동의 의미, 그 노동이 한국 사회의 가부장적 체제, 최근 급부상해 온 동물 담론, 더 나아가 돌봄의 정치 속에서 어떤 의미를 가지는지에 관해 고민 중이에요.

고양이를(혹은 관련 학문을) 더 알고 싶은 이에게 추천하고 싶은 서적이나 자료가 있나요?

고양이와 인간 사회의 관계가 같은 시대, 같은 사회 속에서도 얼마나 극단적으로 다를 수 있는지를 보여주는 로버트 단턴의 『고양이 대학살』이라는 책을 추천해요.

인류학이란 학문에서 비인간동물을 연구한다는 게 흥미롭게 느껴져요. 인류학은 어떤 학문이고 인류학에서 동물을 연구하는 것은 어떤 의미가 있을까요?

인류학은 간단히 말해서 인간은 어떤 존재이고, 인간 사회와 문화가 얼마나 다양한 방식으로 존재할 수 있는지에 관해 탐구하는 학문이라고 말할 수 있어요. 그런 인류학에서 동물을 연구한다는 것은 인간과의 관계 속에서 동물이 어떤 존재로 인식되고 또 경험되는지를 탐구하고, 더 나아가 그와 같은 인간–동물 관계가 보여주는 인간 사회와 문화의 모습은 무엇인지 탐구한다는 의미가 있어요.

2014년〈길냥이를 부탁해〉라는 공공사업을 통한 갈등을 집중적으로 연구하셨는데 이 갈등이 현재에도 유효할까요? 그렇다면 어떤 모습으로 전개가 되고 있을까요?

해당 기획을 둘러싼 갈등은 종료된 것 같지만, 한국 사회에서 길고양이는 여전히 크고 작은 갈등의 중심에 있는 듯해요. 길고양이를 돌보는 사람들과 그 돌봄 방식에 이의를 제기하는 사람들 간의 갈등, 또는 최근 부쩍 가시화되어 온 길고양이에 대한 해침 사건 등을 들 수 있지 않을까요. 하지만, 그 양상이 보여주는 것은 길고양이가 그만큼 사회적 관심과 애정이 대상이 되었다는 것이라고 말할 수도 있을 것 같아요.

최근 고양이를 둘러싼 갈등을 보면 삶의 정치와 생의 정치를 적용해서 보아도 무리가 없어 보입니다. 삶의 정치와 생의 정치가 고양이의 삶과 생을 두고 평행선을 긋고 대립하는 가운데 서로 대화하고 나아가기 위해 어떤 새로운 정치로 나아가야 할까요?

어려운 질문이네요. 삶의 정치가 개별 고양이를 하나하나 살리고 보호하는 것에 집중하는 것을 의미하고, 생의 정치가 (푸코식으로) 특정 인구 집단을 잘 관리하고 통제하는 것을 의미한다면, 다양한 목소리들, 입장들이 서로 경합할 수밖에 없는 사회 속에서 두 정치, 또는 제삼의 정치가 함께 공존하는 상황은 계속되지 않을까요?

비인간을 다루는 연구들에서 "행위성" 혹은 "행위자성"이라는 개념에 주목하는 경우가 많은 것 같습니다. 선생님의 연구에서 그리고 인류학에서 "행위성"이란 무엇이며 이 개념이 고양이에게 어떤 의미가 되나요?

그동안 단순히 대상으로만 인식되던 비인간 존재들이 행위자성을 갖고 있다고 인식하게 됐을 때 세상은 새로운 방식으로 읽히게 됩니다. 하지만, 제 논문에서는 길고양이의 행위자성에 대해 크게 주목하고 있지는 않아요. 이 논문은 길고양이를 둘러싼 인간 행위자들의 경합 양식을 따라가며 그 모습을 가시화하는 것에 중점을 두고 있으니까요. 다만, 앞으로 또는 현재 하고 있는 연구들에서 개별 동물의 행위자성이 인간 행위자의 행위자성과 어떻게 얽히며 어떤 효과를 내는지에 조금 더 주목하고 싶어요.

고경원, 2013, 『고경원의 길고양이 통신』, 파주: 앨리스.

렘케, 토마스 (심성보 역), 2015, 『생명정치란 무엇인가』, 서울: 그린비.

윤익준, 2016, "동물의 지위에 대한 법정책적 담론: 현행법상 동물의 지위와 동물복지를 중심으로," 『법과 정책연구』 16(1): 37-65.

이강원, 2012, "지구를 연구소로 들여오기: 일본 방재과학기술에서 지진의 재현과 지정학," 『비교문화연구』 18(2): 129-174.

2016, "메기와 테크노-토테미즘: 지진유발자에서 지진예지자로," 『한국문화인류학』 49(1): 197-234.

이경묵, 2016, "물건의 힘과 작동-망(work-net)의 상상력: 행위소로서의 인간-비인간 행위자에 대한 재고," 『비교문화연구』 22(1): 311-343.

이선화, 2015, "초원을 나는 닭: 중국 내몽고 초원 사막화 방지의 생태정치," 서울대학교 박사학위 논문.

이용한, 2009, 『안녕, 고양이는 고마웠어요』, 서울: 북폴리오.

이종찬, 2016, "행위자-연결망 이론을 통해 본 길고양이 중성화(TNR)사업과 공존의 정치," 서울대학교 석사학위 논문.

Benthal, Jonathan, 2007, "Animal Liberation and Rights," Anthropology Today 23(2): 1-3.

Cole, Matthew, 2011, "From 'Animal Machines' to 'Happy Meat'? Foucault's Ideas on Disciplinary and Pastoral Power Applied to 'Animal-Centered' Welfare Discourse,"Animals 2011(1): 83-101. Fassin, Didier, 2007, "Humanitarianism as a Politics of Life," Public Culture 19(3): 499-520.

Haraway, Donna J, 2008, When Species Meet, Minneapolis and London: University of Minnesota Press.

Kete, Kathleen, 2001, "Beastly Agendas: An Interview with Kathleen Kete," Cabinet Issue 4 Animals Fall 2001. http://www.cabinetmagazine. org/issues/4/KathleenKete.php (2017. 10. 8. 접속)

Kirksey, S. Eben. and Stefan Helmreich, 2010, "The Emergence of Multispecies Ethnography," Cultural Anthropology 25(4): 545-576.

Latour, Bruno, 2005, Reassembling the Social: An Introduction to Actor-Network-Theory, Oxford: Oxford University Press.

Lessenich, Stephan, 2011, "Constructing the Socialized Self: Mobilization and Control in the, 'Active Society'," in Ulrich Bröckling, Susanne Krasmann, Thomas Lemke (eds.), Governmentality: Current Issues and Future Challenges, London: Rouledge, pp.304-320.

Muehlebach,Andrea,2012,The Moral Neoliberal: Welfare and Citizenship in Italy, Chicago: University of Chicago Press.

Porcher, Jocelyne, 2010, "The Relationship between Workers and Animals in the Pork Industry: A Shared Suffering," Journal of Agricultural and Environmental Ethics 24(1): 3-17.

Roy, Ananya, 2009, "Civic Governmentality: The Politics of Inclusion in Beirut and Mumbai," Antipode 41(1): 159-179.

Shukin, Nicole, 2009, Animal Capital: Rendering Life in Biopolitical Times, Minneapolis and London: University of Minnesota Press.

Srinivasan, Krithika, 2012, "The Biopolitics of Animal Being and Welfare: Dog Control and Care in the UK and India," Transactions of the Institute of British Geographers 38(1): 106-119.

Tuan, Yi-Fu, 1984, Dominance and Affection: The Making of Pets, Yale University Press.

Wadiwel, D. 2002. Cows and Sovereignty: Biopower and Animal Life Borderlands: E-journal 1 (http://www.borderlands.net.au/ vol1no2_2002/wadiwel_cows.html) 2016. 11. 22.에 접속.

<자료>

『경향신문』, 1992. 11. 30일자.

『스포츠 조선』 2014. 12. 3일자.

『한겨레』 2013. 6. 15일자.

『한겨레』. 2013. 12. 13일자.

○○○, "길냥이를 부탁해 페지를 부탁드립니다," http://democracy.seoul.go.kr/front/suggest/view.do?sn=168624&tr_code=m_sug (2017. 10. 8.접속)

녹색당, "동물보호법 개정을 위한 토론회"(포스터) http://kgreens.org/?document_srl=41152&category=28226(2015. 1. 12. 접속)

동물자유연대, "길고양이 인식개선 캠페인," http://cytogether.cyworld.com/ campaign/donation/campaign_donation_support_view.asp?admin_eq=13475(2015. 1. 12. 접속)

서울시 동물보호과, "2014 길고양이 중성화(TNR)사업," http://yesan.seoul.go.kr/wk/wkSelect.do?itemId=55557&tr_code=sweb(2017. 10. 8. 접속)

서울시 동물보호과, "길고양이를 만나면 알려주세요," https://health.seoul.go.kr/archives/16413(2017. 9. 18. 접속)

서울시 동물보호과, "길고양이와의 공존을 위한 제안," http://health.seoul.go.kr/archives/49918(2017. 10. 8. 접속)

□□□, "결국 강행된 서울시 길고양이 지도..캣맘의 의견을 무시하는 담당자," http://democracy.seoul.go.kr/front/suggest/view.do?sn= 168620&tr_code=m_sug(2017. 10. 8. 접속)

△△△, http://democracy.seoul.go.kr/front/suggest/view.do?sn=168624&tr_code=m_sug(2017. 10. 8. 접속)

"길냥이를 부탁해 사업 설명회," https://www.youtube..com/watch?v=U-IWNY7nB1s(2017. 10. 8. 접속)

학문 분야	인류학, 지리학
연구 주제	포스트휴머니즘의 다종적 정의와 관계적 윤리 논의에 기반한 '응답의 정치' 개념화
연구 대상	사회과학의 동물 정치담론, 동물정치 사례
연구 방법론	질적연구방법 - 인터뷰, 문헌 조사, 참여관찰 등

키워드

대문자 정치(P)	국가나 정치 기관, 정치적인 결정을 내리는 곳에서 벌어지는 정치적인 활동을 의미. 이에 비해 소문자 정치(politics)는 일상 생활에서 일어나는 각종 사회적인 상호작용과 결정들을 다룬다.
정동	몸과 몸을 연결하는 강렬도를 의미. 이는 인간뿐만 아니라 동물이나 기계 등 다양한 대상들에게 적용된다. 정서나 감정보다 넓은 개념이다. 감정이 개인적인 측면에서 문화적으로 약호화된 방식으로 언어나 몸짓으로 나타나는 표현이라고 한다면, 정동은 개인적인 차원 이전의 단계, 즉 전개인적인(pre-individual) 단계에서 감정과 느낌을 다룬다. 따라서 정동 연구는 사회적인, 문화적인, 정치적인, 경제적인, 심지어 과학의 분야에서, 과거에는 측정하고 계량화할 수 없기에 일탈 또는 예외라고 치부했던 현상들을 충분히 이론적으로 연구할 수 있는 교량 역할을 한다. (출처: https://galmuri.co.kr/product/atr)
절합 articulate	생명학에서 신체 관절 혹은 둘 이상의 뼈 접합 부위를 뜻하는 절합(節合, articulation)은 철학에서 알튀세르의 독특한 방법론으로서 "마디와 마디가 관절처럼 맞붙어 돌이면서도 하나로 작동하는 상태, 또는 구성체계"로 정의된다. 분석철학자 김영건은 "절합"의 정의에서 우리가 알 수 있는 것은 어떤 종류의 환원주의를 거부한다는 것이라고 말한다. 즉 하나로 작동하는 상태는 마디의 작동 양태로 환원하여 전체를 재구성하는 방식으로 해명될 수 없다는 것이다. 한편 '절합'은 서로 이질적인 것을 함께 갖다 붙인다는 의미로도 사용되는 것으로 본다. (출처 : https://m.blog.naver.com/sellars/220116132994)
코스모 폴리틱스	인간과 비인간의 상호작용을 이론화한 분야이며, 다종적 관계가 선험적으로 주어진 것이 아니며 신체적 문화적 상호 작용을 통해 끊임없이 새롭게 생성되고 있음을 강조한다. 이는 인간 중심적인 사고를 극복하려는 시도이다.
인류세	인류세는 인류의 활동이 지구 환경 변화에 결정적 요인이 되었음을 드러내기 위해 제안된 새로운 지질학적 연대의 이름이다. 산업화 이후 인류의 기술적 발전과 인구 증가로 인해 지구 환경이 크게 변화하고 있다. 인류세는 기후변화, 환경파괴, 생물다양성 감소 등 다양한 문제를 야기하고 있으며, 이를 해결하기 위한 다양한 노력들이 이루어지고 있다.
주요 키워드	동물 정치, 동물권, 응답 능력, 관계적 윤리, 포스트휴머니즘, 인간 너머 사회학

출처 한국이론사회학회, 『사회와 이론』(Society and Theory) Vol.42 No.- [2022]
https://www.kci.go.kr/kciportal/ci/sereArticleSearch/ciSereArtiView.kci?sereArticleSearchBean.artiId=ART002865755
본 논문은 한국이론사회학회와 최명애 선생님의 허락을 받아 논문 내용 일부를 편집하여 게재합니다. 논문 마지막 장 큐알코드를 통해 전문을 읽을 수 있습니다.

응답의 정치
:동물권 너머의 동물 정치

최명애

Ⅰ. 동물 윤리에서 동물 정치로

지난 4월 제주에서는 색다른 토론회가 열렸다. 제주 해역에 서식하는 남방큰돌고래를 보호하기 위해 '남방큰돌고래 생태 법인'을 만들자는 것이었다(제주특별자치도의회, 2022). 법인으로 인정되면 환경 분쟁에서 소송을 제기할 수 있고, 스스로를 대변할 수 있게 된다. 동물에게도 법적 권리가 있으며, 법치 국가 공동체의 일원으로 이를 행사토록 해야 한다는 것이다. 다소 황당할 수 있는 이 주장은 그러나 전국으로 전파됐고, 한국 사회 인간-동물 관계의 새로운 가능성을 열 수 있는 제안으로 주목받았다. 남방큰돌고래만이 아니다. 2019년에는 케이블카 설치가 생존권을 위협한다며 설악산 산양 28마리가 원고가 돼 케이블카 설치 계획 철회 소송을 냈다. 연거푸 서식지를 이탈한 지리산 반달가슴곰 한 마리는 보전 당국이 손을 들고 반달가슴곰 서식지 확대를 검토하도록 만들었다. 사육 동물의 고통을 주로 다뤄 온 한국 사회의 동물 논의가 동물을 정치적 주체로 하는 법과 정책의 변화로 확장되고 있음을 보여 주는 것이다.

이 같은 변화는 동물 연구와 동물 운동이 '동물 윤리'에서 '동물 정치'로 확장되는 세계적 추세와 무관치 않다. 지금까지 동물 연구는 동물 철학과 사회 운동을 중심으로 인간-동물 관계의 윤리적 측면을 주로 다뤄 왔다 (Best, 2009; 김명식, 2013; 최훈, 2019; 박형신, 2021). 동물 윤리 논의는 윤리적 대우를 받을 '도덕적 공동체moral community'의 범위를 인간에서 동물로 확장하는 데 주력한다. 고통을 느끼거나 삶의 주체라는 특성은 동물에게도 인간과 마찬가지로 도덕적 지위와 권리가 있다는 근거가 된다. 따라서 법, 제도, 규범 등을 통해 동물을 이용하는 개인의 행동을 윤리적으로 견인하는 데 초점을 둔다. 동물이 죽거나, 감금되거나, 고통받지 않도록, 즉 동물 학대를 최소화하거나 철폐하자는 것이다.

한편, 최근 정치학, 인류학, 지리학 등 사회과학의 동물 연구는 인간-동물 관계의 정치적 측면, 특히 동물을 인간의 정치적 논의와 의사 결정에 어떻게 포함시킬 것인가에 주목한다.[1] 이는 물질과 비인간 존재를 포함시켜 '사회적인 것'을 새롭게 사유하고자 하는 최근 사회학의 '인간 너머' 연구 경향과 조응한다(김환석, 2016; 김홍중, 2020; 김왕배, 2021). 이들 사회과학자는 사회적 실천e.g. 축산, 농업, 의료, 과학, 보전 등에 동물이 다양한 형태로 개입하고 있음을 감안할 때, '정치적 공동체'는 이미 '인간 너머' 혹은 '다종적multispecies' 공동체라고 지적한다. 동물은 공동체의 일원으로 사회의 담론, 구조, 제도에 영향을 미쳐 온 정치적 주체이며, 여성, 외국인 등과 마찬가지로 평등하고 정의로운 대우를 받아야 할 정치적 소수자 집단이라는 것이다. 정치학자 코크런(A. Cochrane)은 이 같은 관점에서 "동물의 가치를 고려한 인간의 정치질서가 어떻게 구성되고 재창조될 수 있는가"를 '동물 정치'의 핵심 질문으로 던진다(2021: 17). 이때 정치는 권력을 획득, 행사, 유지하는 행위라는 대문자 정치(P)로 이해되며, 인간의 대의 정치에 동물의 권익을 어떻게 반영할 것인가가 논의의 핵심이다.[2] 코크런 등은 앞서 언급한 남방 큰돌고래 사례처럼 원고 적격legal personhood을 부여하거나 법조문에 동물의 권리를 명문화함으로써 동물에게 정치적 지위와 권리를 부여할 것을 주장한다.

그러나 법적 권리의 확대로는 포착되지 않는 동물 정치의 영역이 있다. 도시에서 암약하는 길거리 동물을 돌보고, 돌고래가 안심하고 생활할 수 있도록 야생 지역 일부를 보호구sanctuary로 지정하고, 야생동물의 이동에 맞춰 보호 대상 서

1. 최근 국내 학술장에서도 인간-동물 관계 연구가 빠르게 증가하고 있다. 동물을 포함해 인간의 사회적 실천을 이해할 것을 촉구하는 이론적 연구(황진태, 2018;최명애, 2018)와 함께, 방역(김준수, 2021), 생태 관광(최명애, 2020), 가축 살처분의 인간-동물 관계(주윤정, 2021; 천명선, 2021) 등의 경험적 연구도 증가하고 있다. *Donaldson and Kymlicka, 2011; Braverman, 2015; Gillespie and Collard, 2015; Srinivasan, 2015; Matsuoka and Sorenson, 2018; 펠뤼숑, 2019; Celermajer, Chatterjee, Cochrane, Fishel, Neimanis, O'Brien, Reid, Srinivasan, Schlosberg and Waldow, 2020; 코크런, 2021
2. '정치'에 대한 정의가 필요함을 지적해 주신 구도완, 박순열 선생님께 감사드린다.

식지를 확대하는 최근의 실천은 동물도 인간과 같은 '권리'가 있음에 소구하지 않는다(Srinivasan, 2018). 대신 실제 현장에서 인간-동물 관계의 변화를 세심하게 관찰하고, 동물이 삶을 영위할 수 있도록 제도와 정책을 조율하는 데 주력한다. 필자는 '비인간에게 응답할 수 있는 능력'을 가리키는 해러웨이(D. Haraway)의 '응답-능력response-ability' 개념을 빌려 이 같은 방식의 동물 정치를 '응답의 정치'로 부르고자 한다(Haraway, 2008). 권리에 기반한 동물 정치 논의가 동물 일반에 적용할 수 있는 원칙과 법적 제도화를 강조한다면, 응답의 정치는 맥락화된context-specific 개별 관계에 맞춘 유연하면서도 적극적인 실천을 강조한다. 또, 인간과 구별되는 동물의 차이를 강조하고, 다름을 통한 다종적 번성multispecies flourishing을 탐색한다는 점에서 응답의 정치는 인간과 동물의 유사성을 강조하는 권리 기반 동물 정치 논의와 차별화된다.

이 논문은 최근의 동물 정치 논의를 살펴보고, '응답의 정치', 즉 권리 기반의 기존 '동물권 정치'와 구별되는 새로운 형태의 동물 정치를 개념화하는 것을 목적으로 한다. 신유물론 경향의 개념과 분석 도구를 이용해 가장 '사회적인' 제도의 하나인 정치를 새롭게 사유함으로써, 최근 국내 사회학에서 부상하는 '인간 너머' 사회학 연구 확장에 기여하고자 한다.

Ⅱ. 동물 정치의 이론

지금까지의 인간-동물 관계 연구가 동물 철학과 사회 운동의 관점에서 동물 이용에 따른 인간의 윤리적 책임을 주로 다뤘다면, 최근 비판적 사회과학자들은 한 걸음 나아가, '정의'라는 정치적 관점에서 인간과 동물의 관계를 어떻게 조직할지를 탐색한다(Human Animal Research Network Editorial Collective, 2015; Asdal, Druglitrø and Hinchliffe, 2016). 인간-동물 관계의 부정의를 드러내고 정의를 구현하기 위해 이들 연구자들은 동물권 논의에 기반한 법적, 제도적 개혁과 포스트휴머니즘에 기반한 맥락화 된 응답이라는 서로 교차하면서도 상반되는 두 가지 접근을 취한다.

1. 다종적 정의

현재의 생태 위기를 인간 활동의 결과로 보는 최근의 인류세 진단은 인간 사회와 자연 세계가 역사적, 물질적으로 얽혀 있음을 드러내고, 인류세 위기 극복을 위해 인간-자연 관계를 새롭게 재구성해야 한다고 주장한다(최명애 박범순, 2019). 인간 중심주의의 외부에서 세계의 구성과 작동을 사유하기 위해 이들은 특히 그간 간과되었던 비인간 존재에 주목한다. 비인간의 행위성과 정동적affective[3] 상호작용에 주목하면서 이들은 비인간을 인간의 활동이 이뤄지는 수동적 대상이나 배경이 아니라 능동적 행위자로 새롭게 규정한다.

비인간에 대한, 이 같은 사유는 인간-동물 관계의 윤리적, 정치적 혁신으로 이어진다. 비인간과 인간은 세계를 함께 구성하고 작동시키는 존재이므로, 비인간의 행위성을 드러내고 반영할 수 있도록 사회적, 정치적 실천을 새롭게 조직해야 한다는 것이다. 스텐저스(I. Stengers)와 라투르(B. Latour)는 세계를 이해하고 정치적 결정을 내리는 데 비인간 존재를 적극 고려하고자 하는 이 같은 정치적 지향을 코스모폴리틱스cosmopolitics라고 부른다(Latour, 2004; Stengers, Braun and Whatmore, 2010). 인간, 동물, 나아가 다양한 생물종이 따로 또 같이 번성하도록 하는 '다종적 정의multispecies justice'는 코스모폴리틱스의 목표이면서 동시에 이를 달성하기 위한 수단이 된다(Haraway, 2018).

2. 확장된 동물권 접근

정의의 대상을 비인간으로 확장하고, 법과 제도를 통해 이를 구현하자는 접근은 윤리에서 정치의 영역으로 동물의 권리를 확장하자는 최근의 동물권 논의와 교차한다. 리건에서 출발한 기존의 동물권 논의는 동물이 인간과 유사한 인격성personhood을 소유하고 있으며, 이를 근거로 동물에게도 도덕적 권리, 즉 학대받지 않을 권리가 있음을 강조해 왔다. 그런데 최근의 동물권 논의는 동물의 권리를 도덕적 권리를 넘어 정치적 기본권과 정의의 문제로 확장한다(Sunstein and Nussbaum, 2004). 즉, 동물은 종간동물-인간 및 종내

---

3. 정동(affect)은 몸과 몸을 연계시키는 강렬한 에너지로, 특정한 감정이나 기분의 발생을 통해 관계 속에 정동이 작동하고 있음을 알 수 있다(Anderson, 2014).

고등동물-비 고등동물 차이에 관계없이 평등한 대우를 받을 권리가 있으며, 제도적 변화를 통해 종을 넘어서는 정의[4]를 구현해야 한다는 것이다(Matsuoka and Sorenson, 2018; Youatt, 2020; Celermajer et al., 2020).

도널드슨(S. Donaldson)과 킴리카(W. Kymlicka) 등의 정치학자는 지금까지 인간 중심으로 다뤄온 정치적 공동체의 범주에 문제를 제기하고 동물을 포함해 정치적 공동체를 새롭게 사유해야 한다고 주장한다(Garner, 2005; Cochrane, 2010; Hamilton, 2018).[5] 이들은 동물을 뜻하는 '주zoo'와 정치공동체를 뜻하는 '폴리스polis'를 결합해 '주폴리스zoopolis'라는 개념을 고안하고, 정치공동체를 인간 동물집합체collectives로 구성되는 주폴리스, 즉 다종적 정치공동체로 새롭게 사유할 것을 제안했다(Donaldson and Kymlicka, 2011).[6] 동물과 인간이 과거, 현재, 그리고 미래에도 '돌봄과 의존'을 통해 얽혀 있으며, 따라서 정치적 공동체에서 동물을 배제하는 것이 타당하지 않다는 것이다(Smith, 2012; 코크런, 2021). 이들은 다종적 정치공동체에서 동물을 여성, 장애인, 외국인 등과 같은 소수자 집단의 하나로 보며, 동물이 구성원의 권리를 행사할 수 있도록 현재의 인간 중심적 정치 시스템을 바꿔야 한다고 주장한다. 법과 제도를 혁신해 동물에게 합당한 법적 지위와 정치적 지위를 부여해야 한다는 것이다.

동물의 법적 지위를 위해서는 헌법이나 동물복지법에 관련 조항을 추가하거나, 동물이 소송 당사자가 될 수 있도록 원고적격을 부여하는 방법이 활발히 논의된다. 독일, 브라질, 인도, 스위스 등이 헌법에 동물 보호를 명시하고 있으며, 우리나라를 포함한 대부분의 국가가 동물복지법에 쾌고감수능력이 있는 동물에 대한 적절한 보호를 명시하고 있다.

정치적 지위는 동물에게 시민권을 부여하거나, 동물의 권익을 대변하는 정당이나 의원이 현실 정당 정치에 참여토록 하는 방안이 제안된다(코크런, 2021).[7] 동물의 시민권과 관련해 도널드슨과 킴리카(2011)는 동물을 세 가지 범주로 구분하고, 동물 범주에 따라 다른 형태의 시민권이 필요하다고 주장한다. 사육동물의 경우, 인간과 같은 공간에 서식하며 번식과 노동을 통해 서로 의존하고 있는 존재임을 감안해 인간과 다를 바 없는 완전한 시민권을 부여해야 하지만, 인간과 대체로 분리된 공간에서 고유의 규칙을 갖고 살아가는 야생동물에 대해서는 배타적인 주권을 인정해야 한다고 제안한다. 즉, 다른 주권 국가를 대하듯 야생동물 공동체의 고유한 문화와 습관을 존중하고, 인간과 이익이 상충할 경우 외교적인 교섭을 통해 해결해야 한다는 것이다. 한편, 인간 공간과 야생 공간을 넘나드는 경계 동물의 경우에는 이민자에 준해 이동과 거주를 허용하고 지원할 것을 제안한다.

3. 포스트휴머니즘 접근

동물권 기반 접근이 기존의 법치 정치 시스템에 비인간 존재를 포함시키려고 한다면, 포스트휴머니즘의 다종적 정의는 법과 제도, 과학과 이성, 인간주의적 설계로 포착되지 않는 정치적 관계가 인간과 동물 사이에 흐르고 있음에 주목한다(Tsing, 2015; Haraway, 2016; de La Bellacasa, 2017; van Dooren, 2019). 관계적 윤리[8]에 기반한 포스트휴머니즘의 다종적 정의는 정의를 인간에서 동물로 확장하는 대신, 구체적인 인간-동물의 상호작용과 이를 통해 생성되는 관계성

4. 인간과 동물 사이의 정의를 가리키기 위해 다종적(multispecies), 종간(interspecies), 종을 넘어서는(trans-species), 인간 너머(more-than-human) 등의 다양한 용어가 사용된다.
5. 앞서 비판적 사회학자들은 자연 착취에 기반한 자본주의를 동물 학대의 근본 원인으로 지목하고, 사회적 정의와 종간 정의가 서로 얽혀 있음을 지적함으로써 동물윤리와 동물 정치를 연결해 왔다(e.g. Twine, 2010). 동물지리학과 인류학에서도 "동물을 정치적 실천의 주체이자 대상"(Hobson, 2007:251)으로 보고, 국가 및 자본의 작동과 연계해 인간-동물 관계의 변화를 살펴봐 왔다(Wolch and Emel 1998;Philo and Wilbert 2000; Urbanik 2012).
6. 주폴리스는 당초 지리학자 울치의 개념이다(Wolch, 1998). 울치는 도시를 동물이 소거된 공간이 아니라 인간과 동물이 함께 삶을 꾸리며 살아가는 공간으로 개념화하고 이를 '주폴리스'라고 불렀다.
7. 네덜란드, 벨기에, 프랑스, 독일 등 유럽 11개국에 동물당이 있으며, 네덜란드 동물당은 2017년 유럽 의회에서 3석을 확보했다.
8. 관계적 윤리는 동물지리학, 인류학, 페미니스트 과학 철학 등에서 발전시켜 온 윤리적 입장이다(Haraway 2008, Latimer and Miele 2013, Buller 2016). 윤리를 보편타당한 도덕적 원칙에 따른 의무의 실천으로 보는 대신, 이들은 윤리를 개별 인간-비인간 관계에서 드러나는 필요에 따른 맥락화된 실천으로 본다. 또, 윤리적 실천의 원동력을 인간 및 비인간 존재들이 서로에게 감응하고, 응답하고, 돌볼 수 있는 능력에서 찾는다.

에 초점을 맞춘다. 이들에게 동물은 수동적 대상이 아니라 신체와 행위성을 갖고 인간과 상호작용하는 존재다. 특정한 맥락 속에서 벌어지는 인간과 동물의 상호작용은 이 관계 속에서 어떤 불평등이 존재하고 있으며, 어떤 정의가 필요한지를 드러낸다. 동물의 신체적 반응, 행동, 감각과 정동은 관계에 배태된 부정의를 드러내는 신호이며, 동물은 이를 통해 어떤 형태의 정의가 어떻게 필요한지를 표현하는 정치적 주체가 된다. 이들에게 정의는 인간에서 동물로 확대 적용할 수 있는 일반화된 원칙이 아니라, 특수하고 맥락화 된 실천이다.

종간의 부정의를 드러내고 정의를 구현하기 위해 동물권 정치 연구자들이 동물과 인간이 생물학적으로 큰 차이가 없음을 입증하는 과학적 지식을 인용한다면, 포스트휴머니즘 연구자들은 인간과 동물의 직간접적 '마주침encounter'과 이를 통해 생산되는 감각, 감정, 정동 등에 주목한다. 로리머(J. Lorimer)는 인간-동물의 마주침이 '동정, 호기심, 감상sentimentality, 불편함disconcertion'과 같은 정동을 만들어 내며, 정동의 작동을 통해 인간-동물 관계의 형태와 윤리가 재구성된다고 지적한다(2010). 머리와 이성이 아니라, 신체와 감정이 특정한 행동을 하도록 하는 '정동 정치'가 이뤄진다는 것이다. 이 같은 맥락에서 셀레 마이어(D. Celermajer)와 오브라이언(A. O'Brien) 등은 감각과 감정이 다른 존재, 즉 동물에 대한 책임과 응답을 가능하게 한다며, 신체와 정동으로 매개된 인간-동물 관계에서 정치적 혁신의 가능성을 찾는다 (Celermajer etal., 2020). 같은 논문에서 왈도(A. Waldow)와 슐로스버그(D. Schlosberg) 또한 동물에 대한 연민, 찬탄과 같은 '공감적 상상sympathetic imaging이 동물을 관계적 주체로 새롭게 인지하게 한다고 강조하며, 다종적 정의를 위해 '공감에 기반한 시스템적 접근 sympathy-based system approach'이 필요하다고 제안한다. 이처럼 이들 연구자는 과학적 지식이나 법제화가 아니라, 동물에게 공감할 수 있는 능력, 주의를 기울이는 기예(Tsing,

2015; van Dooren, Kirksey and Münster, 2016), 응답할 수 있는 능력(Haraway, 2016), 돌보고자 하는 의지와 헌신(de la Bellacasa, 2017) 등을 통해 인간-동물의 정치적 관계를 근본적으로 전환할 수 있다고 본다. 동물권 외에도 다종적 정의를 실천하고 구현하는 다른 경로가 존재한다는 것이다. 필자는 이 같은 새로운 동물 정치의 가능성을 '응답의 정치'라는 개념으로 절합articulate 하고자 한다.

4. 분석 도구들

필자는 포스트휴머니즘의 관계적 접근에서 발전시켜 온 사유와 분석 도구들이 '응답의 정치'를 개념화하는 데 유용하다고 본다. 특히 기존 동물권 기반 정치와 차별화되는 동물 정치의 전략과 효과를 포착하고 설명하기 위해 주의, 응답, 역량을 강조하는 아래 세 개념을 사례 분석과 이론화에 활용하고자 한다.

첫째, 다종적 관계를 연구해 온 인류학자 칭(A. Tsing)과 반 두런(T. van Dooren) 등은 '주의 기울이기'가 인간-비인간 관계를 이해하고 혁신하는데 갖는 역할을 강조한다(Tsing, 2015; van Dooren etal., 2016; Brown, 2019). 이들은 송이버섯이나 까마귀와 같은 일상의 비인간 존재들을 무심히 인간 이용의 대상이나 배경으로 보는 대신, 이들의 생태와 변화에 주목하고, 생태적, 역사적, 사회적으로 얽혀 있는 관계의 그물망을 펼쳐볼 것을 주문한다. 이 같은 '알아차리기의 기예 art of noticing'(Tsing, 2015) 또는 '주의 기울이기의 기예art of attentiveness'(vanDoorent etal., 2016)를 통해 이들 비인간과 인간 사회의 다층적 얽힘을 확인하고, 이 관계 속에 배태된 불평등과 폭력, 아울러 새로운 가능성들을 찾아낼 수 있다는 것이다. 주의 기울이기의 대척점에 있는 행위는 (여전히) 무시하기다. 이 같은 측면에서 동물에게 세심하게 주의를 기울이는 것은 인간-동물 관계의 정치적 측면을 사유하고 재구성하기 위한 출발점이 될 것이다.

둘째, 주의 기울이기는 사랑, 분노, 돌봄과 같은 '응답'으로 이어질 수 있다(Haraway, 2008; Haraway, 2016; de la Bellacasa, 2017). 해러웨이의 '응답-능력'은 관계적 윤리, 나아가 다종적 정의의 핵심 개념 중 하나다.[9] 그는 응답-능력을 동물이 우리를 응시할 때, 고개를 돌리지 않고 응답할 수 있는 능력으로 설명한다. 오랫동안 의존해 살아온 인간과 동물의 역사를 감안할 때, 해러웨이는 인간의 동물 지배를 즉각 전면 철폐하자는 동물 해방과 거리를 둔다(c.f. Giraud, 2019). 대신, 개별 인간과 동물이 일상 속에서 몸으로 부대끼면서 서로에게 주의를 기울이고, 서로에게 반응하고, 그에 맞춰 서로를 바꿔나감으로써 변화를 가져올 수 있다고 강조한다. 실험동물의 고통에서 시선을 돌리지 않고, 아픔에 공감하며, 고통을 줄이기 위해 지금 당장 할 수 있는 노력을 다하는 것이 응답-능력의 한 예다. 이는 실험동물의 처우를 개선하기 위해 동물 복지 가이드라인을 고안하는 것과는 다른 형태의 동물 정치를 가능케 한다. 해러웨이 등은 주의를 기울이기, 응답-능력, 돌봄과 같은 능력들이 선험적으로 주어진 것이 아니며, 오랜 시간 동물과의 신체적, 정서적 상호 작용을 통해 길러질 수 있음을 강조한다.

셋째, 동물의 잠재적 역량capabilities에 관한 논의다. 포스트휴머니즘 연구자들은 인간과 동물의 '차이'에 주목하고, 인간과 구별되는 동물의 역량이 번성할 수 있도록 인간-동물 관계를 재구성할 것을 강조한다(Lorimer, 2012). 이는 전통적 동물복지 및 동물권 논의가 고통, 감각, 기억 등 인간과 '유사'한 동물의 특성을 강조하고, 이를 근거로 동물의 처우 및 지위 개선을 요구한 것과 구분된다. 이들에게 동물은 인간과 '비슷하기' 때문이 아니라, '다르기' 때문에 존중돼야 하는 존재다. 따라서 동물 고유의 생태, 습성, 잠재적 가능성이 발현되고 발전할 수 있는 공간과 기회를 마련해야 하며, 이를 통

해 인간과 동물이 함께 더 잘 살 수 있는 다종적 정의를 구현할 수 있다는 것이다.

요약건대, 최근 인류세의 다종적 정의, 동물권 논의와 포스트휴머니즘 논의의 확장은 동물 정치에 대한 논의를 발전시켜 왔다. 권리 기반 동물 정치 논의는 인간에게 적용해 온 기본권 개념을 동물로 확장하면서 시민권, 법적 인격성, 헌법 및 법률 조항 등 법적 도구를 이용해 동물에게 법적, 정치적 지위를 부여하는 데 주력해 왔다. 한편, 포스트휴머니즘에 기반한 다종적 정의와 관계적 윤리 논의는 동물권 기반 동물 정치와 구별되는 또 다른 동물 정치의 가능성을 제시한다. 이 같은 동물 정치는 특정한 맥락 속에서 인간-동물 관계의 형태와 작동에 영향을 미치는 다종적 동학에 주목하고, 동물에게 주의를 기울이고, 동물에 반응하고, 동물의 역량을 번성케 하는 '응답'을 핵심 전략으로 채택한다.

Ⅲ. 동물에게 응답하기의 사례

이 절에서는 이론적 논의를 보완하기 위해 실제 현장에서 이뤄지는 동물 정치 사례를 살펴본다. 지리산 반달가슴곰 서식지 확대, 서울시 길고양이 급식소 설치, 프랑스 남부 철새와 풍력발전은 동물이 인간의 환경 정치를 변화시키는 결정적인 힘으로 작용했음을 보여주는 사례다. 특히 이 같은 변화의 원동력이 동물의 인격성이 아니라, 동물의 행위성과 이에 대한 인간의 적극적 응답이었다는 점에서 주목된다. 세 사례는 문헌 연구 등을 통해 선택한 것으로, '응답의 정치'라는 새로운 동물 정치의 모습을 보다 선명하게 드러내기 위해 동물에게 '주의 기울이기'와 정책과 제도의 조율을 통한 '응답'을 잘 보여주는 사례들로 선별해 병렬적으로 배치했다.[10]

---

9. 과학철학자 도나 해러웨이는 인류세와 인간-동물 관계에 대한 관계적, 다종적 입장을 획기적으로 발전시키고 있다. 국내에서도 페미니즘 과학기술학(정연보, 2022)과 페미니즘 철학(현남숙, 2021; 이현재, 2022)을 중심으로 해러웨이의 응답-능력에 대한 논의가 활성화되는 추세다. 해러웨이에 대한 요연한 소개로는 최유미(2020) 참조.
10. 사례 연구는 논문에서 주장하는 핵심 개념이나 이론의 다양한 측면을 상호 보완적으로 보여주는 사례들로 구성하는 것이 일반적이다(Yin, 2009). 그러나 이 연구에서는 '응답의 정치'라는 새로운 접근을 드러내고, 다양한 환경 정책의 변화를 '응답의 정치'로 읽어낼 수 있음을 강조하기 위해 상대적으로 유사한 국내외 사례 3개를 골랐다. 반달가슴곰 사례는 정책 변화에 대한 필자의 분석에 근거하고 있으며, 길고양이와 풍력 발전의 경우에는 다종적 공동체의 형성과 공존을 보여주는 기존 연구를 '응답'이라는 프레임으로 새롭게 읽어내는 데 주력했다.

1. 지리산 반달가슴곰 서식지 확대[11]

한국 반달가슴곰은 아시아 흑곰 중에서 한반도, 연해주, 중국 동북부에 서식하는 동북아시아 대륙계 반달가슴곰 개체군Ursusthibetanus rusicus에 속한다. 몸길이 1.6m에 몸무게 80-200kg으로 앞가슴의 흰 V자 모양 무늬가 특징이다. 천연기념물이자 멸종위기종으로 1980년대 이후 훼손과 포획이 엄격히 금지돼 있다.[12] 반달가슴곰은 일제 강점기 해수 구제 정책의 일환으로 천 마리 이상이 포획되면서 개체수가 크게 줄었으나, 1950년대까지는 설악산과 지리산 일대에서 일정 규모로 서식한 것으로 보인다. 그러나 곰 사냥이 재개되고 특히 1980년대 이후 곰 쓸개를 얻기 위한 밀렵이 기승을 부리면서 개체수가 급감한다. 설악산의 반달가슴곰은 1983년에 멸종했고, 지리산에는 일부 개체가 1990년대 후반에도 서식하는 것으로 추정됐다(환경운동연합, 1996 미간행). 1996년 반달가슴곰이 지리산에 서식하고 있음을 환경부가 공식 발표하고, 반달가슴곰의 모습이 잇달아 무인 카메라에 잡혀 전국으로 전파되면서 반달가슴곰 복원이 본격적으로 추진되기 시작했다. 당시 지리산 반달가슴곰 야생 개체 수는 5마리로, 이대로는 23년 뒤 멸종이 예상됐다. 유전적으로 동일한 러시아 연해주 및 북한산 곰을 도입해 2020년까지 개체군 규모를 자체 존속이 가능한 50마리로 확대하는 것이 목표였다. 환경부 국립환경과학원은 시험 방사를 거쳐 2004년 러시아 연해주에서 반달가슴곰 6마리를 도입해 지리산에 풀어놓는 것으로 복원 사업을 시작했다. 이어 2018년까지 러시아, 중국, 북한 등에서 매년 4~6마리씩 도합 62마리를 지리산에 도입했다. 도입된 반달가슴곰 일부는 밀렵용 올무에 걸려 죽었고, 일부는 야생 적응에 실패해 다시 '회수'됐다. 그러나 다수의 반달가슴곰은 성공적으로 지리산에 적응했고, 2008년에는 동면 중이던 두 마리가 새끼를 출산하는데 성공했다. 자연 상태에서 번식에 성공함으로써 복원

사업이 성공 궤도에 올랐음을 보여준 것이다(국립공원 멸종위기종복원센터, 2009). 도입된 반달가슴곰들이 잇달아 새끼를 출산하면서 지리산 반달가슴곰 개체 수는 2020년 74마리로, 복원 목표이던 50마리를 훌쩍 넘어선 상태다.

지리산 반달가슴곰 복원 연결망에 균열을 가한 것은 2017년 수컷 반달가슴곰 한 마리의 '탈출'이었다. KM53은 중국에서 도입한 반달가슴곰 암수 한 쌍을 부모로 2015년 초 국립공원 종복원기술원 생태학습장에서 태어난 개체로, 그해 10월 지리산으로 방사됐다. KM53은 한국Korea 수컷Male 곰으로, 복원사업의 53번째 곰이라는 뜻이다. KM53은 2년 뒤 2017년 6월 지리산에서 직선거리로 90km 떨어진 김천 수도산에서 발견됐다. 낯선 위치에 곰이 있어 포획했더니 귀에 KM53이라는 인식표가 붙어 있었던 것이다. 위치를 추적하기 위해 부착해 놓은 GPS 추적기는 이미 고장 난 상태였다. 반달가슴곰의 활동 반경이 15km 안팎임을 감안할 때 이례적인 사건이었다. 복원팀은 KM53을 포획해 지리산에 다시 방사했다. 서식 환경이 꾸준히 관리되고 있는 지리산이 낯선 산악지대보다 곰에게 안전할 것이란 판단에서였다. 그러나 KM53은 3주 뒤 다시 김천 수도산으로 탈출한다. 또다시 포획된 곰은 2개월간 대인 기피 훈련을 받고 동면을 앞두고 10월 다시 지리산에 방사됐다.

이듬해 5월 KM53은 3번째로 지리산에서 탈출했다. 이번엔 수도산 방향으로 백두대간을 따라 올라가다 달리는 고속버스에 부딪히는 사고까지 당했다. 복합 골절을 입었지만, 다행히 응급 수술을 받을 수 있었다. KM53의 건강이 회복되자 복원팀은 KM53을 지리산이 아닌 김천 수도산에 방사키로 결정한다. KM53이 3차례에 걸쳐 수도산으로 이동했고, 해당 지역의 식생을 조사해 보니 곰 서식지로 적합하다고 판단된다는 것이었다. 2018년 8월 KM53의 수도산 방사는 우리나라 자연 보전의 역사에서 이례적인 사건이었다. 인간이 지정한 '동물 공간animal space'(Philo and Wilbert, 2000)을 벗어나

---

11. 이 사례는 다음 문헌을 참고로 했다. 『야생동물보호와 지리산 반달곰 살리기 공청회』(환경운동연합, 1996); 『지리산 반달가슴곰 연구 모니터링 결과 보고서』(국립공원 멸종위기종복원센터, 2009); 『제2차 반달가슴곰 복원 로드맵(2021-2030)』(환경부, 2020, 미간행); Politics of Animal Categories: Domesticated and Restored AsiaticBlack Bears in South Korea (Lee, J.-Y. 2015).
12. 반달가슴곰은 1982년 천연기념물 329호로 지정됐고, 1998년 환경부 멸종위기 야생동식물(멸종위기 1급)로 지정됐다. 반달가슴곰 개체군이 속한 아시아 흑곰(Ursus thibetanus)은 국제적으로 개체수가 감소하고 있는 종으로, 세계자연보전연맹 적색 목록에서 취약종(VU)으로 분류돼 있다.

는 야생동물은 본래의 동물 공간으로 다시 보내지거나, 제거되어 왔다. 사육장에서 탈출한 동물들이 사육장으로 되돌아가고, 외래 생물이 토종 생태계에서 제거되는 것이 대표적인 예다. KM53은 수차례에 걸쳐 동물 공간에서 탈출했고, 환경부는 의도적으로 보이는 곰의 행동에 마침내 응답해 KM53이 선택한 공간을 새로운 서식지로 인정했다.

환경부와 지역 주민, 김천시는 KM53이 수도산에서 안전하게 살아갈 수 있도록 다양한 조치를 취했다. 수도산 권역 공존협의체를 만들어 주민들에게 반달가슴곰의 존재를 알리고 농작물 피해 예방 대책을 마련하는 한편, KM53이 다치지 않도록 올무와 엽구 같은 포획 장치들을 수거했다. 수도산 김천 공존숲 운영위원회는 예정했던 생물다양성 탐사 프로그램이 KM53 방사 직후와 겹치자, 행사를 이듬해로 연기했다. 행사도 중요하지만, KM53이 잘 적응할 수 있는 환경을 만들어 주는 것도 중요하다는 취지에서다. 김천시는 발 빠르게 KM53을 홍보 캐릭터로 선정하고 KM53의 이름에서 따온 '오삼이'라는 캐릭터를 개발해 지역 특산물 홍보에 활용하고 있다. KM53은 2018년 이후 수도산과 가야산에서 동면하며 백두대간을 따라 활동하고 있다.

KM53의 탈출과 수도산행은 반달가슴곰 서식지 확장으로 이어지고 있다. KM53에 이어 UM28 등 수컷 반달가슴곰 3마리가 차례로 지리산을 벗어나 인근 백두대간 권역에서 목격되고 있다. 환경부는 반달가슴곰의 잇따른 '탈출'을 지리산 서식지가 포화 상태에 이르렀기 때문으로 본다. 지리산 지역 반달가슴곰 수용 능력이 64마리 안팎인데, 이미 70마리를 넘어섰다는 것이다. 지리산 밖에서 활동하는 개체들이 잇달아 목격되면서 반달가슴곰 복원 사업의 2단계(2021-2030) 목표는 지리산에 이어 확산 지역에 안정적인 개체군을 조성하는 것이다. KM53의 수도산 방사는 이 같은 맥락에서 비단 동물의 행위성에 응답한 것만이 아니라, 서식지 확대를 위한 예비적 조치로 생각할 수 있다(환경부, 2020).

그러나 확산 지역 개체군 조성 방식은 초기 반달가슴곰 복원 사업과는 사뭇 다르다. 반달가슴곰 복원 사업은 인간이 정한 서식지에, 인간이 정한 수만큼의 동물을 인간의 계획에 맞춰 투입한다는 인간 중심적 모습을 보였다. 한편 환경부의 2단계 복원 로드맵은 확산 지역의 위치와 동물 수에 대해 열린 태도를 취한다. 지리산 권역 밖으로 이동하는 개체 들이 출현하고 있기 때문에, 이들 개체의 안전한 이동을 담보하고, 모니터링을 강화하며, 확산 지역의 서식지를 정비하는 것이 핵심 전략이다. KM53의 교통사고 같은 사고를 예방하기 위해 확산 예상 경로의 생태 통로를 정비하고, 확산 지역의 서식지 상황과 수용 능력을 고려하는 것이 먼저며, 개체수를 늘리기 위한 추가 방사는 필요할 경우 고려할 수도 있다는 입장이다. 즉, 목표 연도인 2030년의 모습을 예단하는 대신, 반달가슴곰의 이동과 생태에 맞춰 확산 서식지의 모습을 '만들어' 간다는 것이다. 여기서 반달가슴곰은 복원 사업의 대상만이 아니라, 고유의 생태와 활력을 갖고 함께 복원 사업을 수행하는 파트너로 새롭게 만들어진다.[13]

2. 서울시 길고양이 급식소[14]

한국의 길고양이는 쥐를 잡기 위해 집집마다 기르던 사육 고양이에서 출발한다. 1990년대 이후 쥐를 잡기 위한 고양이의 수요가 줄어들고, 버려지는 고양이가 늘어나면서 길고양이 문제가 불거지기 시작했다. 고양이들은 음식물 쓰레기를 헤집어 놓아 도시를 지저분하게 만들고, 특유의 발정음으로 소음 피해를 일으키는가 하면, 배설물과 냄새로 도시의 골칫거리가 됐다(최훈, 2010). 1년에 2~3회 번식하고, 한 번에 4~5마리의 새끼를 낳으면서 길고양이 수는 기하급수적으로 늘어났다. 2019년 기준 서울시에만 11만 6천 마리, 전국적으로는 약 100만 마리로 추정된다(서울시, 2021). 길고양

---

13. 복원 전략의 변화는 반달가슴곰 복원 사업 목표가 '생물다양성 보전'에서 '인간과 반달가슴곰의 공존'으로 바뀐 것과도 무관치 않아 보인다. 반달가슴곰 복원 사업은 "생물다양성이 국가의 부의 척도가 되는 21세기를 맞이하여 과학적인 멸종위기 야생동물 복원기술을 개발하고 이를 실현하여 생물다양성 보전의 초석 마련"을 목표로 진행돼 왔다(멸종위기종복원센터, 2008: 8). 그러나 2020년 마련된 제 2차 로드맵에서는 반달가슴곰 복원 사업의 비전을 "인간과 반달가슴곰이 공존하는 건강한 한반도"로 명시하고 있다(환경부, 2020: 16, 미간행).
14. 이 사례는 다음 문헌을 참고로 했다. 『행위자-연결망 이론을 통해 본 길고양이 중성화 사업(TNR)과 공존의 정치』(이종찬, 2016); "길냥이를 부탁해": 포스트휴먼 공동체의 생정치."(전의령, 2017).

이는 2013년까지 동물보호법상 '유기 동물'로 분류됐다.[15] 고양이는 반려동물인데, 길고양이는 반려인에게서 분리돼 반려동물의 상태를 벗어난 동물이라는 것이다. 유기 동물의 관리는 시, 군, 구 지자체가 맡는다. 지자체는 길고양이를 포획해 유기 동물보호소에서 보호하며 주인을 찾는 공고를 낸다. 10일이 지나도 주인이 나타나지 않으면 안락사된다. 인간이 정한 '동물 공간'을 벗어난 동물은 본래의 동물 공간으로 보내지거나, 존재 자체가 제거되는 것이다. 한편 2000년대 도입된 중성화 사업은 길고양이에 대한 새로운 사유와 전략에 기반한다. 중성화(TNR)는 1950년대 영국에서 시작된 동물 관리 전략으로 '포획Trap-생식 능력 제거Neuter-방사Return'의 3단계로 구성돼 있다. 동물을 죽이지 않으면서 개체 수를 줄일 수 있어 인도적이고 효과적인 도심 동물 관리 방식으로 여겨져 왔다. 국내에서도 길고양이 개체수가 늘어나면서 1990년대 후반부터 동물단체들이 길고양이 중성화의 필요성을 제기해 왔다. 2002년 지자체로는 과천시가 처음으로 길고양이 중성화 사업을 실시했고, 광주시, 부산시, 경기도, 서울시로 차례로 확대됐다. 2013년 동물보호법이 개정되면서 현재는 모든 길고양이가 중성화 대상이다. 길고양이는 더 이상 포획-보호-안락사 되는 유기 동물이 아니며, 포획 후 중성화를 거쳐 방사되는 도심 동물인 것이다(이종찬, 2016).

'도둑' 고양이라고 불렀던 유기 고양이를 '길'고양이라고 부르는 것은 도시의 '골목'이 이들의 거주 공간으로 여겨지고 있음을 보여준다(전의령, 2017). 동물 공간인 반려인의 거주 공간을 벗어났지만, 이들이 새롭게 거주지로 선택한 공간을 인정하고, 이 공간에서 삶을 꾸려 갈 수 있도록 하는 것이다. 이는 기존의 유기 동물 관리에서 동물 공간을 벗어난 고양이가 안락사로 제거되는 것과 대조를 이룬다. 중성화 사업을 실시하는 지자체들은 길고양이가 이미 도시의 구성원임을 강조한다. 전의령은 서울시 담당자의 말을 인용해 "여기서 서울은 천만의 시민만이 아니라 68만 마리의 강아지, 32만 마리의 고양이[25만 마리는 길고양이]가 함께 살아가는 곳으로 강조된다"며 "인간만의 공간이 아닌 동물도 살고 있는 '포스트휴먼 공간으로 재조명된다"고 지적한다(2017: 14).

그런데 고양이가 길에서 사는 동물로 인간과 공존하기 위해서는 '중성화' 수술이 필수다. 서울시는 2015년 중성화 홍보자료에서 "길고양이는 이미 도시 생태계의 일원"이라면서도 "울음소리와 배설물이 갈등의 원인"이라며 "길고양이가 사람과 행복하게 공존할 수 있게 중성화 해 달라"고 당부한다(이종찬, 2016). 인간에게 주는 피해를 최소화하기 위해 신체 일부를 제거해야 비로소 길고양이가 도시의 구성원으로 거듭날 수 있는 것이다. 이 같은 측면에서 전의령은 중성화가 "길고양이를 공존 가능한 대상으로 재창출하는 기술적 장치"라며 "길고양이들이 길에서 살아갈 수 있게 하기 위해 그들의 재생산 능력을 거세해야 한다는 역설"을 지적한다(2017: 33).

중성화가 길고양이의 도시 거주를 허용한다면, 캣맘의 먹이 주기와 급식소 설치는 보다 적극적인 돌봄의 모습을 보여준다. 길고양이 피해가 늘어나는 것과 함께 1990년대 중반부터 자발적으로 이들을 돌보는 사람도 생겨나기 시작했다. '캣맘', '캣대디'라고 불리는 이들은 길고양이가 자주 찾는 곳에 사료, 물, 닭고기 캔 같은 먹이를 주고, 영양제를 주거나 간단히 비를 피할 공간을 만들어 주기도 한다. 길고양이를 기존의 '동물 공간'이자 인간의 공간인 집으로 데려오는 대신, 이들은 길고양이의 공간인 골목으로 찾아가, 굶거나 얼어 죽지 않도록 음식과 쉼터를 제공해 왔다. 캣맘의 행동은 길고양이가 획득한 생태를 존중하되, 계속하여 삶을 꾸려갈 수 있도록 돕는 돌봄의 모습을 띠고 있다. 매일 같은 시간에 찾아오는 캣맘의 먹이 주기는 길고양이의 영역성과, 인간과 애착 형성이 가능하다는 특성이 발현되고 발전하게 한다. 이 같은 실천을 통해 길고양이는 소음을 유발하고 쓰레기를 헤집어 놓는 '유해 동물'이 아니라, 같은 공간을 이용하는 '비인간 이웃'으로, 돌봄을 필요로 하는 '약자'로 새롭게 구성되는 것이다.

최근 지자체의 길고양이 급식소 설치는 개별 캣맘과 길고양이의 윤리적 관계를 도심 환경 관리로 포섭하려는 시도다. 2013년 서울 강동구가 주민센터와 공원에 설치하면서 시작된 길고양이 급식소는 서초구, 금천구 등으로 확대됐다.

---

15. 길고양이는 반달가슴곰 같은 야생동물도, 고양이와 같은 사육동물도 아니다. 최훈(2010)은 도널드슨과 킴리카의 분류를 빌려 길고양이를 '경계 동물(liminal animals)'로 분류한다. 이들은 도시의 공원이나 건물처럼 인간이 만든 환경에서 인간이 주는 먹이나 음식쓰레기에 의존해 살아가고 있다. 인간에게 의존하지만, 그렇다고 완전히 인간에게 길들지도 않은 이들은 '야생'과 '사육'이라는 이분법적 카테고리에 속하지 않는다.

서울시도 서울숲 등 4개 공원에 급식소 27곳을 설치해 관리하고 있다. 길고양이 급식소는 길고양이에게 안전한 먹이를 제공하는 돌봄의 실천이자, 쓰레기 봉지를 둘러싼 민원을 줄이기 위한 방안이기도 하다.

3. 프랑스 풍력발전과 철새[16]

재생 에너지 설비와 야생동물 충돌은 풍력 발전에서 특히 두드러진다. 철새와 풍력발전기가 모두 바람을 이용하기 때문에, 이동하던 철새가 풍력발전기 블레이드에 부딪혀 사고사할 수 있기 때문이다. 프랑스 남부 포트 라 누벨 풍력단지는 철새를 고려한 풍력 발전 계획을 보여주는 드문 사례다. 스페인 국경 인근의 나보네스는 강풍이 부는 지역으로 아프리카에서 동유럽으로 오가는 철새들의 이동 경로로 이용돼 왔다. 때문에 일찍부터 철새를 관찰하는 탐조 활동이 발달했다. 나보네스에서 도 포트 라 누벨 공원 일대는 초속 7m의 바람이 부는 곳으로, 1993년 풍력발전기 15대가 설치됐다. 2000년 포트 라 누벨 풍력 단지와 인근 풍력 단지의 병합을 앞두고 지방 정부는 연안 경관을 고려하고 바람 이용을 극대화하기 위해 포트 라 누벨의 풍력 발전기 위치를 변경키로 계획한다. 설비 이동에 따른 환경 영향을 파악하기 위해 풍력 발전 업체는 지역 조류 보호 협회Local bird protection organization, LPO에 철새 모니터링을 맡겼다.

LPO는 풍력 발전기와 철새의 상호작용을 파악하기 위해 새로운 모니터링 방식을 고안했다. 전통적 철새 모니터링은 철새의 종, 개체 수, 출현 시기를 기록한다. 그런데 LPO는 이 조사를 위해 실제 풍력 발전기 주변에서 철새의 행동을 관찰하는 '마이크로 사이팅micro-siting' 방식을 개발했다. 즉, 새가 풍력발전기를 어떻게 발견하며 어떤 전략을 구사해 충돌을 회피하는지를 관찰하는 것이었다. LPO는 1997년부터 2001년까지 5년에 걸쳐 220시간 1,088회의 비행을 관찰했

다. 이를 통해 새의 비행 높이와 풍력발전기 블레이드의 높이를 비교하는 한편, 새들이 풍력 단지 자체를 우회하거나, 블레이드 위로 날아오르거나 아래로 저공 비행하는 등의 방법으로 풍력 발전기를 회피하고 있음을 확인했다. 또, 철새들이 많이 이용하는 지역의 세부 바람길을 파악하고, 각 바람길의 이용 빈도를 수치로 시각화했다. 철새의 이동 경로를 보다 구체화해 포르 라 누벨 공원이라는 마이크로 스케일에서 철새의 공간 이용 패턴을 밝힌 것이다.

LPO의 모니터링은 기존 설비 일부가 바람길을 정면으로 가로막고 있음을 드러냈다. 철새와의 충돌 위험이 높을 뿐 아니라 바람 이용 효율도 떨어지는 것이다. 또, 풍력 발전기가 바람길과 평행하게 설치될 때 조류 충돌 위험이 낮고 발전 효율도 높음을 확인했다. 업체는 LPO의 연구 결과를 적극 받아들였다. 업체는 LPO가 가시화한 철새 이동 통로를 참고해 풍력 발전기 위치를 정했다. 각 4~6기씩 세 줄로 바람길과 나란하게 설치한 것이다.

포트 라 누벨 사례는 풍력 발전기가 철새의 행동에 미친 영향을 세심하게 관찰하고, 그에 응답해 풍력발전기 위치를 바꿈으로써 철새와 풍력발전의 공존을 도모할 수 있었음을 보여준다. 바람이 인간뿐 아니라 새에게도 중요한 자원이며, 인간과 새가 바람이라는 자원을 '공유share' 할 수 있음을 보여준 것이다(Nadaï and Labussière, 2010). 나다이는 특히 LPO의 모니터링이 언덕과 풍력발전기로 구성된 풍력 발전 경관에서 철새를 가시화하는 데 그치지 않고, 새의 지능과 민첩함을 드러내는 계기가 됐음을 강조한다. 새들은 우회, 활공, 저공비행 등 다양한 전략을 이용해 풍력발전기와의 충돌을 피했다. 높이 나는 새들은 500m 전에 풍력발전기를 알아보고 우회했고, 유럽 벌매나 붉은 솔개는 뛰어난 활공 능력을 이용해 풍력발전기 사이를 재빠르게 통과했다. 모니터링을 통해 철새가 단순한 이동성 조류가 아니라 뛰어난 시각과 지능, 비행 능력을 가진 존재로 절합된 것이다.

16. 이 사례는 다음의 두 문헌을 참고했다. Nadaï, A., "Planning with the missing masses:innovative wind power planning in France," 2012; Nadaï, A. and Labussière, O., "Birds, Wind and the Making of Wind Power Landscapes in Aude, Southern France," 2010.

IV. 응답의 정치

이 절에서는 앞서 살펴본 이론과 3절의 사례를 결합해 분석함으로써, 새로운 동물 정치의 인간-동물 존재론, 정치적 전략, 생명 정치적 함의를 살펴본다. 이를 통해 철학적 토대와 전략 측면에서 기존의 동물권 정치와 구별되는 '응답의 정치'를 제시하고, 응답의 정치가 보여주는 인간- 동물 관계 전환의 새로운 가능성을 탐색한다(〈표 1〉).

〈표 1〉 동물권 정치와 응답의 정치

구분	동물권 정치	응답의 정치
철학적 기반	휴머니즘	포스트휴머니즘
목표	정의의 확장	다종적 번성
존재론	자유주의적 주체로서의 동물	인간-동물 얽힘과 의존
전략	시민권, 법적 인격성의 법제화	응답과 조율
생명정치적 함의	동물 보호	동물 보호, 동물의 역량 발현

1. 인간-동물 존재론: 다종적 얽힘과 의존

앞서 살펴본 세 사례는 모두 인간과 동물이 독립적으로 존재하는 것이 아니라 역사적, 물리적으로 결합돼 있으며 상호 의존을 통해 삶을 꾸려나가고 있음을 강조한다. 지리산의 반달가슴곰은 인간 사회와 분리돼 자연 지역에 서식하는 존재가 아니라 종복원센터의 인간 관리자, 위치 추적기, 고유 번호, 올무와 덫, 양봉 농가, 지역 주민이라는 다종적 관계를 통해 존재한다. 서울의 길고양이 역시 앞서 인용한 서울시 담당자의 말처럼 천만의 시민, 68만 마리의 강아지, 32만 마리의 강아지가 함께 살고 있는 포스트휴먼 공동체(전의령, 2017)의 일원이며, 프랑스 남부의 철새 또한 탐조인, 풍력 발전기, 풍력 발전 업체가 결집한 풍력 경관wind power landscape(Nadaï, 2012)의 비인간 구성원이다.

다종적 공동체의 작동은 연결망에 결합된 동물과 인간을 새롭게 만들어 냈다. KM53의 잇단 탈출에 주목하고, 수도산에 풀어주는 다종적 실천을 통해 KM53은 동물 공간을 벗어나고자 하는 행위성을 가진 곰으로 새롭게 만들어졌다. 풍력발전기와 철새의 상호작용에 대한 세심한 관찰을 통해 철새는 지능과 민첩함으로 인공물을 알아보고 피해 갈 줄 아는 능동적 행위자로 거듭났다. 반달가슴곰, 길고양이, 철새의 연결망에 기입된 인간 행위자 또한 '전지전능한 위치'에서 동물을 파악하고 통제하는 존재에서, 동물에게 귀를 기울이고, 응답할 수 있는 존재로 만들어졌다. 데스프레의 표현처럼 "판관judge"이 아니라 "돌봄자caretaker"가 된 것이다. 포스트휴머니즘 동물 연구자들의 지적처럼, 다종적 연결망에 얽혀 있는 행위자들은 고정불변의 본질을 가진 존재가 아니며, 연결망의 수행을 통해 특정한 형태로 새롭게 만들어질 수 있는 존재인 것이다(Despret, 2004; 하대청, 2009; de la Bellacasa, 2017; van Dooren, 2019).

인간, 동물, 인간-동물의 관계성을 다종적 연결망 수행의 결과로 보는 입장은 다종적 정치적 공동체의 구성원을 선험적인 정치적 주체로 보는 동물권 정치의 존재론과 구별된다. 권리 기반의 동물 정치는 인간과 동물의 상호작용보다는, 인간과 동물 모두 고유한 특성과 자유의지를 가진 존재liberal subject라는 데 주목한다. 특히 일부 고등 동물은 인간과 유사한 수준의 기억과 자의식을 갖고 있으므로 법적, 정치적 인격성을 부여해야 한다고 강조한다. 이때 자유의지는 동물이 태어나면서부터 갖고 있는 선험적, 보편적 특징으로 간주된다. 응답의 정치가 맥락화된 상호작용을 통해 인간과 동물이 행위하고 응답하는 주체로 만들어진다는 '과정적processual' 측면을 강조한다면, 동물권 정치는 인간과 동물을 고정되고 변하지 않는 '본질적essential' 특성을 가진 존재로 보는 것이다. 인간과 동물의 고정된 본질 대신 관계적 생성을 강조함으로써 응답의 정치는 연결망의 수행을 통해 펼쳐지는 새로운 가능성에 대해 열린 태도를 갖는다. 이 같은 존재론적 입장은 아래 논의할 긍정의 생명정치로 이어진다.

한편, 브레이버맨(I. Braverman)은 동물권 정치가 인간적 특성과 제도를 동물에게 확장하려 한다는 점에서 여전히 "인간주의적humanist" 정치라고 지적한다(Braverman, 2015). 선을 긋는 위치가 바뀌었을 뿐, 여전히 인간과 유사한 존재와 인간과 다른 존재를 구분하는 이분법에 기반하고 있다는 것이다. 이에 비해 응답의 정치는 인간과 비인간의 얽힘과 상호 작용, 관계적 주체성을 강조한다는 점에서 브레이버맨이 모색하는 포스트휴먼 정치, 즉 인간주의를 넘어선 정치의 모습을 띠고 있다고 하겠다.

2. 정치적 전략: 응답과 조율

앞서 사례에서 동물이 '동물 공간'을 탈출하거나, '인간 공간'에 나타났을 때, 연결망에 결합된 인간 행위자들은 이를 무시하지 않고, 세심하게 관찰하고, 응답하는 모습을 보였다. 과학자, 관료, 시민, 탐조인 등의 인간 행위자들은 '관심 기울이기-응답-제도적 조율'이라는 3단계 전략을 취했다. 반달가슴곰의 경우, 과학자들과 보전 관료들은 곰 한 마리의 서식지 탈출을 예사롭게 넘기지 않고, 이에 응답해 문제의 반달가슴곰을 그가 원하는 서식지에 풀어주고, 반달가슴곰 전체 집단의 서식지 확대를 복원 사업의 아젠다로 반영했다. 서울의 시민과 행정 관료들 또한 골목을 어슬렁거리는 주인 없는 고양이를 세심하게 관찰하고, 굶주리지 않도록 먹이와 물을 제공하고, 급식소를 만들어 줌으로써 돌봄을 제도화했다. 풍력발전기가 설치되면 철새가 알아서 경로를 바꿀 것이라 생각하는 대신, 프랑스의 탐조인들은 풍력발전기에 대한 철새의 반응을 세심하게 관찰했고, 풍력발전업체는 이를 반영해 철새와의 충돌을 최소화할 수 있도록 풍력발전기의 위치를 변경했다.

이 사례들은 '주의 기울이기'와 '응답'이 기존의 자연 보전, 도심 동물 관리, 풍력 단지 계획을 바꿔 놓을 수 있음을 보여준다. 칭과 반 두런이 '기예art'라고 표현한 동물에 대한 관심과 세심한 관찰을 통해 이들 동물은 해당 환경 정치의 경관에서 비로소 가시화되기 시작했다(Tsing, 2005, van Dooren etal., 2016). 야생동물, 고양이, 철새는 이전부터 경관의 일부였다. 그러나 관심을 기울이기 전에는 존재하지 않는 것처럼 여겨지거나e.g. 철새, 고양이, 정상적이지 않은 예외e.g. 탈출 반달가슴곰로 간주돼 무시됐다. 관심과 주의를 기울이면서 이들의 존재가 드러났고, 이들이 보여주는 독특하거나 뜻밖의 행동e.g. 반달가슴곰의 수도산행, 고양이의 길거리 생활이 주목 받기 시작했다. 관심과 관찰은 동물이 보여주는 '예외적' 행동을 교정하려 드는 대신, 행동 자체를 받아들이고, 그에 맞춰 인간의 행동과 정책을 바꾸는 변화로 이어졌다. 해러웨이의 지적처럼, 동물이 보내는 뜻밖의 시선을 외면하지 않고, 그에 '응답'한 것이다. 연거푸 서식지를 벗어난 반달가슴곰은 '적응 실패'로 회수되는 대신, 자신이 선택한 서식지에서 살아가게 됐고, 길거리의 고양이들은 유기 동물로 포획돼 안락사되는 대신 캣맘과 지자체의 돌봄 대상이 됐다.[17] 동물에게 주의를 기울이고 응답하는 행위를 통해 그간 인간만으로 구성됐던 환경 정치에 동물의 공간이 마련된 것이다.

이처럼 자연과 관련된 인간의 정치적 의사 결정에 동물을 적극 포함 시키고자 한다는 점에서 응답의 정치는 동물권 정치와 공통점을 갖는다. 동물이 인간의 대의 정치에 직접 참여할 수 없기 때문에, '동물 정치'를 위해서는 다양한 법적, 정책적 도구가 필요하다. 여기서 동물권 정치와 응답의 정치는 사뭇 다른 전략으로 눈길을 돌린다. 동물권 정치가 법적 인격성, 시민권, 법조문 같은 법석 도구를 이용해 동물에게 법적, 정치적 지위를 부여하고자 한다면, 응답의 정치는 구체화된

17. 동물권 정치 또한 사육 동물의 고통에 대한 주의 기울이기와 응답으로 촉발되었다는 점에서 '응답의 정치'의 성격을 갖는다.

관계 속에서 동물을 세심하게 관찰하고, 정책이나 제도를 손질해 동물의 필요에 응답하고자 한다. 즉, 동물권 정치가 법과 원칙이라는 '일반화된' 접근을 취한다면, 응답의 정치는 특정 인간-동물 관계 속에서 변화를 이끌어 내는 '맥락화된' 접근을 취한다. 이는 응답의 정치가 보편타당한 '원칙' 대신 특정 관계 속에서 생성되는 '공감'을 강조하는 관계적 윤리에 기반 하고 있음과 무관치 않다.

특히, 해러웨이 등은 동물에 대한 관심과 응답이 인간과 동물의 정동적인 대면을 통해 매개됨을 강조한다(Haraway, 2008; 2016; van Dooren, 2019). 동물의 행동을 직간접적으로 대면하면서 동물에 대한 찬탄, 경이, 연민과 같은 감정들이 생겨나며, 관심과 책임, 응답으로 이어진다. 세 살 난 반달가슴곰 한 마리가 90km를 달려 수도산까지 갔고, 그 와중에 교통사고까지 입었다는 이야기는 경이와 찬탄을 불러일으킨다. KM53은 호기심과 모험심이 많은 곰이란 의미에서 '콜럼버스 곰'이라는 별명까지 얻었다. 사람을 똑바로 응시하는 눈동자와 쓰다듬고 싶은 보들보들한 털은 길고양이에 대한 연민과 돌봄의 감정을 부른다. 이 사례들은 동물에 대한 이 같은 '공감적 상상'(Celermajer et al., 2020)이 동물이 겪고 있는 불평등과 부정의에 대한 자각만큼이나 강력한 에너지를 갖고 개인적, 제도적 변화로 이어질 수 있음을 보여준다.

한편, 응답의 정치를 현실에서 실천하기 위해서는 지난한 협상과 조정이 필요하다. 동물권 정치는 인간과 동물이 공유하는 '인격성'의 원칙과 법적 도구를 사용한다는 점에서 상대적으로 분명한 전환 전략을 갖고 있다. 응답의 정치는 구체적인 인간-동물 관계를 통해 작동한다.[18] 따라서 어떤 필요와 응답이 필요한지 관계가 맺어지기 이전엔 알 수가 없다. 반달가슴곰이 서식지에서 탈출하고, 사람들이 이 사건에 주목하기 전까지 반달가슴곰의 행동에 맞춰 서식지를 확대해야 한다는 논의는 존재하지 않았다. LPO의 철새 모니터링 전까지 철새가 풍력발전기를 알아보고 반응하며, 이를 풍력발전기 위치 선정에 반영해야 한다는 생각은 나타나지 않았다. 연결

망에 결합된 동물이 보여주는 행동의 변화를 세심하게 관찰함으로써 비로소 '문제'가 드러나고, '응답'의 전략이 마련될 수 있다. 이 같은 측면에서 응답의 정치는 관계와 무관하게 갖고 있는 특성e.g. 법적 인격성을 제도화하려는 동물권 정치보다 어렵다. 원리주의적 접근 대신 실천적 맥락 속에서의 윤리성을 탐색하고자 하는 하대청의 아래 지적은 응답의 정치에도 적용되는 듯하다. "윤리적 결정은 단지 여러 다른 종들의 생명들 사이에서 하나를 선택하는 그런 단일한 차원에서 확정되기보다는 (…) 모두 고려하는 복잡한 협상과 조정 속에서, 즉 우리가 살아갈 공통 세계를 만들어가는 힘겨운 실천 속에서 이뤄져야 한다는 것이다."(2009: 282).

3. 생명정치적 함의: 긍정의 생명 정치

동물권 정치와 응답의 정치는 모두 인간의 동물 '통제' 대신 인간과 동물의 '공존'을 목적으로 한다. 인간의 행동과 제도 변화를 통해 동물을 "살게 하는 것"을 목표로 한다는 점에서 최근의 동물 정치는 푸코(M. Foucault)가 말한 근대적 '생명정치'의 성격을 갖고 있다(Foucault, 1978; Asdal et al., 2016).[19] 동물 정치 연구자들은 동물 윤리가 '죽거나 고통받지 않게 한다'는 다소 방어적인negative의무에 치중했다면, 동물 정치는 '동물을 보호한다'는 보다 공격적인positive 의무를 강조한다고 지적한다(Nussbaum, 2004; Donaldson and Kymlicka, 2011; Braverman, 2015). 동물 윤리와 동물 정치의 다소 상이한 정치적 목적은 이들이 서로 다른 동물을 주로 다뤄왔다는 점과 무관치 않다. 동물 윤리가 인간 사회가 통제하고 이용해 온 사육 동물을 중심으로 논의를 펼쳐 왔다면, 동물 정치는 사육 동물뿐 아니라 경계 동물, 야생동물로 논의를 확장한다. 특히 야생동물은 기존의 동물 윤리 논의에서는 거의 다뤄지지 않았으며, 환경 윤리 진영에서 제시하는 '인간은 자연에 손대지 말라'는 명령이 윤리적인 태도로 여겨

---

18. 일례로, 길고양이는 중성화 대상이지만, 다른 관계망에 결합해 있는 개는 여전히 유기 동물로 분류돼 포획-보호-안락사된다.

19. 푸코는 근대 자유주의 사회가 다양한 규율과 조절 기제를 통해 인구를 '살게 하는 것'을 목적으로 한다고 보고, 이같은 통치의 방식을 '생명정치(biopolitics)'라고 부른다. 그는 생명정치를 근대 자유주의 및 자본주의 체제로의 전환과 연결하고, 생명정치가 자본주의 산업 역군인 인구의 건강, 부, 행복을 증진하고자 함을 지적한다.

*편집자 주) "생명정치"는 이번 호에 함께 실린 전의령의 논문 「"길냥이를 부탁해": 포스트휴먼 공동체의 생정치」에서 "생정치"와 같이 "biopolitics"를 번역한 말이다.

져 왔다. 도널드슨과 킴리카(2011)는 그러나 야생동물이 그들이 살고 있는 환경에 절대적으로 의존하고 있음을 감안할 때 인간에게는 이를 존중하고 보조할 의무가 있다고 지적한다. 따라서 야생동물의 서식지를 보호하고, 재난으로 고통을 겪을 때 구조하고, 음식과 쉼터를 제공하는 등의 보다 적극적인 실천이 필요하다는 것이다. 소송을 통해 인간 지위를 획득한 뉴질랜드 황거누이 강 사례에서 보듯 동물권 정치는 자연물의 법적, 정치적 지위를 향상해 동물 보호를 실천하고자 한다(보이드, 2018). 응답의 정치는 개별 관계 속에서 드러나는 동물의 필요를 포착하고, 이에 응답하는 데 주력한다. 길고양이 돌봄이나, 산불 지역에서 새끼 코알라를 구조해 물과 음식을 먹여주는 것이 적극적인 동물 보호의 사례가 될 것이다(Celermajer etal., 2020).

한편 동물의 자율성과 행위성에 대한 강조는 응답의 정치가 동물 보호에서 한 걸음 더 나아가 동물이 가진 잠재적 역량을 발휘케 하는 '긍정적 생명정치affirmative mode of biopolitics'로 작동할 수 있음을 제시한다(Rutherford and Rutherford, 2013; 최명애, 2018). 이때 동물은 인간의 보호 조치가 필요한 '대상'이 아니라, 타고난 생태와 습성, 역량을 발휘할 수 있는 '주체'가 된다. 인간의 역할은 동물을 세심하게 관찰하고, 적절히 응답하며, 필요하다면 정책과 제도를 조율해 이들이 번성하게 하는 것이다. 이 같은 관계를 통해 동물은 인간의 개입을 기다리는 "양순한 존재being docile"가 아니라 데스프레와 해러웨이, 누스바움이 이야기하는 "흥미로운 존재being interesting" "잠재성이 있는 존재being available"로 새롭게 만들어진다(Despret, 2004; Nussbaum, 2004; Haraway, 2016). 인간과 유사한 동물의 특성을 강조하는 동물권 정치가 동물을 '인간 비슷한 존재'로 환원한다면, 응답의 정치는 동물의 복잡함complexity과 개성, 인간이 아식까지 파악하지 못한 미지의 특성을 존중하고, 이 같은 동물의 역량이 인간-동물 관계에 미치는 효과에 대해 열린 태도를 갖는다. 다종적 상호작용은 인간과 동물이 유사하기 때문이 아니라, 인간과 다르기 때문에 의미를 갖는 것이다.

해러웨이는 비둘기 사례 연구에서 "비둘기, 인간, 다양한 장치들의 얽힘은 다종적 관계성의 세계에서 이들 모두가 무엇인가 새로운 것을 할 수 있도록 만들어 냈다"고 말한다(2016:19). 반달가슴곰 사례 역시 마찬가지다. KM53의 잇단 서식지 탈출과 그의 행보에 관심을 기울이고 지켜보는 행위를 통해 KM53은 흥미로운 존재이자, 새로운 거주지를 탐색할 수 있는 존재로 거듭났다. 어린 반달가슴곰 한 마리의 탈출을 무시하지 않고, 이에 응답함으로써 반달가슴곰 복원 사업은 곰을 '파트너'로 삼아 서식지 확장을 모색하기 시작했다. 동물과 인간이 한 팀이 되어 역량을 발휘하고 응답함으로써 미처 생각하지 못했던 일들을 할 수 있게 된 것이다.[20] 누스바움(2006)은 동물에 대한 역량 접근의 장점은 상상 속의 조화로운 인간-동물 관계로 되돌아가는 것이 아니라, "가능한 변화들possible changes"을 만들어 내는 데 있다고 지적한다. 동물의 잠재적 역량을 발휘하게 해 새로운 가능성을 만들어 내야 한다는 것이다(Despret, 2004). 이 같은 탐색적, 실험적 접근은 동물을 보호함으로써 살게 하는 것보다 훨씬 적극적이고 긍정적인 생명정치로 기능할 수 있을 것이다(de la Bellacasa, 2017).

이처럼 지리산 반달가슴곰, 서울 길고양이, 프랑스 남부 철새 사례는 새로운 동물 정치의 모습을 보여준다. 인간과 동물은 다종적 공동체의 평평한 지평에서 환경적 실행을 통해 '능동적 행위자'와 '돌봄자'로 새롭게 구성된다. 인간 행위자들 — 자연 보전 연구자, 관료, 활동가, 시민 — 은 실제 현장에서 동물을 세심하게 관찰하고, 그에 맞춰 인간의 행동을 바꾸고, 이를 반영해 정책이나 제도적 도구를 조율한다. 동물에게도 인간과 같은 인격성이 존재함을 천명하는 대신, 이들은 동물의 필요에 따른 '응답'을 제도화함으로써 보다 정의로운 인간-동물 관계를 구현하고자 한다. 기존의 동물권 정치가 동물과 인간의 유사함에 소구해 다종적 정의를 구현하고자 한다면, 응답의 정치는 동물의 차이와 다름에 대한 인간의 관찰과 조율을 통해 다종적 정의를 모색한다고 할 수 있을 것이다.

20. 최근의 재야생화 논의는 비인간의 역량을 발휘해 새로운 미래를 모색하는 다종적 상호작용의 모습을 보여준다(최명애, 2021). 재야생화는 핵심종을 도입하거나, 인간의 개입을 중지함으로써 동식물의 생태와 활력을 활성화해 훼손된 지역을 복원하는 새로운 보전 전략이다. 복원의 핵심 동력을 자연의 행위성으로 보고, 인간의 역할은 이를 보조하는 데 한정한다. 이를 통해 자연을 통제하고 질서를 부여하려는 인간 중심적 관성을 버리고, 자연의 역량을 통해 다종적 미래를 모색한다는 점에서 응답의 정치와 일정한 교차점을 갖는다.

V. 인류세의 '트러블과 함께하기'

결론을 대신해 필자는 인류세의 인간-자연 관계 혁신에서 응답의 정치가 갖는 가능성과 한계를 살펴보고자 한다. 응답의 정치는 동물과 인간의 역동적 상호 작용을 강조함으로써 인간-자연 공존의 방식을 다양화할 수 있다. 인간과 동물의 관계는 통상 '살림'과 '죽임'의 이분법을 통해 생각돼 왔다. 특히 멧돼지가 도시에 출몰하거나, 사육장을 탈출한 동물이 인간을 공격하는 등의 인간-동물 충돌의 경우 '동물의 공간'을 벗어난 동물을 제거하는 것이 효율적인 해결책으로 간주돼 왔다. 그러나 응답의 정치는 동물의 행위를 세심하게 관찰하고 이에 응답하기 위해 노력함으로써 이 같은 환경 분쟁을 보다 입체적으로 이해하고, 적확한 해결책을 찾게 할 수 있다. 예를 들어 기존의 인간 중심적 관점에서 멧돼지의 도시 출몰은 동물의 '이상 행동'으로 간주되어 제거 대상이 된다. 동물권 정치에서 멧돼지는 인간과 같은 법적, 정치적 지위를 가진 존재로, 도시 공간을 방문하고 거주할 일정한 권리를 부여받아야 한다. 한편 응답의 정치는 멧돼지의 활동 반경과 행동 패턴을 섬세히 분석하고, 다종적 조율을 통해 해결책을 찾는다. 굶주림 때문이라면 먹이를 제공하고, 도시 개발이 멧돼지 서식지를 침해했기 때문이라면 도시 계획의 방향과 방식을 바꾸는 것이다. 멧돼지와 인간의 서식지가 교차하는 곳에는 거주 밀도가 높은 주거 단지 대신 공원을 설계하는 등의 방식이다. 이 같은 다종적 조율은 동물과 마찬가지로 인간도 하나의 종으로 보고, 적극적인 행동 변화를 요구한다. 이를 통해 문제의 근본 원인을 파악하고, 실질적인 해결책을 찾는 한편, 다종적으로 보다 정의로운 공존을 추구할 수 있을 것이다.

한편, 왈도와 숄로스버그의 지적처럼 응답의 정치는 제도화하기 매우 어렵다(Celermajer etal., 2020). 맥락화된 사유와 실천을 강조하기 때문에, 모든 응답은 특수하며, 다른 관계로 확대 적용할 수 없다. 따라서 어느 정도의 일반화가 필요한 정책이나 제도로 만들어 내기가 쉽지 않다는 것이다. 나아가, 맥락에 대한 강조는 다양하고 상충하는 행위들을 정당화하는 데 활용될 수 있다. 이 같은 측면에서 응답의 정치는 기존의 국가, 자본, 인간주의적 정치와 영합할 여지를 남긴다. 이 논문에서 살펴본 응답의 사례들은 한편으로는 그 같은 결정이 국가와 자본의 입장에서 보다 효과적이고 현실적인 방안이었기 때문이기도 하다. 반달가슴곰의 서식지 확대는 KM53뿐 아니라 지리산의 반달가슴곰 개체 수가 포화 상태에 이르렀다는 보전 당국의 현실적 자각 때문이기도 하다. 포트 라 누벨 공원은 풍력발전기 위치 변경이 이미 예정돼 있었고, 철새를 관찰해 바람 이용을 극대화하려는 업체의 계산이 깔려 있었다. 길고양이 급식소 또한 먹이를 먹으러 오는 고양이 가운데 중성화가 안 된 개체를 포획해 중성화 수술을 받게 하는 용도로도 활용된다. 스리니바산(K. Srinivasan)은 중성화 사업과 같은 돌봄care이 개별 동물의 신체를 훼손하는 고통harm과 중첩돼 있다며, 다종적 돌봄은 기존의 인간-동물 관계의 방식과 리듬을 훼손하지 않는 선에서 조직되고 실천된다고 지적한다(Srinivasan, 2012). 그는 "동물의 삶well-being과 인간의 이익이 경합할 때, 맥락화된 접근은 인간의 이익이나 활동을 저해하지 않는 선에서 동물의 삶을 돌보는 방법을 찾는다"고 말한다(2018: 242). 맥락을 강조함으로써 돌봄이 희생되는 상황을 정당화하게 된다는 것이다. 마지막으로 필자는 응답의 정치가 갖는 위기와 한계 속에서도, 이것이 인류세의 인간과 동물 관계를 바꿔나갈 수 있는 방법의 하나임을 강조하고자 한다. 해러웨이는 '트러블과 함께하기'에서 완벽하게 '순수한' 프로젝트는 없다고 말한다. 그러면서 "그럼에도 불구하고 그것은 계속되고, 불순하고, 미심쩍고, 다종적인 함께 하기의 하나의 가닥"이라고 덧붙인다(2016: 29). 과학적 증거와 합리적 판단이 지배하는 것처럼 보이는 현실 정치에서 응답의 정치는 어쩌면 순진한 프로젝트일지도 모른다. 그러나 응답의 사례들은 뜻밖의 행동과 주의 깊은 상호작용이 새로운 가능성들을 낳았음을 보여준다. 이 같은 측면에서 응답의 정치는 인류세의 '트러블' 속에서도 희망을 잃지 않고 다종적 미래를 탐색하는 하나의 실험이 될 것이다.

안녕하세요. 자기소개 부탁드려요.

변화하는 인간-동물 관계를 연구하는 환경 지리학자예요.
한국의 고래 보전과 포경, 갯벌 생태관광, 올레 걷기, 철원 DMZ의 두루미 보전 등을 연구했고,
연세대 문화인류학과에서 강의, 연구하며 '인간 너머의 인류학'을 모색하고 있어요.

무엇을 연구하고 계신가요?

인문지리학, 문화인류학, 과학기술학, 환경 사회학의 접점에서
연구하고 있으며, 인간 너머의 존재들(동물을 포함한 비인간)과 재현
너머의 상호작용(정동, 신체)을 통해 인간-자연 관계를 보다
입체적으로 살펴보고자 합니다.

이 연구를 하게 된 계기가 있나요?

기존의 동물권 중심의 동물 연구가 동물을 항상 인간의 (구원적)
개입이 이뤄지는 대상이나, 인간 사회와 구별되는 별도의 공간과
시간에 존재하는 것처럼 여기는 것이 어딘가 불편했어요. 동물과
인간이 서로 영향력을 주고 받으며 함께 만들어 내는 정치의 모습을 찾아보고 싶었어요. 도심의
'도둑'에서 '이웃'이 된 길고양이들과 함께 꾸준히 '인간의 공간'을 탈출한 반달가슴곰 KM53이 영감을
주었습니다.

연구자로서 연구 대상인 고양이와 관계 맺기가 개인으로서의 고양이와의 관계에 어떤 영향을 주었나요?

길고양이는 한국 사회에서 '도둑'에서 비인간 '이웃'으로 새롭게 위치가 만들어진 보기 드문
동물이에요. 길고양이를 둘러싼 논란이 한국 도시의 동물-인간관계의 최전선이기도 하고, 도심 야생
동물 관리에 정부가 적극적으로 개입하는 드문 사례이기도 해요. 연구자로서 아주 흥미로운 존재죠.
길고양이 및 고양이 일반에 대한 관심이 인간-동물 관계 전반으로 확장될 수 있는지도 궁금하고,
고양이와 인간이 맺는 관계가 인간 소수 집단과 인간의 관계와는 무엇이 같고 다른지도 궁금합니다.

지금은 어떤 연구를 준비 중이신가요?

강원도 철원 DMZ와 인근 지역의 변화하는 인간-두루미 관계를 연구하고 있어요. 특히 최근의 AI를
이용한 생태 조사 같은 기술적 개입이나, 농업의 쇠락과 자연 보전의 관계 같은 것들에 관심이 있고요.
최근엔 카이스트 캠퍼스 숲에서의 인간-백로 관계도 잠깐 들여다봤었고요. 도시에서 변화하는
인간-동물 관계를 다양한 각도로 살펴보고 싶습니다.

응답의 정치에서는 개별적인 동물들에게 어떻게 주의를 기울이고 응답할 것인가가 중요해 보입니다. 그러나 응답의 정치의 한계에 대해서 말씀하실 때 짚어주셨던 것처럼, 반달가슴곰이나 철새, 길고양이 사례는 분명 응답의 정치의 사례이지만 국가, 자본, 사회 등의 이익과 부합할 때 가능하다는 한계가 있어 보입니다. 그렇기 때문에 응답의 정치가 가능하게 하려면 응답을 할 수 있도록 세상을 조직하기 위한 정치가 선행되어야 하는 것처럼 보입니다.

응답의 '윤리'가 개인 차원의 인간-동물 관계를 이야기한다면, 저는 '정치'라는 말을 통해서 '응답'이 개인적 차원을 넘어 사회와 정책의 수준에서 제도화될 수 있는 가능성을 살펴보고 싶었어요. 그렇다고 대문자 정치와 소문자 정치가 선행되거나 후행되는 관계는 아닌 것 같아요. 세상을 새롭게 조직하고 나서야 응답의 정치가 기능한다기보다는, 응답의 정치를 위한 시도들이 국가, 자본, 사회 등을 새롭게 만들어 가는 과정의 일부가 되지 않을까요.

고양이 활동은 많은 부분이 정동 정치의 성격을 가지고 있는 것 같아요. 개별적인 고양이와의 마주침으로 만들어진 정동을 토대로 고양이 활동을 설득하려고 할 때, 고양이와 일정 거리를 두고 복지정책을 꾀하는 대문자 정치 혹은 동물권 정치와는 평행선을 긋는 것처럼 느껴집니다. 정동 정치, 응답의 정치는 어떻게 대문자 정치, 동물권 정치와 만날 수 있을까요?

정동은 비단 개인 차원만이 아니라, 국가, 자본의 제도적인 차원에서도 생산되고 활용됩니다. 경기 침체기에 '절약과 긴축'의 정동을 생산, 활용하거나, 전쟁을 정당화하기 위해 '공포'의 정동을 생산하는 것이 그 예죠. 인간과 고양이의 다양한 조우를 통해서 '귀여움', '연민', '혐오' 등의 다양한 정동이 생산될 수 있어요. 도심 길고양이 관리나, 도시 동물 관리에서 어떤 형태의 정동을 선택해 의도적으로 만들어 내는지를 살펴보는 것이 고양이 정동과 대문자 정치가 만나는 지점을 볼 수 있는 방법이 되겠지요.

이번 호에 실릴 연구들에서 비인간들의 "행위자", "행위성", "행위자성" 등에 주목하는 경향이 보였습니다. 연구 계통과 주제에 따라 이 개념이 쓰이는 맥락도 살짝 다른 것 같은데요. 선생님의 연구에서 "행위자"는 어떤 개념이고 비인간 동물과 인간 동물의 관계에 어떤 전망을 제시하고 있을까요? "행위자"는 행위자 연결망 이론(ANT)에서 agency로서 행위자를 의미하는 것일까요?

저는 행위성(agency)를 '행위를 할 수 있는 능력'으로 보고, 인간 및 비인간 모두 연결망에 결합될 때 특정한 행위성을 '부여'받는다는 행위자-연결망 이론을 따르고 있습니다. 따라서 행위자(actor)는 행위를 할 수 있는 주체로, 인간과 비인간 모두가 됩니다. 행위자는 특정한 행위성을 선험적으로 갖고 있는 것은 아니며, 어떤 연결망에 어떻게 결합되느냐에 따라 다른 종류의 행위성을 부여받는다고 생각해요.

매거진 탁! 1호에서 「고양이 집은 어디인가?」를 기고한 황진태 선생님이 "인간 너머 지리학" 연구를 소개하면서 선생님을 언급하셨는데요. 연구에 대한 소개를 간략하게 부탁드립니다.

'인간 너머 지리학'은 인간 이외의 존재들, 이성과 언어를 넘어선 의사소통의 방식이 세계를 구성하고 작동하는 데 갖는 역할을 강조하는 인문-문화 지리학의 한 분야예요. 제 연구는 여기서 출발해서 최근의 과학기술학, 문화인류학, 환경 사회학으로 방향을 넓혀 인간, 기술, 문화, 정치의 그 접점 어딘가에서 변화하는 인간-자연 관계를 살펴보고 있습니다.

강금실 박태현 최선호 정혜진 김연화 조상미 오동석 강정혜. 2020. 지구를 위한 법학: 인간중심주의를 넘어 지구 중심주의로 . 서울대학교출판문화원.

국립공원 멸종위기종복원센터. 2009. 지리산반달가슴곰 연구 모니터링 결과 보고서 . 국립공원관리공단.

김명식. 2013. "동물윤리와 환경윤리: 동물해방론과 생태중심주의 비교". 환경철학 15: 1-30.

김왕배. 2021. " '사회적인 것'의 재구성과 '비(非)인간'존재에 대한 사유".사회와이론 40: 7-46.

김준수. 2019. "돼지 전쟁". 문화역사지리 31(3): 41-60.

_____. 2021. "한국의 외래생명정치와 인간 너머의 생명안보: 붉은가재 (Procambarus clarkii)를 통해 바라본 생태계 교란종의 존재론적 정치". 경제와 사회 132: 208-249.

김홍중. 2020. "코로나 19 와 사회이론: 바이러스, 사회적 거리두기, 비말을 중심으로". 한국사회학 54(3): 163-187.

김환석. 2016. "사회과학의 '물질적 전환 (material turn)'을 위하여". 경제와 사회 112: 208-231.

멸종위기종복원센터. 2008. 반달가슴곰 복원사업 팸플릿 . 구례. 박형신. 2021. "동물권리운동의 가치정치와 먹기의 감정 동학". 사회와이론 40: 133-174.

보이드, 데이비드(Boyd, David). 2018. 자연의 권리: 세계의 운명이 걸린 법 률 혁명 . 이지원 역. 교유서가.

싱어, 피터(Singer, Peter). 2012. 동물 해방 . 김성한 역. 연암서가. 이순섭. 2014. "공감, 지구적 정의, 동물권리". 환경철학 18: 61-90. 이종찬. 2016. 행위자-연결망 이론을 통해 본 길고양이 중성화 사업(TNR)과 공존의 정치 . 서울대 석사 학위 논문.

이현재. 2022. "도나 해러웨이의 포스트휴먼 페미니즘과 난잡한 돌봄 공동체". 한국여성철학 37: 27-60.

전의령. 2017. " "길냥이를 부탁해": 포스트휴먼 공동체의 생정치". 한국문화인류학 50(3): 3-40.

정연보. 2022. "기후 위기 시대의 트러블과 함께 하기— 공동생성과 촉수적 사고, 생태주의적 돌봄을 중심으로". 페미니즘 연구 22(1):73-108.

제주특별자치도의회. 2022. 제주남방큰돌고래 보호를 위한 생태법인 제 주 특별법 입안 과제 마련 정책토론회 . 제주시. (2022/4/7).

주윤정. 2020. "상품에서 생명으로: 가축 살처분 어셈블리지와 인간-동물 관계". 농촌사회 30(2): 273-307.

천명선. 2017. "인간동물관계로 본 가축 살처분의 경험." 한국사회학회 정 기사회학 대회 발표논문. 서울대. (2017/12/16)

최명애. 2018. "한국 인문지리학의 '동물 전환'을 위하여: 영미 동물지리학 의 발전과 주요 쟁점". 공간과 사회 28(1): 16-54.

_____. 2020. "비인간 행위성과 제주 돌고래 생태관광의 정치경제". 문화역사지리 32: 126-145.

_____. 2021. "재야생화: 인류세의 자연보전을 위한 실험". 환경사회학연구 ECO 25(1): 213-255.

최명애 박범순. 2019. "인류세 연구와 한국 환경사회학: 새로운 질문들".환경사회학연구 ECO 23(2): 7-41.

최유미. 2020. 공산의 사유 . 도서출판 b.

최훈. 2019. 동물 윤리 대논쟁: 동물을 둘러싼 열 가지 철학 논쟁 . 사월의 책.

최훈. 2020. "도둑고양이인가, 길고양이인가? 도시의 경계 동물의 윤리". 도시인문학연구 12(2): 31-58.

카프라, 프리초프(Capra, Fritjof), 마테이, 우고(Mattei, Ugo). 2019. 최후의 전환: 지속 가능한 미래를 위한 커먼즈와 생태법 . 박태현 김영준 역. 경희대학교출판문화원. 코크런, 앨러스데어(Cochrane, Alasdair). 2021. 동물의 정치적 권리 선언 .박진영 오창룡 역. 창비.

펠뤼숑, 코린(Pelluchon, Corine). 2019. 동물주의 선언: 인간과 동물이 공존 하는 사회로 가기 위한 철학적 실천적 지침서 . 배지선 역. 책공장 더불어.

하대청. 2009. "동물윤리와 과학적 창의성 사이의 정합적 관계: 동물행동학 을 중심으로". 생명윤리정책연구 3(3): 265-288.

환경부. 2020. 제 2차 반달가슴곰 복원 로드맵 2021-2030 . (미간행).

환경운동연합. 1996. 야생동물보호와 지리산 반달곰 살리기 공청회 . (미 간행).

황진태. 2018. " '인간 너머의 지리학'의 탐색과 전망". 공간과 사회 28(1): 5-15.

현남숙. 2021. "D. 해러웨이의 다종적 생태정치: '함께-되기'와 '응답-능력' 을 중심으로". 한국여성철학 35: 79-106.

Anderson, B. 2014. Encountering Affect: Capacities, Apparatuses, Conditions. Surrey: Ashgate Publishing Ltd.

Asdal, K., Druglitrø, T. and Hinchliffe, S. 2016. Humans, Animals and Biopolitics: The More-than-human Condition. Oxford: Routledge.

Best, S. 2009. "The rise of critical animal studies: Putting theory into action and animal liberation into higher education." Journal for Critical Animal Studies 7(1): 9-52.

Biermann, F. 2021. "The future of 'environmental' policy in the Anthropocene: Time for a paradigm shift." Environmental Politics 30(1-2): 61-80.

Braverman, I. 2015. "More-than-human legalities." The Handbook of Law and Society, pp.307-321.

Brown, K. 2019. "Learning to read the great Chernobyl acceleration: literacy in the more-than-human landscapes." Current Anthropology 60(S20): S198-S208.

Buller, H. 2016. "Animal geographies III: ethics." Progress in Human Geography 40(3): 422-430.

Celermajer, D., Chatterjee, S., Cochrane, A., Fishel, S., Neimanis, A., O'Brien, A.,Reid, S., Srinivasan, K., Schlosberg, D., Waldow, A., 2020. "Justice through a multispecies lens." Contemporary Political Theory 19(3): 475-512.

Cochrane, A. 2010. "Introduction: animals and political theory." An Introduction to Animals and Political Theory. New York: Springer, pp.1-9.

de la Bellacasa, M. P. 2017. Matters of care: Speculative Ethics in More Than Human Worlds. Minnesota: University of Minnesota Press.

Despret, V. 2004. "The body we care for: Figures of anthropo-zoo-genesis." Body & Society 10(2-3): 111-134.

Donaldson, S. and Kymlicka, W. 2011. Zoopolis: A Political Theory of Animal Rights.
Oxford: Oxford University Press.

Dryzek, J. S. and Pickering, J. 2018. The Politics of the Anthropocene. Oxford: Oxford University Press.

Foucault, M. 1978. The History of Sexuality: Volume I. New York: Vintage.

Garner, R. 2005. The Political Theory of Animal Rights. Manchester: Manchester
University Press.

Gillespie, K. and Collard, R. C. 2015. Critical Animal Geographies: Politics, Intersections and Hierarchies in a Multispecies World. New York: Taylor & Francis.

Giraud, E. H. 2019. What Comes After Entanglement?: Activism, Anthropocentrism, and an Ethics of Exclusion. Durham: Duke University Press.

Hamilton, P. 2018. "Political science and the animal question." Critical Animal Studies: Towards Trans-Species Social Justice, edited by Atsuko Matsuoka and John Sorenson. Lanham: Rowman & Littlefield. pp.143-159.

Haraway, D. 2008. When Species Meet. Minneapolis: University of Minnesota Press.

_____. 2016. Staying with the Trouble. Durham: Duke University Press.

_____. 2018. "Staying with the trouble for multispecies environmental justice."

Dialogues in Human Geography 8(1): 102-105.

Human Animal Research Network Editorial Collective. 2015. Animals in the Anthropocene: Critical Perspectives on Non-Human Futures. Sydney: Sydney University Press.

Latimer, J. and Miele, M. 2013. "Naturecultures? science, affect and the non-human." Theory, Culture & Society 30(7-8): 5-31.

Latour, B. 2004. Politics of Nature: How to Bring the Sciences into Democracy. Cambridge, MA: Harvard University Press.

Lee, J.-Y. 2015. Politics of Animal Categories: Domesticated and Restored Asiatic Black Bears in South Korea. MSc Dissertation. Department of Geography and the Environment, Oxford University.

Lorimer, J. 2010. "Moving image methodologies for more-than-human geographies."

Cultural Geographies 17(2): 237-258.

_____.2012. "Aesthetics for post-human worlds: difference, expertise and ethics." Dialogues in Human Geography 2(3): 284-287.

Matsuoka, A. and Sorenson, J. 2018. Critical Animal Studies: Towards Trans-species Social Justice. Lanham: Rowman & Littlefield.

Nadaï, A. 2012. "Planning with the missing masses: innovative wind power planning in France." Learning from Wind Power: Governance, Societal and Policy Perspectives on Sustainable Energy, edited by Joseph Szarka, Richard Cowell, Geraint Ellis, Peter Strachan, and Charles warren, New York: Springer. pp.108-129.

Nadaï, A. and Labussière, O. 2010. "Birds, Wind and the Making of Wind Power Landscapes in Aude, Southern France." Landscape Research 35(2): 209-233.

Nussbaum, M. C. 2004. "Beyond compassion and humanity: justice for nonhuman aniamls." Animal Rights: Current Debates and New Directions. edited by Cass Sunstein and Martha Nussbaum. Oxford: Oxford University Press. pp.299-320.

Philo, C. and Wilbert, C. 2000. Animal Spaces, Beastly Places: New Geographies of Human-Animal Relations. London: Routledge.

Regan, T. 2004. The Case for Animal Rights. Berkeley, CA: University of California Press. pp.179-189.

Rupprecht, C. D., Vervoort, J., Berthelsen, C., Mangnus, A., Osborne, N., Thompson, K., Urushima, A., Kovskaya, M., Spiegelberg, M., and Cristiano, S., Springett, J., Marschutz, B., Flies, E., McGreevy, S., Droz, L., Breed, M., Gan, J., Shinkai, R., and Kawai, A.. 2020. "Multispecies sustainability." Global Sustainability 3(e34): 1-12.

Rutherford, P. and Rutherford, S. 2013. "The confusions and exuberances of biopolitics." Geography Compass 7(6): 412-422.

Smith, K. K. 2012. Governing Animals: Animal Welfare and the Liberal State. Oxford: Oxford University Press.

Srinivasan, K. 2013. "The biopolitics of animal being and welfare: dog control and care in the UK and India." Transactions of the Institute of British Geographers 38(1): 106-119.

Srinivasan, K. 2016. "Towards a political animal geography?" Political Geography 50: 76-78.

Srinivasan, K. 2018. "Posthumanist animal studies and zoopolitical law." Critical Animal Studies: Towards Trans-Species Social Justice, edited by Atsuko Matsuoka and John Sorenson. Lanham: Rowman & Littlefield. pp.234-253.

Stengers, I., Braun, B. and Whatmore, S. J. 2010. "Including nonhumans in political theory: opening the Pandora's box?" Political Matter: Technoscience, Democracy, and Public Life. edited by Bruce Braun, Sarah Whatmore and Isabelle Stengers. Minneapolis: University of Minnesota Press. pp.3-33.

Sunstein, C. R. and Nussbaum, M. C. 2004. Animal Rights: Current Debates and New Directions. Oxford: Oxford University Press.

Tschakert, P., Schlosberg, D., Celermajer, D., Rickards, L., Winter, C., Thaler, M., Stewart-Harawira, M., and Verlie, B. 2021. "Multispecies justice: Climate-just futures with, for and beyond humans". Wiley Interdisciplinary Reviews: Climate Change 12(2): e699.

Tsing, A. L. 2015. The Mushroom at the End of the World: On the Possibility of Life in Capitalist Ruins. Princeton: Princeton University Press.

Twine, R. 2010. Animals as Biotechnology: Ethics, Sustainability and Critical Animal Studies. Oxford: Routledge.

Urbanik, J. 2012. Placing Animals: An Introduction to the Geography of Human-Animal Relations. Lanham: Rowman & Littlefield.

van Dooren, T. 2019. The Wake of Crows: Living and Dying in Shared Worlds. New York: Columbia University Press.

van Dooren, T., Kirksey, E. and Münster, U. 2016. "Multispecies studies: Cultivating arts of attentiveness." Environmental Humanities 8(1): 1-23.

Wolch, J. R. 1998. "Zoopolis." Animal geographies: Place, Politics, and Identity in the Nature-Culture Borderlands. edited by Jeniffer Wolch and Jody Emel. New York: Verso. pp.119-138.

Wolch, J. R. and Emel, J. 1998. Animal Geographies: Place, Politics, and Identity in the Nature-Culture Borderlands. New York: Verso.

Yin, R. K. 2009. Case Study Research: Design and Methods (the 4th edn). London: Sage.

Youatt, R. 2020. Interspecies Politics: Nature, Borders, States. Ann Arbor: University of Michigan Press.

서울시 시민건강국 동물보호과. 2021. "길고양이와 공존을 위한 제안." (2022년 5월4일) https://news.seoul.go.kr/welfare/archives/249918

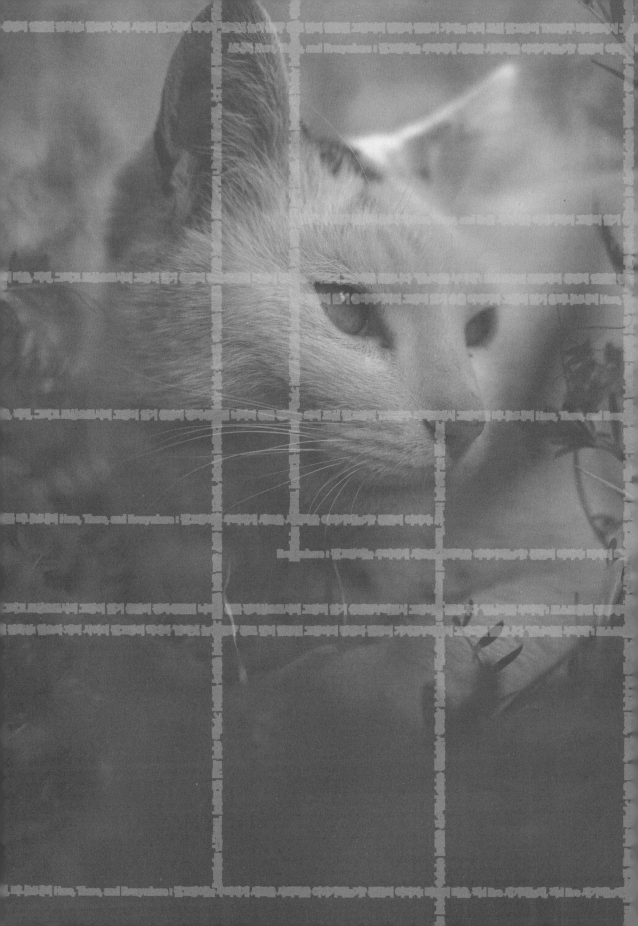

학문 분야	과학기술학(Science & Technology Studies, STS)
연구 주제	행위자-연결망 이론(Actor-Network Theory, ANT) 관점에서 TNR 연결망 분석
연구 대상	길고양이, TNR 프로그램, TNR 활동가 그룹 등
연구 방법론	인터뷰, 참여관찰, 문헌조사 등
키워드	
주체 / 객체	존재는 목적/의도/의지를 갖고 능동적으로 행동할 수 있는 주체와 그러한 행위의 수동적 대상인 객체로 구분될 수 있다. 일반적으로 근대학문은 인간만을 주체로 인정하였고, 그 외 비인간 존재자는 객체로 정의되었다. 그러나 행위자-연결망 이론은 비인간 존재자도 행위할 수 있다고 주장함으로써 이 같은 주체/객체 구분을 뒤섞는다.
사회적 구성주의	과학지식이 사회적으로 구성된다는 입장이다. 이와 관련해서는 다음의 책을 참고하기 바란다. 『과학기술학의 세계(과학기술학회)』, 『과학기술의 철학적 이해(한양대학교출판부)』, 『지식과 사회의 상(David Bloor)』, 『닥터 골렘(콜린스&핀치)』, 『사회과학의 철학(벤턴&크레이브)』 등.
행위자-연결망 이론	1980년대 미셸 칼롱, 존 로, 브뤼노 라투르 등이 개발한 이론. 비인간 행위자의 행위성을 중요한 이론적 가정으로 삼고 있음. 최근, 과학기술학을 벗어나 다른 학문 영역에서도 활발하게 사용되고 있음. 다음의 책을 참고할 것: 『인간·사물·동맹(홍성욱 엮음)』, 『젊은 과학의 전선(브뤼노 라투르)』, 『판도라의 희망(브뤼노 라투르)』 등

본 글은 고려대학교 대학원 과학기술학협동과정 과학사회학 석사학위 논문인 「길고양이 개체수 관리 프로그램(TNR) 연결망에 관한 사회학적 분석 : 고대앞마을 묘살이길 사례를 중심으로」을 재구성하여 작성하였습니다. 논문 마지막 장 큐알코드를 통해 전문을 읽을 수 있습니다.

Here, There, and Everywhere[1*]
: 길고양이는 우리에게 새로운 사회학을 이야기하는가?

권무순[**]

1. 서론: 행위하는 객체

본격적인 이야기에 앞서 우리가 알아야 할 몇 가지 사항이 있다. 먼저 과학기술은 보편적이지 않다. 과학기술은 과학자 또는 공학자의 구체적인 실천을 통해 만들어진다. 우리는 종종 어떤 법칙이(자연) 세계를 지배하고 있으며, 과학자들은 단지 그 법칙을 발견할 뿐이라고 믿는다. 하지만 과학사회학은 그렇지 않다고 이야기한다. 나아가 일부 과학사회학자는 과학지식이 사회적으로 구성된다고 말한다! 이 같은 입장을 우리는 과학지식의 '사회적 구성주의'라고 부른다.

이 말은 조금 어려울 수 있다. 구성된다는 게 도대체 무슨 뜻인가? 사회적 구성주의에 따르면, 과학적 증거는 더 많은 논쟁을 만들 뿐 논쟁 자체를 해결하지는 못한다.[2] 더 어려운 말로, 이 같은 원리를 과학적 증거의 '미결정성'underdetermination이라고 부른다. 이 원리를 자세히 설명할 정도로 나에게 할애된 지면은 많지 않다. 다만 다음과 같은 장면을 상상해 보자.

당신은 어떤 새로운 현상을 발견하기 위해 새로운 관찰 장비를 만들었다. 마침내 이 도구로 어떤 현상을 발견했다. 그 현상이 존재하는지 어떻게 알 수 있는가? 새로운 관찰 도구로 현상을 발견했기 때문이다. 그렇다면 이 관찰 도구가 제대로 작동하는지 어떻게 알 수 있는가? 관찰해야 하는 현상을 발견했기 때문이다. 그렇다면 그 현상이 존재하는지 어떻게 알 수 있는가?(무한반복). 논리는 계속 순환한다. 우리는 이 같은 상황을 '실험자의 회귀'라고 부른다.[3]

쉽게 생각하자. 증거는 단순히 논쟁을 종결하지 못한다. 왜냐하면 그 증거가 정말 증거인지 알 수 없기 때문이다. 따라서 증거가 증거라는 사실을 증명하는 또 다른 증거가 필요하다. 원칙적으로 우리는 이 같은 논쟁을 계속할 수 있다. 그러나 논쟁은 어느 순간 종결된다. 과학자 공동체 내부에서 사회적 합의가 일어나기 때문이다. 그렇다면 과학적 논쟁은 과학자 사회 내부의 합의를 통해서만 해결될 수 있을 뿐이다. 이것이 사회적 구성주의의 함의이다.

그렇다면 과학지식은 사실이 아니란 말인가? 단지 사람이 만들어 낸 가짜인가? 하지만 과학이 참된 사실이 아니라면, 이렇게 성공적으로 수많은 현대 과학기술은 무엇이란 말인가? 이미 말했듯이 짧은 지면을 통해 '사회적 구성'을 설명하는 일은 쉽지 않다. 그러니 이 글을 읽는 잠깐만은 이 주장을 받아들여 보자. 과학은 '불확실성'을 포함한다. 과학은 '구성'된다.

하지만 '사회적 구성'이란 말은 어딘지 사회가 과학보다 우위에 있다고 느끼게 한다. 이 글은 '행위자-연결망 이론'Actor-Network Theory, 이하 ANT을 바탕으로 한다.[4] ANT는 사회적 구성주의의 영향을 받았다. 그래서 과학이 '구성'된다는 데 동의한다. 하지만 *사회적 구성*에는 반대한다. 왜냐하면 인간만이 과학지식을 구성하지 않기 때문이다. 이 구성엔 다양한 비인간 행위자가 참여한다. 놀랍게도, ANT는 사물도 행위성을 갖는다고 주장한다. 이 주장은 정말로 놀랍다. 사물이 어떻게 행위를 한단 말인가?

이 순간 나는 노트북으로 글을 쓰고 있다. 노트북이 없었다면? 원고지와 펜, 우리에겐 고전적인 방식이 남아있다. 하지만 펜도, 원고지도 없다면? 어떤 글도 쓸 수 없다. 우리는 인간만이 글을 쓸 수 있다고 생각하지만, 사실 인간은 홀로 글을 쓸 수 없다. 노트북, 충전기, 콘센트, 펜, 종이, 잉크… 글을 쓰는 행위자는 '나'가 아니다. '나+사물', '인간+사물' 또는 '인간+비인간'이다. 따라서 행위란 결합의 산물이다. 사물도 행위한다는 것이 믿기지 않는가? 당신이 운전 중이라면, 신호등은 실제로 당신의 행동을 통제한다.

*   본 글은 권무순, 「길고양이 개체수 관리 프로그램(TNR) 연결망에 관한 사회학적 분석」 고려대학교 석사학위논문, 2023을 재구성하였다. 부족한 연구에 관심 가져주신 「매거진 탁!」 측에 다시 한번 감사드린다.
**   고려대학교 과학기술학협동과정 박사과정. slim7640@korea.ac.kr

과학은 이 같은 비인간 행위자를 통해 구성된다. 우리가 글을 쓰기 위해 다른 사물과 결합해야 하듯이, 어떤 지식이 '진실'이 되기 위해서는 다양한(인간/비인간) 행위자와 연결망을 형성해야 하며, 그 연결망을 유지해야 한다. 지식은 연결망이 유지될 때만, '사실'로 인정받는다. 하지만 연결망은 항상 변화하며, 언제든 해체될 수 있다.

설명이 조금 어려운가? 그렇다면 한 가지만 기억하자. "비인간은 행위할 수 있다." 사물은 행위할 수 있다. 그들이 행위할 수 있다면, 우리는 그들을 마음대로 다룰 수 없다. 쉽게 납득가지 않는다고? 하지만 당신에겐 어딘가 익숙하지 않은가? 그렇다, 고양이는 행위한다.[5] 고양이는 당신에게 말할 수 있다. 고양이는 당신에게 요구할 수 있다. 하지만 고양이는 인간이 아니다.

2. TNR 연결망의 형성

옛날 옛적에 글공부하던 도령이 있었다.(⋯) 도령은 손톱과 발톱을 깎아 던져놓았다. (⋯) 어느 날 집에 돌아오니, 놀랍게도 자기랑 똑같이 생긴 사람이 먼저 집에 돌아와 있는 것이 아닌가? 이런저런 다툼 끝에 결국 진짜 도령은 가짜에게 쫓겨나고 말았다.

도령이 고양이를 데리고 집으로 가자, 가짜 도령은 고양이를 보고 겁을 내며 도망치다가 고양이에게 콱 물려서 죽어버리는데, 죽은 뒤의 모습은 한 마리의 들쥐였다.

전래동화, 손톱 먹은 쥐

오해를 피하고자 한 가지만 더 짚고 넘어가자. 행위자-연결망은 행위자와 연결망을 의미하지 않는다. '행위자=연결망'을 의미한다. 결합해야 행위를 할 수 있다면, 행위자는 연결된 상태, 즉 연결망이어야 하지 않겠는가? 그렇다면 우리는 다음과 같은 사실을 유추할 수 있다. 연결이 변화하면, 행위자(-연결망)도 변화한다. 조금 더 확장해 보자. 인간이 연결망이라면, 비인간도 연결망이다. 그렇다면 고양이도 연결망이다! 우리는 드디어 시작점에 도달했다.

전래동화 '손톱 먹은 쥐'는 이야기를 시작하기 위한 좋은 출발점이다. 이 이야기는 두 가지 질문으로 우리를 이끈다. 첫 번째, 쥐는 어떻게 인간으로 변신할 수 있었을까? 다시 말해서, 어떻게 손톱을 삼킬 수 있었을까? 집에 들어올 수 있었기 때문이다. 두 번째, 쥐는 인간을 쫓아낼 만큼 영악하다. 하지만 인간은? 고양이의 도움이 없었더라면 자기 자리를 지킬 수 없었을 만큼 무력하다.

인간-고양이 관계는 곡식을 훔쳐 가는 쥐를 막기 위해 시작되었다고 한다.[6] 집이란 공간은 벽으로 둘러싸인 사적 공간이다. 하지만 벽이 촘촘하지 않다면, 쥐와 같은 작은 생명체는 너무나 쉽게 안으로 들어온다. 쥐는 당신의 손톱을 훔칠 것이다. 다만 이번에는 곡식이다.

인간은 쥐(와 여타 약탈자)를 막기 위해 벽을 세우고, 그들의 천적을 지킴이로 고용했다. ANT의 표현을 쓰자면, 인간과 고양이는 연결망(동맹)을 형성했다. 따라서 우리는 새로운 관계, 새로운 연결망, 새로운 행위자의 형성을 유추할 수 있다. '인간+고양이+벽+⋯'. 앞으로 나는 여러 형태의 고양이를 정의할 것이다. 일단 이 새로운 행위자-연결망을 '벽 고양이'라고 부르자.

이 새로운 행위자-연결망은 연결된 행위자의 행동, 목표, 경로를 변화시킨다. 생각해 보자. 인간은 처음에 모아둔 곡식을 지키기 위해 몽둥이를 들고 쥐를 내쫓았을 것이다. 그다음엔 벽을 쌓았다. '인간+몽둥이'는 '인간+벽'으로 변화한다. 인간은 이제 몽둥이를 놓고 튼튼한 벽을 짓기 시작한다. 그의 행동, 목표, 경로는 변화했다. 인간은 이제 고양이를 유인한다. '인간+고양이+벽'이 된 새로운 행위자-연결망에서 인간의 목표는 고양이를 잘 키우는 것이다. 그러면 고양이는 쥐를 내쫓을 것이다.

흥미로운 점은 쥐가 드나들 수 있는 만큼, 고양이도 집 바깥을 드나들 수 있다는 것이다. 그렇다면 고양이는 집 밖의 수많은 존재(행위자)와도 연결망을 이룰 수 있다. 밖에 나가 볼일도 보고, 사냥도 하고, 번식도 한다. 때로는 그냥 놀러 나갈지도 모르겠다. 다시 연결망을 그려보자〈그림 1〉.

〈그림 1〉 행위자-연결망 벽 고양이

벽 고양이로 정의된 행위자-연결망의 이중성이 보이는가? 그렇다면 우리는 다음과 같은 질문을 던져볼 수 있다. 만약에 고양이가 밖으로 나갈 수 없게 된다면, 혹은 안으로 들어올 수 없게 된다면, 어떤 일이 벌어질까?

우리는 실제로 이 같은 변화를 목격한 적 있다. 밀린 과제로, 과중한 업무로, 술 약속으로 하룻밤을 꼬박 새우고 난 뒤에 말이다. 우리는 뒤늦은 잠을 청하기 위해 이중창을 닫고, 암막 커튼을 친다. 바깥소리도, 따스한 햇볕도 더 이상 우리를 괴롭히지 못한다. 바깥세상과 완벽히 분리된 집에서, 더 이상 손톱 먹는 쥐는 없다! 다시 [그림2]를 보자. 양쪽 네모 칸(내부/외부)은 분리된다. 가운데 있던 고양이는 이제 자리를 빼앗긴다. "어느 쪽으로 가겠소?"

〈그림 2〉 분리된 행위자-연결망(벽 고양이)

조금 더 익숙한 이름을 선택하자. 왼쪽(내부)을 택한 고양이는 집고양이, 오른쪽(외부)을 택한 고양이는 길고양이라고 부르자. 왼쪽에서 우리는 객체, 사물, 비인간과의 협상을 보게 된다. 집고양이와 함께 살고 싶은가? 당신은 바깥의 것, 즉 오른쪽에 있는 나무, 모래, 사냥감, 이성 고양이 등 모든 것을 가져와야 한다. (벽) 고양이는 실제로 양쪽 모두이기 때문이다.

집고양이는 요구한다. 아무 곳에나 볼일을 보고, 물건을 떨어뜨리고, 손톱으로 가구를 긁고, 당신의 손을 문다. 배변 모래, 캣타워, 스크래쳐, 장난감 없이 당신은 이 문제를 해결할 수 있는가? 고기를 대체할 수 있는 사료도 필수다. 이 인공물(사물)들은 인간과 집고양이 사이의 정치적 협상의 결과다. '고양이와 더불어 산다'는 것은 실제로 이 같은 긴 연결망을 요구한다. 집고양이는 이미 *'인공적'*이다.

가장 큰 위기는 아마도 집고양이에게 찾아오는 발정기다. 우리는 중성화수술이라는 효과적인 방법으로 연결망을 유지한다. '모래+사료+스크래쳐+중성화수술+⋯+고양이+벽+인간', 이 긴 목록은 실제로 하나의 행위자이고, 하나의 연결망이다. 이 긴 목록, 행위의 이름은 '반려'다.

이번엔 오른쪽을 향하자. 바깥을 선택한 고양이들은 다른 연결망을 형성하고, 다른 존재로 거듭난다. 식량을 찾아 쓰레기봉투를 뒤지고, 위협을 피해 담장 위, 자동차 아래를 향한다. 밤을 환하게 비추는 가로등 불빛은 발정기를 촉진한다. 발정기 울음소리는 추가적인 갈등을 만든다. 우리는 이 행위자를 '길고양이'라고 부른다. 한때 동맹 관계였던 인간과 길고양이는 이제 조용한 밤을 두고 적대적으로 대치한다.

길고양이를 침묵시키기 위한 새로운 전략이 대두된다. 누군가는 중성화 수술로 문제를 해결하자고 주장한다. 이 같은 해결책은 (부적절한 의미로) 흥미롭다. 다시 집고양이로 돌아가 보자. 이 연결망은 다양한 (비인간) 행위자가 결합하기 전까지 매우 불안정했다. 불안정하다는 말은 당신이 고양이보다 결코 우위에 있지 않다는 의미이다. 그 모든 인공물 없이, 중성화수술 없이, 당신은 얼마나 오랫동안 고양이와 살 수 있겠는가?

흥미로운 것은 마침내 연결망이 완성되고 나면, 집고양이는 당신을 통하지 않고서는 생존하기 어렵다는 것이다. 집고양이의 생존은 이제 당신에게 달려 있다. 당신은 이제 완전히 우위에 있다. 어떤가, 중성화수술이 마법의 탄환처럼 보이지는 않는가? 이 탄환을 길고양이에게 쏘면 어떨까?

이 글을 잘 따라왔다면, 우리는 곧바로 문제를 볼 수 있다. 행위자를 변형시킨 지렛대는 중성화가 아닌 *견고한* 벽에 있기 때문이다. TNR 프로그램은 단순히 개체 수준의 생식능력 제거를 의미하지 않는다. 서울시 홍보 포스터를 보라. "중성화된 고양이는 울음소리를 내지 않고 활동반경도 줄어들어 길고양이로 인한 불편이 줄" 어 들게 될 것이다.[7] TNR은 집단적 수준의 감소뿐만 아니라 길고양이 그 자체를 무력하게 만드는 방법을 의미한다. 마치 집고양이가 당신을 통해 생존할 수밖에 없듯이.

우리는 다시 이 글의 처음으로 돌아가야 한다. 과학은 불확실성을 포함하며, 연결망이 유지되는 동안에만 사실로 받아들여진다. 따라서 과학지식은 단순히 적용되지 않는다. 과학지식이 작동할 수 있도록 세계, 거칠게 말해 사회를 재구성해야 한다.[8] 오해를 피하고자 말하자면, 나는 TNR이 잘못된 과학이라고 말하는 것이 아니다. 작동하는 지식이든, 작동하지 않는 지식이든, '단지' 적용되지 않는다고 말하고 있다. 지식은 '구성'되어야 하고, 지식이 작동하기 위한 '세계'도 마찬가지이다.

실제로 TNR은 정말로 불확실하다. 다음 연구를 보라. 두 연구자 칼버와 플레밍은 2002년부터 2019년까지 발표된 TNR 관련 논문 145편을 연구했다. 이들은 각 논문의 TNR에 대한 태도를 긍정·중립·부정, 세 가지로 구분하고 이를 인용관계와 관련지어 분석하였다.[9] 먼저 인용 횟수 상위 10개 논문을 살펴보면, 긍정 논문 3편, 중립 논문 4편, 부정 논문 4편으로 어느 한쪽도 우위를 차지하지 못하였다. 논문 145편 전체를 대상으로 한 경우에는, 긍정 논문 68편, 중립 논문 54편, 부정 논문 23편으로 긍정적 연구의 수가 우세했다. 그러나 부정적 태도의 논문은 23편 중 단 2편만이 오픈액세스로 발표된 반면 긍정적 태도의 논문은 68편 중 26편이 오픈액세스로 출판되어, 두 유형의 논문 사이에 나타날 수 있는 접근성 차이를 배제할 수 없었다. 종합적으로 고려해 보면, 긍정적이든 부정적이든 TNR 효과에 대한 과학적 합의는 아직 이뤄지지 못한 것으로 보인다(표1).

〈표 1〉 TNR 관련 논문의 TNR에 대한 태도
(Calver & Fleming, 2020)

TNR에 대한 태도	오픈액세스	비非오픈액세스	총계
긍정적	26	42	68 (46.9%)
중립	8	46	54 (37.2%)
부정적	2	21	23 (15.9%)
총계	36(24.8%)	109(75.2%)	145(100%)

조금 늦었지만, TNR 프로그램의 이론적 가정을 살펴보자. TNR 프로그램은 소위 진공 이론을 가정한다. 이 이론에 따르면, 고양이는 영역 동물이어서 한 지역의 길고양이를 제거(안락사)하더라도 또 다른 길고양이가 그 자리를 차지하여 같은 문제를 반복적으로 일으키기 때문에 안락사를 통한 길고양이 문제 해결은 불가능하다. 오히려 문제는 길고양이를 중성화한 후 해당 영역에 재방사함으로써 해결할 수 있다. 중성화된 고양이(TNR 고양이라 부르자)는 다른 길고양이의 유입을 막을 뿐 아니라 발정음을 내지 않고 번식 다툼을 하지 않기 때문에 더 이상 문제를 일으키지 않을 것이다.

그러나 다음의 사진을 보라(그림3). 두 사진은 현장 연구를 하면서 직접 찍은 사진이다. 진공 이론이 기대하는 바와 달리 짝을 지어 다니는 고양이를 여러 번 발견할 수 있었다. TNR 고양이는 다른 고양이의 유입을 막을 것으로 기대되었지만, 그렇지 않은 경우도 많았다. 중성화수술은 TNR 프로그램의 '벽'과 같은 역할을 한다. 벽은 내부와 외부를 구분하는 역할을 하는 비인간 행위자다. 한때 빈틈이 많았던 벽은 점차 견고해졌고, 이에 따라 벽 고양이는 집고양이와 길고양이로 분화되었다. 집고양이는 밖으로 나가지 못하게 됐고, 일련의 협상을 거친 결과 인간 주인에게 의존하는 무력한 행위자가 되었다.

〈그림 3〉 짝지어 다니는 고양이

진공 이론에 따르면, 한 영역에 자리 잡은 TNR 고양이는 다른 고양이가 들어오지 못하게 막는다. 한편 중성화수술로 무력화된 TNR 고양이는 그 자리를 떠나지 않을 것이다. 어쩌면 캣맘/캣대디와 같은 친절한 인간에게 기댈지도 모른다. 벽과 중성화 사이에 일련의 유비가 확립된다. 하지만 이 같은 가정은 적어도 현실 맥락에서는 너무나 불확실하다. 고양이가 나가거나 들어올 수 없을 것으로 가정되는 보이지 않는 벽이 구성되었지만, 실제의 벽만큼 견고할 수는 없기 때문이다.

한 발짝 더 나아가자. 애초에 작동한다는 기준은 무엇인가? 당신은 정말로 길고양이가 줄었다고 생각하는가? 정말로 서울시 길고양이는 9만여 마리인가?[10] 그 증거는 무엇인가? 어떻게 길고양이 숫자를 셀 수 있는가? '줄어든다'는 의미는 무엇인가? 당국이 원하는 길고양이 숫자는 몇 마리인가? 0이 될 때까지 TNR은 시행되어야 하는가? 아니면 어느 시점을 넘어서면 자동으로 감소하게 되는 걸까? 무엇보다 당신은 '자연'이 존재한다고 믿는가? 그렇다면 당신이 믿는 자연은 이 같은 질문에 대답할 수 있는가?

이 시점에서 나는 또 다른 질문으로 넘어간다. TNR 연결망은 확장되고 있다. 농림축산식품부의 발표를 보라. TNR 개체수와 TNR 운영비용은 꾸준히 증가했다.[11] 어떻게 그럴 수 있었을까? TNR 프로그램이 그토록 불확실하지만 어떻게 그 연결망을 계속해서 확장할 수 있었을까?

여기서 나는 수사(rhetoric)적 결합, 즉 윤리적 수사와 과학적 수사의 결합을 주장한다. 다음 질문에 대답해 보라. "중성화수술은 윤리적인가?" 당신은 이 문장을 독립적으로 정당화할 수 없다. 중성화수술은 분명히 폭력적이다. 예를 들어, '생명은 소중하다.'와 같은 문장과는 완전히 다르다. 하지만 비교우위를 통해 윤리성을 강조할 수는 있다. 즉, 안락사는 미래와 현재 모두를 앗아가지만, 적어도 중성화수술은 현재를 앗아가지 않는다. 그리고 이 같은 현재성은 꽤 중요한 의미를 갖는 것처럼 보인다.

다음으로 과학적 수사와 결합한다. 중성화수술의 목적은 '생식 능력 제거'에서 '질병으로부터의 해방'으로 번역된다. 내가 인터뷰했던 여러 활동가는 길고양이의 임신을 괴롭고, 고통스러운, 당황스럽고, 제어할 수 없는 일로 이해했다.[12] 임신은 길고양이에게 공포와 혼란으로 규정되었다. 따라서 TNR은 해방의 수단이다. 이 같은 과학적 수사는 윤리적 문제를 단순한 손익계산으로 바꾼다. 즉, 신체 일부의 상실(손실)은 질병 예방(이익)과 대비된다. 비록 생식기를 제거해야 하지만, 이를 통해 길고양이의 여러 생식기 질환을 예방할 수 있으며, 임신을 겪지 않게 되므로 그에 따른 공포와 혼란도 피할 수 있다. 따라서 후자가 명백히 합리적이다!

요컨대, 중성화수술은 더 이상 문제 해결을 위한 폭력적 수단을 의미하지 않는다. 중성화수술은 오히려 길고양이가 고통과 두려움에서 벗어날 수 있게 도와주는 해방적 수단이다. TNR 고양이는 길고양이와 달리 집고양이처럼 건강하고 긴 삶을 도모할 수 있는 것으로 인식된다. 이 같은 수사적 전략을 통해 TNR 연결망은 확장되고 견고해진다.

여기서 당신은 화를 낼지도 모르겠다. "당신은 우리가 하는 일이 단지 수사, 레토릭, 말장난이라고 말하는 건가요? 당신은 마치 자연법칙이 없다고 말하고 있군요! 우리가 사람들을 속이고 있다는 건가요!?" 다시 한번, 나는 당신이 틀렸다고 말하는 것이 아니다(물론 틀리지 않았다고 말하는 것도 아니다). 단지 이 모든 게 지나치게 얽혀 있고, *우리 인간*만으로는 안 된다는 것이다. 더욱이 과학조차 수사학을 필요로 한다.

3. 현장 연구: 고대앞마을 묘살이길

잠시 화를 가라앉히자. TNR 프로그램은 아직 불확실하다. 불확실하다는 것은 틀렸다는 것을 의미하지 않는다. 지식은 단순히 적용되지 않는다. 지식은 로봇이 아니다. 당신이 전원 버튼을 올리면 알아서 세계를 바꾸지 않는다. 그 반대이다. 당신은 로봇(지식)이 작동하도록 세계를 바꿔야 한다. 충전기, 콘센트, 전선, 그리고 법률과 규칙이 필요하다. 그렇다, 이것은 적어도 정치적인 부분을 포함한다! 실제로 ANT는 과학과 정치의 유사성을 강조한다. 더 많은 동맹군(행위자)을 모으고, 반대자의 공격을 버티고, 더 많은 행위자를 대변할수록 연결망은 견고해지고, 그 지식은 사실로 수용된다. 어떤가, 정치와 유사하지 않은가?[13]

과학이 정치와 유사하다는 것이 이상한가? 당신은 혹시 명왕성이 퇴출당한 날을 기억하는가? 명왕성을 쫓아낸 것은 자연이 아니라 천문학자들의 투표, 다수결이었다.[14] 만약 자연이 사실을 결정한다면, 어떻게 진실을 투표로 결정할 수 있는가? 자연은 결코 스스로 말하지 않는다. 자연은 대변인을 필요로 한다. 그 대변인은 당연히 과학자다.

하지만 이 모든 것이 전부 이론적 공상은 아닐까? 나는 확인하고 싶었고, 현장으로 갔다. 구체적으로 내가 선택한 현장은 서울시 동대문구 제기동 고대 앞마을과 그곳에서 TNR 활동을 하는 활동가 그룹 '묘살이길'이었다. 묘살이길은 지역 내 길고양이 이슈를 다루고자 하는 마을 구성원들의 자발적 의도로 성립한 비전문가-활동가 그룹이었다. 특히 이 지역의 지형적 특징이 내 관심을 끌었다. 이 지역은 도로로 둘러싸여 고양이가 벗어나기 힘든 작은 섬을 형성했다. 8월부터 12월까지 "현장에 들어가 연구 대상의 세계에 머물며 연구하는" 참여관찰[15]을 수행했고, 활동가들을 대면 인터뷰하였다.

가장 먼저 발견한 것은 활동가들이 다양한 정치적 전략을 활용한다는 것이었다. 만약 TNR이 단순하게 적용될 수 있었다면, 활동가들이 정치적 전략을 사용할 필요는 없었을 것이다. 단지 로봇처럼 정해진 절차대로, 규칙대로, 프로그램을 실행하면 됐을 것이다. 그러나 활동가들은 이보다 앞서 동맹군을 모아야 했다.

그중 가장 흥미로운 발견은 정치적 전략으로서 '분변 청소'였다. 고양이 배설물을 치우는 이 행위는 단순히 청소로만 끝나지 않았다. 반대자를 침묵시키는 전략적 수단, 주민 인식 개선 수단, 주변 상인의 호의를 끌어내기 위한 수단이기도 했다. 한 활동가는 자신들의 활동을 "세균전"에 비유하며, 분변 청소를 중요한 전략적 수단으로 강조했다.[16] 이 활동가에게 TNR 자체는 중요하지 않았다. TNR은 단지 더 많은 동맹을 모으고, 원하는 세계를 만들기 위한 부분적 수단일 뿐이었다.

특히 TNR 효과에 대한 인식은 활동가들이 TNR을 부분 수단으로 인식했음을 잘 보여준다. 다음은 'TNR이 개체수 조절 효과가 있다고 생각하는가'에 대한 활동가들의 답변이다.

"아직 미래에 태어나지 않은 개체들에 대한 애정보다 **지금 있는** 그 애에 대한 애정이 더 큰 것도 있는 것 같아요 (…) 저는 **증가율을 낮추는 정도**라고 생각해요."

"고양이 개체수하고는 저는 **상관없는 것** 같아요. 고양이라는 그런 한 생물체의 그런 행복도를 봤을 때 오히려 안 하는 것보다 하는 게 더 걔들이 삶이 행복해지지 않을까. (…) 중성화는 아무래도 **한계**가 좀 있다고는 생각을 해요."

"고양이가 많으면은 사람들이 안 좋게 볼 것 같아서 **그냥 있는 애들만** 행복했으면 좋겠다 싶어서…."

"사람들이 제일 싫어하는 게 (…) 우는 소리 제일 싫어하잖아요, 싸우고 TNR로 이거 하나는 확실히 해결이…."

두 가지 공통 인식에 주목하자. 먼저 개체수 조절 효과는 활동가들에게 큰 의미가 없어 보였다. 심지어 그 효과를 신뢰하지 않는 것처럼 보였다. 그렇다면 그들은 왜 TNR 활동을 하는가? 그 답은 두 번째 공통 인식에 있다. 이들의 관심은 '현재'에 있다. 이들에게 TNR은 길고양이의 현재를 보전하는 효과적인 수단이었다(이전 절에서 안락사와 TNR의 비교를 보라. 이제 우리는 이해할 수 있다).

또 하나의 발견은 조금 더 철학적인 것이다. 이미 본 것처럼 행위자-연결망 이론(ANT)은 연결망의 변화에 따라 행위자의 정체성이 변한다고 주장한다. 예를 들어, 고양이라는 한 행위자가 '벽 고양이 - 집/길고양이 - TNR 고양이'로 변화하는 과정은 '벽'이라는 또 다른 비인간 행위자의 변화로 발생했다. 그렇다면 길고양이가 일으키는 문제 또한 연결망의 형태에 따라 다양하게 나타나지 않겠는가?

현장은 다양한 물질적 배열[17]로 구성된다. 고양이 분변은 누군가에게는 문제가 되지만, 누군가에게는 문제가 되지 않는다. 당신이 저층 주거지에 살고 있다면, 고양이는 정말로 문제가 된다. 당신이 야외 주차장에 차를 세워놓아야 한다면, 고양이는 문제가 될 수 있다. 당신이 텃밭을 기른다면, 어떨까? 하지만 내가 이 모든 연결 밖에 있다면, 고양이는 나와 무관할 뿐이다..

이와 같은 의미에서, '문제'라는 추상적 개념은 실제로 물질적이다. 과연 문제만 그럴까? 힘은 어떨까? 의인화의 위험을 조금 무릅쓰고 다음과 같이 말해보자. 활동가들은 자신의 목적을 이루기 위해 길고양이를 동원해야 한다. 즉, 그들은 동물병원으로 데려가야 한다. 그것이 어떻게 가능한가? 만약 맨손으로 길고양이를 잡아야 했다면, 그들은 기껏해야 한두 마리밖에 포획하지 못했을 것이다. 하지만 다양한 인공물은 이 같은 힘이 균형을 단번에 무너뜨린다. 아마도 가장 중요한 지렛대는 포획 틀이었다. 실제로 활동가들이 하루 동안 포획할 수 있는 길고양이 수는 제한적이었는데, 그 제한성은 보유한 포획 틀(과 이동장)의 숫자로 인한 것이었다. 다시 말해, 길고양이를 동원할 수 있는 권력은 포획 틀이란 구체적인 물질로 구성되었다.[18]

고양이와 권력이란 단어의 매칭이 불편한가? 그렇다면 인간의 신뢰는 어떠할까? 활동가와 수의사의 관계는 상당히 미묘하다. 활동가는 TNR을 실행하는 전 과정에 개입할 수 있다. 하지만 개입할 수 없는 단 한 순간이 있는데, 바로 중성화수술 그 자체이다. 여기서 수의사와 중성화수술은 일종의 기술 장치가 된다. 다시 말해서 길고양이를 수의사에게 입력하면, 수의사는 TNR 고양이를 출력한다. 우리는 이와 같은 장치를 블랙박스라 부른다(그림4). 하지만 모두가 알다시피, 아주 간단한 장치조차 종종 오류를 일으킨다.

〈그림4〉 블랙박스

정해진 사용 규칙만 알고 있으면, 작동원리를 몰라도 사용할 수 있는 입-출력 장치를 의미한다. 예를 들어, 우리는 일반적으로 컴퓨터의 작동원리를 잘 모르지만, 컴퓨터 사용에 큰 지장이 없다.

일단 길고양이를 수의사에게 맡기고 나면, 활동가들이 할 수 있는 것은 모든 일이 잘 풀리기를 기원할 뿐이다. "Aal izz well… Aal izz well…"[19] 그러나 단 한 번의 오류도 무시할 수 없다. 그것은 죽음과 곧바로 연결되기 때문이다. 활동가들은 수술 과정에 개입할 수 없지만, 그 결과로 인한 도덕적 책임은 온전히 그들의 몫이다. 실제로 사건은 발생했다. "포획해서 데려갔다가 이제 중성화하는 중에 죽었어요. (…) 이게 잘하고 있는 게 맞나…." 원치 않았던 결과물은 활동 자체에 대한 근본적인 회의로 이어질 수 있다. 따라서 수의사에 대한 활동가의 신뢰는 매우 중요하다.

신뢰는 문제, 권력과 마찬가지로 독특한 물질성을 갖추었다. 병원의 물질적 배열은 신뢰의 중요한 요소였다. 병원은 얼마나 깨끗한가? 현장에서 얼마나 떨어져 있는가? 어떤 기구를 사용하는가? 어떤 절차를 거치는가? 그동안 이 수의사는 중성화수술에 몇 번이나 실패 또는 성공하였는가? 활동가의 신뢰는 건물, 도구, 기록 등이 연결된 물질성을 갖는다. 이로써 우리는 세계를 바라보는 새로운 관점을 획득한다. 권력, 신뢰, 문제, 도덕, 책임은 다소 추상적인 개념으로 이해되지만, 사실은 물질적인 연결망이다.

4. 현장 전문성: 비전문가-활동가의 전문성

나는 지금까지 '단순함'을 '복잡함'으로 바꾸고, 인간'만'이 행위자인 세계에 '비'인간 행위자를 추가해 왔다. 잠시 이 어지러움을 정리하자. 우리는 '행위자=연결망'(다시 한번, '='에 주목하라)을 따라 고양이란 행위자의 정체성이 변화하는 과정을 따라왔다. 그다음으로 과학의 불확실성, 더 정확히는 TNR의 불확실성으로 뛰어들었다. 그 핵심은 '벽'이라는 행위자(의 부재)였다. 벽은 공간을 내부와 외부로 구분하는 행위자이다. 벽이 얼마나 견고하게 내부와 외부를 구분할 수 있는가가 고양이란 행위자의 정체성을 변화시켰고, 내부 연결망(집)과 외부 연결망(TNR)의 불확실성 격차를 만들었다. 후자에서 우리는 불확실성을 우회하는 새로운 전략을 보았고, 이제 그 불확실성이 실제로 다뤄지는 곳에 도달했다. 나는 여기에 또 다른 무언가를 추가하고자 한다.

우리는 또다시 과거로 돌아가야 한다. 2021년 7월 30일 농림축산식품부가 내놓은 TNR 실시 요령 개정(안)은 수의사와 활동가 사이에 갈등을 불러일으켰다.[20] 논쟁은 특히 기존에 금지되었던 '체중 2kg 미만 고양이'와 '임신 중인 고양이'의 중성화수술 허용 문제를 중심으로 벌어졌다. 여러 활동가 단체는 해당 개정안이 TNR 사업을 민원 처리용으로 저하한다며 항의하였고, 결국 11월 개정된 TNR 실시 요령에는 활동가 단체의 의견이 대폭 반영되었다. 수의사협회는 이 사건을 비전문가의 지나친 간섭으로 규정하고, 마찬가지로 강력하게 반발하였다.[21]

이 사건은 새로운 혼란으로 우리를 이끈다. 과학이 확실한 지식이라면, 활동가 단체는 어떻게 수의사 의견에 반대할 수 있는가? 어쨌든 과학에 답이 있다면, 그 답을 가장 잘 아는 사람은 전문가가 아닌가? 그렇다면 비전문가 단체가 어떻게 전문가에게 '반발'할 수 있는가? 그러나 우리는 반대편도 살펴봐야 한다. 과학이 확실한 지식이 아니라면, 비전문가도 무언가 말할 수 있다. 그러나 만약 그렇다면 활동가 단체는 어떻게 TNR을 하자고 주장할 수 있는가? 다시 말해, 확실하지 않은 것에 비용을 지출해야 한다고 *이른바* 사회를 어떻게 설득할 수 있는가? 활동가들은 진정으로 모순에 처한 것처럼 보인다.

우리는 또다시 과거로 돌아가야 한다. 2007년 용산구와 강남구에서 TNR 사업을 시범 시행한 서울시는 다음 해 사업을 전 자치구로 확대하였다. 다만, 이때 서울시의 목적은 '민원 해소'였던 것으로 보인다. 서울시는 쓰레기봉투 훼손, 소음, 공포감 등을 기준으로 TNR 사업이 민원을 줄이는 데 효과가 있었다고 발표하고, 이를 통해 TNR 사업의 확대를 정당화했다.[22] 즉 TNR 사업의 효과성은 '민원의 감소'로 평가되었다. 이에 대한 우려는 즉각적으로 제기되었다. 동물자유연대는 2007년 11월 "길고양이 대책으로서의 TNR이 민원 해소뿐만 아니라, 인도적인 동물보호를 담보하여야 한다"라는 입장문을 발표했다(그림5).

이 입장문은 정말로 흥미로운데, 활동가들이 자기 영역을 구축하기 위해 어떤 전략을 사용했는지 분명하게 보여주기 때문이다. 다만, 본 글에서는 지면 관계상 단 한 가지만 다루고자 한다.[23]

우리는 다음과 같이 요구합니다.

- 길고양이 TNR의 시행업체가 되기 위해서는 유기동물 위탁보호소를 겸해야 한다는 조건은 철회되어야 합니다.

- 개정 동물보호법의 시행과 함께, 예산 및 인원의 조정이 병행되어야 합니다. 예산 및 인원 부족이라는 이유로 길고양이 TNR이 행정편의적으로 시행되어서는 안됩니다.

- 거리가 먼 동물구조관리협회에 고양이 사업을 위탁할 이유는 없습니다. 이는 장거리 이동으로 인해 동물에게는 두려움을 주게 되고, 활동가의 참여가 제한됩니다. 또한 친화적인 동물의 입양과정이 원활하게 진행될 수 없습니다. 따라서 근거리에 보호소를 설치하는 것이 모든 떠돌이 동물 관련 대책 사업에 보다 효과적일 것입니다. 이러한 이유로 고양이 관련 시스템은 더더욱 가까운 지역에서 이루어져야 효율적인 성과를 거둘 수 있습니다.

- TNR 사업에 참여하기 위한 가격 낮추기 경쟁은 TNR의 인도적 시행에 장애가 될 것임이 명약관화합니다. 이를 방지하기 위해 시 또는 구에서 적정 TNR 비용을 산출하여 제시해야 합니다.

- 불임 수술의 주체는 수의사가 되어야 합니다. 고양이를 전문적으로 다룰 수 있는 수의사들의 경험과 지식을 바탕으로 불임수술 및 후처치에 대한 규정이 우선적으로 만들어져야 합니다.

- 자원 활동가의 참여를 보장하여야 하며, 이를 위한 지속적인 프로그램개발을 하여야 합니다.

우리는 길고양이 대책으로서의 TNR이 민원해소 뿐만 아니라, 인도적인 동물보호를 담보하여야 한다는 것을 다시한번 강조하여, 생명존중의 기본원칙이 행정편의주의적인 시행으로 안해 훼손되는 것을 결코 용납하지 않을 것입니다.

2007. 11. 27.

동물사랑실천협회, 동물자유연대, 동물학대방지연합, 카라(아름품), 한국고양이보호협회, 한국동물보호연합, (사)한국동물복지협회

〈그림 5〉 서울시 길고양이 중성화사업 시행에 대한 동물자유연대 입장문 일부

입장문은 '포획-중성화-방사'와 더불어 '사후관리'를 TNR 사업의 중심에 가져온다. 입장문에 따르면, 사후관리는 TNR과 병행되어야 하며, 무엇보다 그 "핵심은 자원 활동가의 참여"에 있다. 활동가는 사후관리를 통해 TNR 효과를 높일 수 있을 뿐 아니라, TNR 사업 예산이 낭비되지 않도록 감시하는 감독관의 역할을 맡는다. 입장문은 사후관리자 및 사

업 감독관의 역할을 활동가에게 부여하고, 그럼으로써 활동가의 참여를 정당화한다. 2021년 논쟁에서와 달리 수의사는 중성화수술 및 사후 처치와 관련된 TNR 규정을 구성하는 핵심 주체로 등장한다. 이 시점에서 TNR 전문성은 수의사가 배타적으로 소유한 것처럼 보인다.

2007년의 입장과 2021년의 입장은 분명한 차이가 있어 보인다. 이러한 차이를 어떻게 이해할 수 있을까? 우리는 여기서 전문성의 대결을 본다. 만약 과학이 '사실'이란 단 하나의 경로를 따라가는 것이라면, 이 논쟁은 전문성과 비전문성의 대결이다. 논쟁은 종결된다. 비전문가가 비집고 들어올 공간은 없다. 그들은 패배했다! 그러나 과학이 불확실하고 현실 맥락 속에서 다르게 구성될 수 있다면[24], 이야기는 반전될 수 있다. 또 다른 전문성이 있다! 이것은 전문가와 비전문가의 대결이 아니다. 수의사의 전문성과 활동가의 전문성이 부딪힌다. 그렇다면 활동가의 전문성이란 무엇인가? 우리는 다시 현장으로 돌아가야 한다.

내가 현장 전문성이라고 부를 것을 발견하기 위해 활동가들이 겪었던 어려움을 먼저 고려해 보자. 그들에겐 어떤 어려움이 있었을까? 먼저 포획의 어려움이 있었다. 활동가들의 생각과 달리 포획 과정은 쉽지 않았다. 예를 들어, 고양이는 쉽게 미끼를 물지 않았다. 한 고양이는 포획 틀 앞으로 몇십 분 동안이나 두리번거렸지만 결국 들어가지 않았다. 이미 TNR 된 고양이는 대체로 활동가들을 피했지만, 포획 틀을 무서워하지 않고 들어가 포획 활동을 방해하기도 하였다.

이런 일들을 할 때, 지역 구성원이 가진 지식은 상당히 잘 들어맞았다. 예를 들어, 한 식당 주인은 고양이가 오는 시간, 트랩 놓을 위치 등 유용한 조언을 아끼지 않았다. 포획 활동 그 자체를 돕기도 하였다. 관심 있는 지역 구성원의 지식은 상당히 유용했기 때문에 활동가들은 이들의 신뢰를 획득하고 그들의 지식을 동원하고자 했다.

활동가의 암묵지 또한 포획 활동 동안 중요한 역할을 하였다. 포획 활동에는 몇 가지 제한 사항이 존재한다. 1) 몸무게가 2kg를 넘지 않거나, 2) 임신 혹은 수유 중인 개체의 경우엔 중성화수술이 원칙적으로 금지된다(길고양이 중성화 사업 실시 요령 제6조, 2016.03.04. 시행). 활동가는 포획 과정에서 해당 사항을 즉각적으로 확인하고자 했다. 그들은 포획 경험이 길고양이에게 엄청난 스트레스를 줄 뿐 아니라, 이후 포획 활동에도 영향을 미칠 수 있다고 생각했다. 따라서 활동가들은 고양이를 포획하기 전에 미리 해당 사항을 파악하고 기준에 적합하지 않은 고양이는 현장에서 쫓아내고 싶어 했다.

눈대중으로 몸무게를 추정하는 일도 어려웠지만, 암수를 구별하는 일은 더욱 어려웠다. 암수를 구별하는 목적은 크게 세 가지였다. 하나는 수컷보다는 암컷의 중성화가 더욱 효과적인 것으로 인식되었기 때문이다. 더욱이 하루 중 포획할 수 있는 개체의 수에는 한계가 있어, 활동가들은 수컷보다 암컷의 포획을 우선시했다. 덜 중요하게는 수컷은 24시간 이후, 암컷은 72시간 이후 방사하므로, 방사 일정의 조율을 위해서도 암수를 구별할 필요가 있었다. 마지막으로 임신 중이거나 수유 중인 고양이는 중성화수술을 원칙적으로 금지하므로, 암수 구별은 이를 확인하는 첫 번째 단계였다.

포획된 고양이는 대부분 위협을 느끼고 꼬리를 배 안쪽으로 말아 자신을 보호하였다. 이 경우 꼬리가 생식기를 완전히 가리게 되어 암수를 구별하는 일은 거의 불가능했다. 이동장을 높이 들어 아래에서 확인하거나, 이동장을 흔들어 꼬리를 움직이게 만드는 등 다양한 방법을 사용했지만, 대부분 실패하였다. 때문에 활동가들은 어쩔 수 없이 몸집, 턱의 생김새 등을 통해 암수를 유추하였다. 이러한 유추는 인증된 지식이 아닌 그동안 고양이를 관찰해 온 활동가 개인의 경험에 기반을 두었지만, 대부분 성공적으로 나타났다.

임신 혹은 수유 상태를 확인하는 일은 더욱 어려웠다. 특히 임신 초기에는 외형적 변화가 크지 않아, 이를 육안으로 확인하는 일은 사실상 불가능했다. 활동가들은 올바른 판단을 내리기 위해 그동안의 관찰 데이터를 사용하였다. 해당 개체의 최근 임신이 언제였는가로부터 현재 상태를 추정하거나, 처음 보는 개체일 때는 생김새를 토대로 계보를 추론하고 이를 통해 가임기를 추정하기도 하였다. 마을 고양이들의 출산 시기를 따져 임신 확률을 계산하기도 하였다. 평소 관찰을 통해 얻은 데이터들은 포획 활동에서 중요한 역할을 하였다.

일상에서, 활동가들은 뛰어난 관찰력을 가진 것처럼 보였다. 이들은 고양이가 있을 법한 곳을 무의식적으로 알고 있는 것처럼 보였다. 길을 걷다가 작은 틈에 숨어있는 고양이 꼬리를 발견하거나, 차 밑에 숨은 고양이를 발견하거나 하는 일이 참여관찰 동안 빈번하였다. 이렇게 획득한 관찰 데이터는 포획 대상 설정, 포획 틀의 설치, 암수 구별, 임신 및 수유 여부 등을 판단하기 위한 중요한 근거 기준으로 활용되었다.

활동가들은 매번 자기 경험과 관찰을 토대로 판단하고 행동해야 했다. 그들은 경험을 통해 배움을 얻고, 그 배움을 통해 수행 방식과 절차를 변화시켰다. 공식적인 지침은 많은 경우 비어있었다. 경험과 관찰은 활동을 위한 가장 중요한 자원이었다(그림6).

〈그림 6〉 활동가 그룹이 제작한 길고양이 지도

활동가들은 이 과정에서 무언가 획득했고, 그 사실을 분명히 알고 있었다.

"그냥 돌아다니면서 좀 봤다고 TNR 신고를 하는 건 좀 힘들 것 같다고 (생각했고) 정말 잘 아는 사람들 도움이 없으면 좀 힘들 것 같다고…"

"포획과 방사가 끝이 아니다. (…) 바다에 떠 있는 빙산과 같은 거죠."

하지만 여기서 우리는 또 다른 얽힘으로 들어가야 한다. 다음과 같은 두 발언을 보자.

"TNR이야말로 (…) 전문가적 지식보다 시민들이 생활에서 나오는 경험적 지식이 더 강조되고 필요되는…"

"(TNR이 과학인 이유는) 어쨌든 TNR은 수의사가 행하는 의료 체계니까 (…) 저희가 할 수는 없잖아요. 수의사가 하잖아요."

이 두 발언은 매우 상반되어 보인다. 전자는 공식적인 전문가의 지식보다 비전문가의 경험적인 지식을 강조한다. 이것은 그들이 전문가의 공식적인 전문성과는 다른 어떤 현장 전문성을 획득하였고, 그 사실을 스스로 인지하였음을 보여준다. 반면, 후자는 TNR이란 지식을 다시금 전문가의 영역에 놓는다. 일견 상반되어 보이는 두 발언은, 놀랍게도 한 활동가의 발언이다. 또 다른 혼란이다. 이 모순은 무엇이란 말인가.

그러나 여기서 우리는 비전문가 활동가가 처한 모순을 떠올려야 한다. 전자는 비전문가가 참여할 수 있는 공간을 열어준다. 그 매개는 '경험적 지식' 또는 '현장 전문성'이다. 후자는 TNR이란 지식을 과학이란 확실성의 영역에 놓음으로써 사회적 정당성을 확보한다. 그야말로 아슬아슬한 줄타기다. 하지만 효과는 확실하다. 누군가 TNR을 반대한다면, 당신은 과학의 이름으로 그 입을 막을 수 있다!

묘살이길은 실제로 매우 불안정한 기반에서 TNR 활동을 하였다. 따라서 언제나 반대자를 걱정했다. 과학이란 이름, 그 권위는 훌륭한 정치적 무기. 하지만 더 안정적인 발판 위에 있다면 어떨까? 실제로 그러한 위치에 있었던 다른 활동가의 발언을 보자. 다른 단체에서 활동하는 이 활동가는 묘살이길 그룹의 멘토 역할을 했다.

"어쨌든 그들[수의사]보다 [우리가] 더 많은 경험치를 가지고 있고 일반화된 지식을 가지고 있을 수 있어요. (…) 그 외적인 부분에 대해서는 그들도 전문가는 아닌 거죠."

다음과 같이 결론 내리자. 적어도 활동가들에게 '과학'이란 이름은 훌륭한 정치적 자원이며, 자신의 상황에 따라 다양한 용도로 사용될 수 있다. 그리고 실제로 그들은 현장의 경험을 통해 어떤 전문성을 획득한다. 그것은 전문성 대 비전문성의 대결 같은 것이 아니었다.

5. 결론: 이분법적 세계를 넘어서

이제 이 모험을 끝낼 때가 되었다. 먼저 사과를 건네고 싶다. 귀엽고 낭만적인 고양이 이야기, 그림, 사진을 기대했다면 말이다. 그 대신 당신이 받은 건 어지럽고 복잡한 미로였다. 우리는 과학, 고양이, 활동가, 전문성으로 이어지는 구불구불한 길을 따라왔다. 지금쯤 당신은 이렇게 묻고 싶지 않을까, "그래서 당신이 하고 싶은 말은 무엇인가?"

인정컨대, 이 글은 조금 혼란스럽다. 하지만 그 반대일지도 모른다. 우리가 그동안 세계를 너무 단순화해 온 것은 아닐까? 이 같은 단순화 뒤에는 이분법적 사고가 자리 잡고 있다. 과학/비과학, 자연/사회, 전문가/비전문가로 나눠진 세계에서 모든 문제는 명료하다. 옳고 그름, 성공과 실패, 합리성과 비합리성, 논리와 모순만이 있을 뿐이다.

그러나 나는 이 짧은 글에서 그 모든 것을 뒤섞으려고 노력했다. 과학은 불확실성을 포함한다. 자연은 문제를 해결하는 원인이 아니다. 전문성은 유일하지 않다. 사회는 인간만으로 구성되지 않는다(즉, 비인간을 포함한다). 비전문가는 독특한 전문성을 갖출 수 있다.

우리는 종종 길고양이 "문제"라는 말을 사용한다. 문제란 용어는 "풀이," 즉 원인 또는 정답 찾기를 함축한다. 이러한 인식은 비인간 행위자를 배제한다. 비인간은 어떤 풀이를 넣으면 정해진 반응을 산출하는 수동적 존재가 되기 때문이다. 만약 그들이 능동적으로 행동한다면, 문제 자체가 (계속해서) 엉클어질 것이다. 실제로 비인간은 행위하며, 세계를 구성하고, 심지어는 우리의 행위 능력 또한 구성한다. 만약 우리가 문제를 다루는 것이 아니라 수많은 행위자를 다루고 있다면, 우리가 추구해야 할 것은 정답이 아니라 '협상'이다.

협상이란 단어는 더 많은 것을 함축한다. 먼저 우리는 협상할 대상을 발견해야 한다. 무엇을 협상할지도 정해야 한다. 즉, 나는 무엇을 원하는가? 상대방은 무엇을 원하는가? 협상에 유리한 고지를 점령하기 위해 해야 할 일은 무엇인가? 나와 상반된 이해관계는 무엇이며, 일치하는 이해관계는 무엇인가? 원하는 바를 얻기 위해 어디까지 양보할 수 있는가? 반대로, 결코 포기할 수 없는 것은 무엇인가? 무엇보다 '나', 혹은 '우리'는 누구인가?

이제 이 글을 마치자. 다시 처음으로 돌아가자. 여기 그리고 지금, 우리는 다양한 비인간 행위자와 있다. 저기 그리고 앞으로, 우리는 더 많은 비인간 행위자와 함께할 것이다. 어디에나 그리고 언제나, 우리는 그들과 함께였다. 아직도 믿기지 않는다면, 당신의 앞에, 근처에, 혹은 저 멀리에 있는 고양이들을 보라. 단지 움직이는 사물로 보이는가?

1. 비틀스 7집 Revolver(1966)에 수록된 곡. here, there, and everywhere는 공간적 의미로서 여기, 그곳, 모든 곳을 의미한다. 하지만 한 블로거는 여기에 지금, 미래, 언제나라는 시간적 의미를 더해 해석했다. 이 해석은 꽤 흥미롭다. https://blog.naver.com/engus200/221327436017

2. 다음의 책을 보라. 해리 콜린스 & 트레버 핀치, 『골렘: 과학의 뒷골목』 새물결, 2005.

3. 실험자 회귀에 대한 설명은 다음 글에 잘 설명되어 있다. https://terms.naver.com/entry.naver?docId=3576022&cid=58939&categoryId=58951

4. 행위자-연결망 이론에 대한 개괄은 다음을 보라. 김환석, 「인간과 사물의 동맹맺기: 행위자-연결망 이론」 한국과학기술학회, 『과학기술학의 세계』 휴머니스트, 117~148, 2014.

5. 비인간 행위자의 행위성에 관한 논의로는 다음의 논문을 참고하라. Callon, M, "Some elements of a sociology of translation: domestication of the scallops and the fishermen of St Brieuc Bay", Sociological Review Monograph, 32(2), ,196~233, 1986 해당 논문은 다음 책에 번역되어 있다. 홍성욱 엮음, 『인간·사물·동맹』 이음, 2010.

6. 다음 두 문헌을 참고하라. 김경, 「설(說)에서의 '고양이(猫)' 작품양상과 주제구현 방식」 『민족문화연구』 제 76호, 181, 2017; 야마네 아키히로, 『고양이 생태의 비밀』 홍주영 옮김, 끌레마, 2019.

7. https://news.seoul.go.kr/welfarearchives/249918. 2023-03-14 접속.

8. Bruno Latour, "Give me a laboratory and I will raise the world," in Science Observed, ed. In Knorr-Cetina, K., & Mulkay, M (London: SAGE, 1983.

9. Calver, M., & Fleming, P, "Evidence for citation networks in studies of free-roaming cats: A case study using literature on Trap-Neuter-Return (TNR)," Animals, 10(6), 1~22, 2020.

10. 서울특별시, 「21년도 길고양이 서식 현황 모니터링 결과보고」 2022

11. 길고양이 중성화 수술 개체수: 5만여 마리('18), 6만여 마리('19), 7만여 마리('20), 8만여 마리('21), 중성화사업 운영비용: 67억 원('18), 90억 원('19), 106억 원('20), 120억 원('21). 농림축산식품부, 「2021년 농림축산검역본부 반려동물 보호·복지 실태조사 결과」 2022.

12. 활동가들은 다음과 같이 말했다. "얘네의 발정기를 사람의 성욕처럼 생각을 하니까 얘네를 그런 식으로 이해를 하게 된다라는 거고요. 근데 발정기로 오는 공포라든지 이런 혼란이라든지. 이런 거는 사람의 성격이랑 비교할 건 껀덕지는 아니다." "걔들은 그냥 통제를 할 수가 없잖아요. (…) 너무 자주 임신을 사실 근육도 빠지고 애들이 오히려 임신하다가 죽는 경우도 많고…." "사실 고양이들이 인간 사람처럼 자기 신체 일부가 없어지는 거에 그렇게 큰 상실감이 없다고 그러더라고요. 그래서 조금 더 질병도 더 많이 예방하고 하면 걔네들한테도 좋지 않을까 하는 생각이에요."

13. 브뤼노 라투르, 『젊은 과학의 전선』 황희숙 옮김, 아카넷, 2016.

14. 다음 책을 보라. 닐 디그래스 타이슨, 『명왕성 연대기』 김유제 옮김, 사이언스북스, 2019.

15. 김영천, 『질적연구방법론 I : Brcoleur』 아카데미프레스, 2016.

16. "우리가 하는 거는 세균전 비슷한 거예요. 우리가 하는 일에 호응하는 사람은 더 많아지면 우리가 원하는 사회를 만들 수 있거든요. 그러니까 그런 전략에 있어서, 그런 목표에 있어서 전략적으로 분변청소는 되게 중요한 전략이죠."

17. 물질적 배열에 관한 논의는 Rosemary Robins, "The Realness of Risk: Gene Technology in Germany", Social Studies of Science, 23(1), 2002를 보라. 마찬가지로 이 글은 홍성욱 엮음, 『인간·사물·동맹』 이음, 2010에 번역되어 있다.

18. 물질이란 단어와 구성이란 단어가 동시에 쓰였다는 사실에 주목하라.

19. 영화 「세 얼간이(2011)」의 대사. 'Aal izz well'이란 대사는 'All is well', 즉 '다 잘 될 거야'라는 의미이다. 영화 주인공 란초는 늘 걱정이 많은 친구 라주가 걱정을 떨쳐버릴 수 있도록, 이 일종의 주문을 알려준다. 란초는 마을 경비에게 이 말을 배웠는데, 그 경비는 야간 순찰을 할 때마다. '알 이즈 웰, 알 이즈 웰' 하고 외쳤다고 한다. 그 덕분에 주민들은 마음 놓고 잠들 수 있었다. 어느 날, 도둑이 들었는데, 알고 보니 마을 경비는 야맹증 환자였다. 주문은 "문제를 해결해나갈 용기"를 주기도 하지만, 다른 한편으로 당장 바꿀 수 없는 걱정스러운 현실에 맞서 나의 인식을 속이는 존재론과 인식론의 거리두기를 함축한다.

20. 허경진, 「[데일리Talk] - 길고양이 중성화사업 개정안 - 논란 부른 길고양이 중성화 사업」『스카이데일리』 2021년 8월 24일자.

21. 최서윤, 「수술 전문가는 우린데… 캣맘 갑질에 수의사들 '부글부글'」『뉴스1』 2022년 2월 9일자.

22. 정진우, 「길고양이 6000마리 불임시술 받는다」 『머니투데이』 2008년 2월 27일자.

23. 자세한 내용은 권무순(2023)을 참조하라.

24. 일반 대중이 획득할 수 있는 국소적 지식에 관한 논의는 다음의 글을 보라. 김동광, 「대중의 과학이해: 일반인이 읽은 과학기술」 한국과학기술학회, 『과학기술학의 세계』 179~210, 휴머니스트, 2014.

안녕하세요. 자기소개 부탁드려요.

한양대학교 사학과 및 고려대학교 과학기술학 협동과정 석사과정을 졸업하고 현재 동 대학원
박사과정에 재학 중이에요. 학부를 졸업하고, 기타 레슨, 아르바이트, 복싱 선수, 박물관 큐레이터 등
여러 활동을 하다 뒤늦게 학문 세계에 뛰어들었어요. 학술 역량은 아직 부족하지만, 다양한 경험을 통해
얻은 것들을 학술적으로 풀어내고자 노력하고 있습니다.

과학기술학은 무엇을 연구하는 분야인가요?

과학기술학은 과학기술의 '철학, 역사, 사회학' 등을 연구하는
간(間)학문이에요. 쉽게 말하자면, '과학기술이란 무엇인가'를 연구하는
학문이지요. 과학기술은 정말 확실한 지식인지, 사람들은 왜 과학기술이
확실하다고 믿는지, 실제로 과학기술 연구가 이뤄지는 모습은 어떠한지,
구체적인 역사 속에서 과학기술이 어떻게 형성되었는지 등을 연구하고
있어요.

이 연구를 하게 된 계기가 있나요?

반려묘가 있는 룸메이트와 자취하면서, 꽤 오랫동안 준-집사로 살았어요. 길고양이에 대한 관심은 충주
중앙탑공원에 위치한 술 박물관에서 학예연구사로 근무하면서 커졌고요. 주변에 인가가 별로
없어서인지, 이곳에는 길냥이들이 꽤 많았는데요. 길냥이들과 관계를 맺게 되면서 비인간-행위자의
행위성이란 측면에서 이들을 이해할 수 있을까 생각하게 되었어요. 이러한 관심이 학위논문까지
이어지게 되었습니다.

연구에서 기대하는 바 혹은 우려되는 바가 있을까요?

제 부족한 연구 역량으로 인해, 도움 주신 많은 분께 폐를 끼치지 않을까 걱정이 되네요(연구와 관련된
모든 책임은 저에게 있습니다). 한편으로, 많은 비판도 괜찮은 결과라 생각해요. 이번 연구의 문제의식
중 하나는 그동안 이뤄진 길고양이 관련 논의들이 상당히 피상적인 것 같다는 인상이었어요. 그렇다면
구체적인, 현실적인 논의를 위해 준비해야 할 예비 작업은 무엇일까 하는 것이 연구의 출발점이었죠.
이 연구를 통해, 관련 논의가 확대되는 계기가 되었으면 좋겠어요.

연구 대상으로서의 고양이(혹은 고양이라는 주제)는 어떻게 정의하고 어떤 태도로 접근하고자 하는지요?

연구 대상으로 고양이는 세계를 바라보는 일종의 렌즈이자 통로입니다. 세계가 존재하는 방식을 보여주는 한 수단이죠. 저는 경계 동물이란 표현을 종종 쓰는데요. 쉽게 말하면, 반려동물도 아니고 야생동물도 아닌 동물을 의미해요. 도시의 확대, 자연 파괴, 반려동물 유기 등으로 앞으로 경계 동물이 증가할 것이고, 더 많은 동물이 경계 동물의 범주로 들어오게 될 거라 예상해요. 그렇다면 길고양이-인간관계는 앞으로 경계 동물-인간관계를 정립하기 위한 기준선이 될 수 있다고 생각합니다. 따라서 저는 고양이가 단순히 고양이-인간관계뿐만 아니라 앞으로 인간-동물 관계를 정립하는 데도 상당히 중요한 역할을 할 것으로 생각하고 있어요.

연구자로서 연구 대상인 고양이와 관계 맺기가 개인으로서의 고양이와의 관계에 어떤 영향을 주었나요?

연구를 진행하면서, 자연스럽게 고양이 사진을 많이 찍게 되었는데요. 제가 느끼기에 좋은 사진은 고양이와 눈을 마주치고 찍은 사진들이었어요. 고양이와 눈을 마주치기 위해, 몸을 낮게 숙이고, 때로는 땅바닥에 엎드리고, 고양이가 놀라지 않도록 천천히, 조심스럽게 다가가는 법을 배우게 되었던 것 같아요. 좋은 관계란 '같은 높이에서 시선을 맞추는 것이 아닐까' 하고 생각하게 됐어요. 사실 이런 생각은 고양이뿐만 아니라 다른 동물, 다른 사람, 모두에게 해당하는 것 같아요.

앞으로 어떤 연구를 하실 계획인가요?

크게 두 가지인데, 하나는 앞서 이야기했던 경계 동물 문제에요. 구체적으로는 최근에 종종 보도되는 야생 너구리 문제 등을 생각하고 있어요. 아마 길고양이 연구와 유사한 형태가 되지 않을까 생각해요. 다른 하나는 환경 문제와 관련된 연구를 생각하고 있는데요. 아마 두 가지 연구 주제가 상호 연결되어 있다는 생각이 드네요. 그 외에도 다양한 연구 주제들을 생각하고 있어요.

길고양이 개체수 관리 프로그램(TNR) 연결망에 관한 사회학적 분석
: 고대앞마을 묘살이길 사례를 중심으로 = A Sociological Study
on the Network of Trap-Neuter-Return(TNR) Program: In
the case of the Myosali-gil at Godaeap Village

행위성의 의미와 번역어

사회학적 맥락에서 actor, agent, agency는 모두 행위자를 의미하지만, 조금 다른 뉘앙스를 갖고 있어요. actor는 각본에 따라 행동하는 배우(actor)처럼 주체성이 없는 행위자를 의미해요. agent는 요원이란 의미로도 쓰이듯이 부여받은 행위 목표나 목적이 있지만, 어느 정도 자율성이 있는 행위자를 의미하고요. 반면, agency는 "행위 주체," 즉 완전히 자율적인 행위자를 의미합니다.

탈인간중심주의

행위자-연결망 이론(이하 ANT)은 비인간 존재자 역시 '행위자'라고 주장함으로써 기존의 인간중심주의 인문·사회학에서 벗어난다고 할 수 있어요. 하지만 그동안 ANT가 주로 초점을 맞춰온 영역은 동물보다는 사물이었다고 생각해요. 제 연구는 이렇듯 주로 사물에 주목해 온 ANT 경향을 동물(길고양이)로 확장하고자 하고요. 비인간 행위자의 행위성은 점점 더 수용되고 있고, 앞으로 인간-동물 관계 연구도 중요한 의제가 될 거로 전망하고 있어요.

이번 호를 통해 활동가를 다룬 연구자분들의 글과 독자로 계시는 활동가분들이 지면상으로 만나게 될 텐데 어떤 만남이 될지 상당히 궁금한데요. 연구자라는 위치에서 고양이 활동의 현장으로 들어가 활동가를 만난 경험을 "행위자 연결망 이론"을 통해 설명해 주실 수 있을까요?

ANT를 통해 연구자-피 연구자의 관계를 재구성하는 질문으로 이해되는데요. 연구자는 관찰을 통해 피 연구자의 관심, 행동, 언어, 습관, 이해관계 등을 자신의 언어로 재구성, 즉 번역해요. 번역된 피 연구자의 행동은 글이라는 기호로 입력(기입, inscription)되고, 최종적으로 논문이란 형태로 발표되고요. 연구자는 일련의 번역 과정을 통해 피 연구자의 행동(나아가 경험)을 승인된 지식으로 생산하는 역할을 맡는다 할 수 있어요.

활동가의 경험 지식이나 돌봄 지식과 같은 개인의 지식이 어떻게 사회에서 지식으로서 인정받을 수 있을까요? 그리고 과학기술학에서 그런 과정을 연구한 사례가 있다면 무엇이 있을까요?

전문가의 공식적인 지식은 대개 현실 세계보다는 철저하게 통제된 실험 세계에서 만들어져요. 이렇게 구성된 지식이 다양한 변수가 있는 사회 세계에 적용되면, 예상처럼 작동하지 않을 수밖에 없겠죠. 이러한 지점에서 지식의 실천자로서 활동가와 생산자로 전문기는 현실에서 작동하는 구체적인 지식을 공동 생산할 수 있다고 생각해요. 비전문가의 지식을 포섭하려는 전문가의 노력과 전문가 영역에 구체적인 경험을 입력하려는 비전문가의 노력, 그리고 양자 간의 상호작용 모두가 필요할 것입니다.

비전문가의 경험적 지식의 유용성 및 전문가-비전문가의 지식 공동생산과 관련해서는 '대중의 과학 이해' 연구를 참고하시면 좋을 것 같아요. 개론으로는 『과학기술학의 세계』 7장(김동광), 사례로는 컴브리아 목양농 사례를 다룬 『과학과 대중이 만날 때』 5장(브라이언 윈), 에이즈 활동가 사례를 다룬 『닥터 골렘(콜린스&핀치)』 7장 등을 참고하시길 바라요.

모노   여   4-5살

보니   남   2-3살

마라도 고양이와
가족되는 방법

1. 유동네 인스타그램에 방문 @udongne.jeju
2. 프로필링크에서 신청서를 작성한다.
3. 작성 후, DM으로 접수사항을 알린다.
4. 입양은 임시보호 한달을 거친 후 최종 결정

마라도 고양이들이 마라도를 떠나
입양을 가게 된 사연은?

어느 날 인간에 의해 영문을 모른채 마라도에
들어가게 됐고 어느 날 인간에 의해 영문도
모른채 마라도에서 나오게 되었습니다.
천연기념물 뿔쇠오리에게 피해를 주는
주범으로 몰려 마라도에서 반출되는 것이
확정되었고 고양이들이 지낼 곳은 급하게 만든
제대로 갖춰지지 않은 허술한 시설이었습니다.
서둘러 쫓겨난 고양이들은 케이지에 갇힌
신세가 되었고 야생성이 강한 마라도
고양이들은 며칠 간 극심한 스트레스에
시달려야 했습니다.

단이   여   2-3살

지미키   여   2-3살

마라도 고양이들에 대한
자세한 소식은

유기동물 없는 제주 네트워크
instagram @udongne.jeju

김경, 「한문학에서의 고양이 명칭과 별칭에 대한 고찰」, 『한국한문학연구』, 한국 한문학회

김경, 「설(說)에서의 '고양이(猫)' 작품양상과 주제구현 방식」, 『민족문화연구』

김경, 「조선후기 류서에서의 고양이 기록과 그 의미」, 『Journal of Korean Culture』 41집, 한국어문학 국제학술포럼

서울특별시, 「21년도 길고양이 서식 현황 모니터링 결과보고」, 2022

손찬식, 「한국한문학에 표상된 고양이의 성격」, 『인문학연구』 제35권제1호

이병근, 「고양이의 어휘사」, 『어휘사』, 태학사, p.117, 2004.

이상인, 「고양이의 시골말」, 『한글(9)』, 한글학회

이우석, 「개형과 고양이형 인간」, 『부산일보』(2007.06.12), 30면, 2007.

이종찬, 「행위자-연결망 이론을 통해 본 길고양이 중성화 사업(TNR)과 공존의 정치」, 서울대 석사 학위 논문, 2016.

최훈, 「도둑고양이인가, 길고양이인가? 도시의 경계 동물의 윤리」, 『도시인문학 연구』

홍윤표, 「'살쾡이'와 '고양이'의 어원」, 『새국어소식』 제87호

Best, S., "The rise of critical animal studies: Putting theory into action and animal liberation into higher education," Journal for Critical Animal Studies, 7(1): 9~52, 2009.

Blancher, P. P., "Estimated number of birds killed by house cats (Felis catus) in Canada," Avian Conservation Ecology, 8(2): 3, 2013.

Calver, M., & Fleming, P, "Evidence for citation networks in studies of free-roaming cats: A case study using literature on Trap–Neuter–Return (TNR)," Animals, 10(6), 1~22, 2020.

Chu, K., Anderson, W. M., & Rieser, M. Y, "Population characteristics and neuter status of cats living in households in the United States," Journal of the American Veterinary Medical Association, 234(8), 1023~1030, 2009.

Félix M. Medina, Elsa Bonnaud and Eric Vidal et al., "A global review of the impacts of invasive cats on island endangered vertebrates," Global Change Biology, 17(11), 3503~3510, 2011.

Gerhold, R. W., & Jessup, D. A., "Zoonotic diseases associated with free-roaming cats," Zoonoses and public health, 60(3), 189~195, 2013.

Jacob Fenston, "There Are Roughly 200,000 Cats In D.C. Yes, Someone Counted," Dcist, September 24, 2021

Jaroš F., "The Cohabitation of Humans and Urban Cats in the Anthropocene: The Clash of Welfare Concepts," Animals : an open access journal from MDPI, 11(3), 705, 2021.

Julia Hollingsworth, "The case against cats: Why Australia has declared war on feral felines," CNN, April 29, 2019

Lee, J.-Y., "Politics of Animal Categories: Domesticated and Restored Asiatic Black Bears in South Korea", MSc Dissertation, Department of Geography and the Environment, Oxford University, 2015.

Lepczyk, C.A., Calver, M.C., "Cat got your tongue? The misnomer of 'community cats' and its relevance to conservation," Biological Invasions 24, 2313~2321, 2022.

Lockwood, R., "Cruelty toward cats: Changing perspectives," in The state of the animals III: 2005, ed. In D.J. Salem & A.N. Rowan, Washington, DC: Humane Society Press, 15~26, 2005.

Loss, S. R., Will, T., & Marra, P. P., "The impact of free-ranging domestic cats on wildlife of the United States," Nature Communications, 4(1396), 2013.

Marcin Stacharski, K. Pezinska, M. Wróblewska, Joanna Wojtas, P. Baranowski, "The biometric characteristics of domestic cat skull in three stages of its growth: juvenile, subadult and adult," Acta Sci. Pol. Zootechnica, 9(3), 65~78, 2010.

Nogales, M., Martín, A., Tershy, B. R., Donlan, C. J., Veitch, D., Puerta, N., & Alonso, J. "A review of feral cat eradication on islands", Conservation Biology, 18(2), 310~319, 2004

Rogers, K, M, The cat and the human imagination: Feline images from Bast to Garfield, Ann Arbor: University of Michigan Press, 2001

Schmidt, P. M., Lopez, R. R., & Collier, B. A, "Survival, fecundity, and movements of free-roaming cats," The Journal of Wildlife Management, 71(3), 915~919, 2007.

Schmidt, Paige M. et al., "Evaluation of Euthanasia and Trap–Neuter–Return (TNR) Programs in Managing Free-Roaming Cat Populations," Wildlife Research, 36, 117~125, 2009.

Sungyong Ahn, "'Take Care of Stray Cats': biopolitical life ethics and its cosmopolitical countermethod," Journal of Cultural Economy,16(1), 1~16, 2023.

Thomas, R. L., Baker, P. J., & Fellowes, M. D, "Ranging characteristics of the domestic cat (Felis catus) in an urban environment," Urban Ecosystems, 17(4), 911~921, 2014.

Trillò, T,, & Shifman, L, "Memetic commemorations: remixing far-right values in digital spheres," Information, Communication & Society, 24(16), 2482~2501, 2021

William S. Lynn, "Australia's war on feral cats: shaky science, missing ethics," The Conversation, October 7, 2019

Woinarski, J. C. Z., Murphy, B. P., Palmer, R., Legge, S. M., Dickman, C. R., Doherty, T. S., … Stokeld, D., "How many reptiles are killed by cats in Australia?," Wildlife Research, 45: 247–266, 2018.

Woinarski, J., Murphy, B. P., Legge, S. M., Garnett, S. T., Lawes, M. J., Comer, S., … Woolley, L. A., "How many birds are killed by cats in Australia?," Biological Conservation, vol. 214: 76~87, 2017.

Wolf, P. J., Rand, J., Swarbrick, H., Spehar, D. D., & Norris, J, "Reply to Crawford et al.: Why Trap-Neuter-Return (TNR) Is an Ethical Solution for Stray Cat Management," Animals : an open access journal from MDPI, 9(9), 689, 2019.

Young, R. L., & Thompson, C. Y., "Exploring Empathy, Compassion Fatigue, and Burnout among Feral Cat Caregivers," Society & Animals, 28(2), 151~170, 2019.

magazine tac!
연구와 고양이

발행인	김경진
편집장	포도, 무무
편집	포도, 무무, 엄유주
교정·교열	무무
디자인	WNK + 봉우곰 스튜디오
사진	흘리
커버	전남대학교 법학전문대학원 동물법학회가 돌보는 통통이
필진	권무순, 노성환, 백승한, 이세림, 이진, 전의령, 조윤주, 최명애
인터뷰이	전남대학교 법학전문대학원 동물법학회 임호준
Thanks to	도서출판 민속원, 일본어문학회, 한국문화인류학회, 한국여성커뮤니케이션학회, 한국이론사회학회,

초판 1쇄   2023년 05월 26일

인천시 중구 신포로23번길 80 207호 **매거진 탁!** 캣퍼슨 사무실
magazine.tac@gmail.com
등록번호 인천중 사00005
등록일자 2022년 06월 24일

copyright. 2023 magazine tac!
〈매거진 탁!〉에 실린 글, 그림, 사진 등의 콘텐츠는 〈매거진 탁!〉의 허락없이 절대 사용할 수 없습니다.

ISBN 979-11-974940-4-8
ISSN 2799-2845

본 잡지는 인천광역시와 (재)인천문화재단의 후원을 받아 문화예술특화거리 점점점 사업으로 선정되어 발간되었습니다.

인천문화재단 IFAC   문화예술 특화거리 **점점점**